WAHRHEIT – GLAUBE – GELTUNG

Veröffentlichungen der
Rudolf-Bultmann-Gesellschaft für
Hermeneutische Theologie e. V.

WAHRHEIT – GLAUBE – GELTUNG

THEOLOGISCHE UND PHILOSOPHISCHE KONKRETIONEN

Herausgegeben von Christof Landmesser und Doris Hiller

EVANGELISCHE VERLAGSANSTALT
Leipzig

Bibliographische Information der Deutschen Nationalbibliothek
Die Deutsche Nationalbibliothek verzeichnet diese Publikation in der
Deutschen Nationalbibliographie; detaillierte bibliographische Daten
sind im Internet über http://dnb.dnb.de abrufbar.

© 2019 by Evangelische Verlagsanstalt GmbH · Leipzig
Printed in Germany

Das Werk einschließlich aller seiner Teile ist urheberrechtlich geschützt.
Jede Verwertung außerhalb der Grenzen des Urheberrechtsgesetzes ist ohne
Zustimmung des Verlags unzulässig und strafbar. Das gilt insbesondere für
Vervielfältigungen, Übersetzungen, Mikroverfilmungen und die Einspeicherung
und Verarbeitung in elektronischen Systemen.

Das Buch wurde auf alterungsbeständigem Papier gedruckt.

Cover: Kai-Michael Gustmann, Leipzig
Satz: Doris Hiller, Heidelberg
Druck und Binden: Hubert & Co., Göttingen

ISBN 978-3-374-05985-0
www.eva-leipzig.de

Vorwort

Der vorliegende Sammelband dokumentiert die ausgearbeiteten Vorträge der 20. Jahrestagung der Rudolf-Bultmann-Gesellschaft für Hermeneutische Theologie, die vom 19.–21. Februar 2018 in der Evangelischen Tagungsstätte Hofgeismar stattfand. Das Thema »Wahrheit – Glaube – Geltung« fordert anhand theologischer und philosophischer Konkretionen dazu heraus, begriffliche Klärungen zu versuchen, die in der vielfältigen und teils verwirrenden Deutung dieser Großbegriffe orientieren können.

Die 20. Jahrestagung bot zugleich Anlass, auf die Entstehung und Entwicklung der Rudolf-Bultmann-Gesellschaft zurückzublicken. Eine Liste mit allen Tagungsthemen rundet diesen Rückblick ab und gibt zugleich das reichhaltige Spektrum hermeneutischer Fragestellungen wieder, das die Gesellschaft auch zukünftig beschäftigen wird.

Zu danken ist vor allem den Referentinnen und Referenten sowie den Teilnehmenden der Tagung. Es ist uns auch wie immer ein großes Anliegen, all denen zu danken, die ebenfalls zum Gelingen der Tagung und zur Drucklegung des Tagungsbandes beigetragen haben. Es sind dies die Leitung und die Mitarbeiterinnen und Mitarbeiter der Evangelischen Tagungsstätte Hofgeismar. Ebenso danken wir Herrn stud. theol. Christopher Zeyher für das Besorgen der Liste der Jahrestagungen. Besonders haben wir den Mitarbeiterinnen und Mitarbeitern der Evangelischen Verlagsanstalt Leipzig mit ihrer Verlagsleiterin Dr. Annette Weidhas zu danken für ihre hervorragende editorische Betreuung.

Tübingen und Heidelberg, im Oktober 2018
Christof Landmesser
Doris Hiller

Inhalt

Einleitung 9
Christof Landmesser und Doris Hiller

Rationalität und Mythos im Glauben 13
Volker Gerhardt

Gefällige Worte – Wahre Worte
Das alttestamentliche Plädoyer für die Wahrheit 29
Corinna Körting

»Enthüllte« Wirklichkeit
Spielarten, wie beim ›historischen‹ Jesus und in der Johannesapokalypse
Wahrheit und Glaube in der Wirklichkeit zur Geltung kommen 51
Michael Labahn

Warum heute evangelisch sein?
Plädoyer für einen programmatischen Neuansatz 79
Malte Dominik Krüger

Wie sich der Glaube Geltung verschafft
Ein Blick auf Beispiele aus der religiösen Praxis 115
Isolde Karle

Die Anfänge der Rudolf-Bultmann-Gesellschaft für
Hermeneutische Theologie (1998-2008) 131
Ulrich H.J. Körtner

DIE RUDOLF-BULTMANN-GESELLSCHAFT FÜR HERMENEUTISCHE THEOLOGIE
IN DER ZWEITEN DEKADE (2008-2018) 151
Christof Landmesser

ÜBERSICHT: JAHRESTAGUNGEN UND TAGUNGSBÄNDE DER
RUDOLF-BULTMANN-GESELLSCHAFT FÜR HERMENEUTISCHE THEOLOGIE 163

AUTORINNEN UND AUTOREN 173

Einleitung

Wahrheit – Glaube – Geltung. Theologische und philosophische Konkretionen war das große Thema der Jahrestagung der Rudolf-Bultmann-Gesellschaft für Hermeneutische Theologie vom 19.-21. Februar 2018 in Hofgeismar. Jeder einzelne Begriff in dieser Zusammenstellung würde schon für sich genommen mindestens eine eigene Tagung rechtfertigen, und über jeden der drei Begriffe wurden auch ungezählte Monographien geschrieben. Das Thema unserer Tagung könnte als etwas großspurig missverstanden werden. Das ist es aber gar nicht. Wir selbst begreifen es vielmehr als einen Ausdruck intellektueller Zurückhaltung. Die Zusammenstellung der drei Begriffe *Wahrheit, Glaube, Geltung* ist als eine Andeutung dafür aufzufassen, dass keines dieser drei Motive für sich alleine stehen kann, dass diese vielmehr in einem Zusammenhang verstanden und erörtert werden müssen.

Mindestens zwei Hinsichten waren in unserer Diskussion bei der Themenfindung aus sachlichen Gründen bedeutsam. In unserer gegenwärtigen und vielfältig medial bestimmten Öffentlichkeit scheinen sich Wahrheiten zu verflüchtigen und Geltungen allenfalls machtpolitisch oder mit wirtschaftlicher Potenz durchsetzbar zu sein. Es drängt sich zuweilen der Eindruck auf, dass die Mühe des Arguments oder der Aufwand eines ausführlichen Diskurses geradezu gemieden werden sollen oder allenfalls inszeniert werden. Das permanente Talkshow-Gerede, die oft phrasenhaften politischen Stellungnahmen, die nicht selten einseitigen öffentlichen Äußerungen von Interessensvertretern machen es nicht einfach, seriöse und begründete Wahrheitsansprüche überhaupt zu identifizieren, dann diese zu sortieren und daraus konkrete Handlungsorientierungen abzuleiten. Die digitale Dimension unserer Öffentlichkeit macht die Wahrnehmung von Wahrheit und Geltung vielleicht spannender, aber sicher noch unüberschaubarer. Das ist gar nicht kulturpessimistisch gemeint, es ist nur ein vorsichtiger Hinweis auf die komplexe Gestalt unserer öffentlichen Diskurse, mit denen wir umgehen müssen. Es stellt sich schlicht die Frage, welchen Ort denn der Glaube in der Wahrnehmung einer solchen vielschichtigen Wirklichkeit findet. Diese Frage sollten wir uns ausdrücklich stellen, um in unserer gegenwärtigen Welt unseren Glauben und auch uns selbst zu verstehen sowie Handlungsorientierungen zu finden und auch anbieten zu können. Dieser Glaube, der sich um ein verstehendes Handeln in der Gegenwart bemüht, erschöpft sich nicht in endlosen Suchbewegungen und er steht nicht nur beobachtend am Rande unserer Wirklichkeit. Der christliche Glaube, genauer der glaubende Mensch, wird selbst Wahrheits- und Geltungsansprüche formulieren müssen, wenn er für sich selbst und für andere Menschen Sinn und Bedeutung gewinnen will. Wahrheit, Glaube und Geltung bilden für die glaubende Existenz einen notwendigen Zusammenhang in den Diskursen ihrer Gegenwart.

Und eine zweite Hinsicht ist für glaubende Menschen von großer Bedeutung. Unser Glaube erschöpft sich nicht in einem Sich-Selbst-Verstehen in einer immer komplexeren Welt. Der christliche Glaube versteht sich zutiefst aus Wahrheits- und Geltungsansprüchen, die aus den biblischen Texten, aus der gesamten christlichen Tradition und auch aus der Vorstellungswelt der Aufklärung und ihrer Folgen auf ihn zukommen. Wenn eine produktive Auseinandersetzung mit diesen Wahrheits- und Geltungsansprüchen überhaupt stattfinden soll, dann müssen diese zuerst identifiziert werden. Das ist die immerwährende Aufgabe nicht nur der akademischen Theologie, sondern auch eines jeden einzelnen glaubenden Menschen. Es ist die Herausforderung der stets notwendigen Interpretation der biblischen Texte, der christlichen und der aufgeklärten Tradition. Und dass dies wiederum vor dem Hintergrund und unter den Denkbedingungen unserer Gegenwart geschehen muss, lässt diese Herausforderung interessant, aber auch nicht gerade als rasch zu erledigen erscheinen. Es ist ein hoch spannendes Phänomen, dass es offensichtlich gar nicht einfach ist, unter den gegenwärtigen Denkbedingungen die Wahrheits- und Geltungsansprüche der Texte der Tradition überhaupt wahrzunehmen und mit ihnen umzugehen. Aber wir kommen nicht umhin, die biblischen Grundtexte unseres Glaubens wie auch die gesamte christliche Tradition in ihrer historischen Bedingtheit zu interpretieren und selbst Wahrheits- und Geltungsansprüche unter den Bedingungen des Glaubens zu formulieren und zu vertreten. Denn genau darum geht es, dass wir für unsere eigene Existenz und für die Welt, in der wir leben, begründete und eben nicht beliebige Handlungsorientierungen finden, über die wir auch in einen zugleich selbstbewussten und offenen Diskurs eintreten können.

Eine letzte Anmerkung zu unserem Thema erscheint uns wesentlich zu sein. Die Trias *Wahrheit, Glaube, Geltung* weist implizit und notwendig auf einen weiteren Großbegriff unserer Tradition, der für jede glaubende Existenz von tatsächlich *existentieller* Bedeutung ist. Wo der glaubende Mensch in einer vernünftigen und emotional verantwortlichen Weise Wahrheits- und Geltungsansprüche identifiziert oder auch selbst erhebt und in konkretes Handeln überführt, da entsteht ein Raum der *Freiheit,* in dem es sich wirklich und allererst leben lässt. Denn dann werden mit solchen Wahrheits- und Geltungsansprüchen Möglichkeiten der Existenz, Lebensräume für den einzelnen Menschen und für seine Welt eröffnet und erschlossen. Denn darum geht es eigentlich, die Möglichkeiten unseres Daseins unter den Bedingungen des Glaubens und angesichts anderer und eigener Wahrheits- und Geltungsansprüche lebendig wahrzunehmen. Dann wird der Glaube konkret, er wird sprachfähig und argumentationsstark, und so kann der Glaube auch zu einem bedeutsamen Faktor in der Öffentlichkeit und für uns selbst werden.

Die in diesem Band versammelten Themen beschreiben einen weiten Horizont. *Volker Gerhardt* (Berlin) beschäftigt sich aus philosophischer Perspektive mit *Rationalität und Mythos im Glauben*. Das Gespräch mit der Philosophie ist ein wesentliches Element theologischen Nachdenkens überhaupt. Mit dem Text von *Corinna Körting* (Hamburg) unter dem Titel *Gefällige Worte – wahre Worte. Das alttestamentliche Plädoyer für die Wahrheit* werden wir in die Welt des Alten Testaments geführt. Die biblischen Texte stehen auch bei *Michael Labahn* (Halle) im Zentrum. Er beschäftigt sich mit dem Thema *Enthüllte Wirklichkeit. Neutestamentliche Spielarten, wie Wahrheit und Glaube in der Wirklichkeit zur Geltung kommen*. Der Systematiker *Malte Dominik Krüger* (Marburg) hat seinen Beitrag überschrieben mit *Warum heute evangelisch sein? Plädoyer für einen programmatischen Neuansatz*. Und abschließend beschäftigt sich *Isolde Karle* (Bochum) aus Sicht der Praktischen Theologie mit der Frage *Wie sich der Glaube Geltung verschafft. Ein Blick auf Beispiele aus der religiösen Praxis*.

Die knappe Erinnerung an die Themen der Beiträge lässt schon erkennen, dass die Aufgabe der Theologie, die sich um eine Verhältnisbestimmung von Wahrheit – Glaube – Geltung bemüht, eine enzyklopädische Aufgabe ist, die viele Bereiche umfasst. Und wenn wir die vergangenen 20 Jahre der Tagungen der Rudolf-Bultmann-Gesellschaft betrachten, dann wird deutlich, dass wir diese Aufgabe immer so begriffen haben. Am Ende dieses Bandes stehen zwei knappe Rückblicke auf die ersten 20 Jahre der Bultmann-Gesellschaft. *Ulrich Körtner* (Wien) beschäftigt sich unter dem Titel *Die Anfänge der Rudolf-Bultmann-Gesellschaft für Hermeneutische Theologie (1998–2008)* mit den ersten zehn Jahren unserer Gesellschaft, *Christof Landmesser* (Tübingen) blickt auf die zweiten zehn Jahre zurück unter der Überschrift *Die Rudolf-Bultmann-Gesellschaft für Hermeneutische Theologie in ihrer zweiten Dekade (2008–2018)*.

Die vorgetragenen Texte der Jahrestagung 2018 werden so vollständig zugänglich und laden zu weiterem Nachdenken und zur Diskussion ein.

Christof Landmesser
Doris Hiller

Rationalität und Mythos im Glauben

Volker Gerhardt

1. Klärung im Vorfeld
Der Titel meines Vortrags ist nicht ohne einen Seitenblick auf das mit dem Namen Rudolf Bultmanns verbundene Programm der *Entmythologisierung* formuliert. Aber in der Sache folge ich nur der Einsicht, die ich in den letzten Jahren gewonnen habe. Sie betrifft die *epistemische Rationalität des Wissens* und die auf *Gefühl beruhende Vernunft des Glaubens*, die auf das Engste zusammengehören. Sie stehen beide unter dem Anspruch der *Rationalität*. Und so lag und liegt es von der Sache her nahe, nach der Stellung des *Mythos* zwischen Wissen und Glauben zu fragen.

Ob ich bei dieser Ausgangslage über die Voraussetzungen verfüge, mit meinem Problem dem Programm der *Entmythologisierung* nahe zu kommen (oder ihr gar gerecht zu werden), wage ich zu bezweifeln. Und wenn die Erwartung bestehen sollte, dass ich mit meinen philosophischen Überlegungen einen Beitrag zur Theologie Rudolf Bultmanns leiste, bitte ich vorab um Entschuldigung: Dazu kann ich bestenfalls eine Klärung im Vorfeld bieten. Alles Weitere erhoffe ich von den hier vertretenen Kennern aus der Theologie. Ich werde daher keinen Versuch unternehmen, die Kirche ins Dorf zu tragen.

2. Gemeinsamkeiten in der Problemlage von Theologie und Philosophie
Der in Zeiten größter politischer Gefährdung des christlichen Glaubens durch die Nationalsozialisten gemachte Vorschlag Rudolf Bultmanns, das Textverständnis des Neuen Testament zu »entmythologisieren«, hat die Frage nach der existenziellen Bedeutung der historischen Textkritik aufgeworfen. Er hat damit die in meinen Augen wichtigste Frage einer wissenschaftlichen Theologie sowohl unter den Bedingungen der politischen Verfolgung wie unter dem Mehltau der gesellschaftlichen Gleichgültigkeit aufgeworfen. Es spricht für die Theologie, dass sie sich von dieser Frage bis heute herausfordern lässt.

Auch für die Philosophie ist die Frage nicht nur nach der *Begründung*, aber auch nach der *Rolle*, der *Stellung* und der *Reichweite* des *Glaubens* zentral: Seit Sokrates, der von sich bekannte, er »wisse nur, dass er nichts wisse«, um sich mit diesem Wissen des Nichtwisssens lebenslang um Wissen und Weisheit zu bemühen (!), hat die Philosophie das Problem, was sie eigentlich in diesem ihrem zentralen Bemühen antreibt? Und welche Antwort man auch immer gibt: Sie kann es zwar nicht ausschließen, aber erwarten kann sie es auch nicht: Dass jede mögliche Auskunft auf ein Wissen gegründet ist. Solange sie hier keine sichere Erkenntnis hat, muss sie sich mit *Erwartungen, Hoffnungen* oder *Überzeugungen* begnügen.

Bringen wir die zwar auf manche *rationale Anhaltspunkte*, aber letztlich auf *affektive* und *emotionale Impulse* gegründeten epistemischen Einstellungen auf einen umgangssprachlichen Sammelbegriff, können wir von *Glauben* sprechen: Solange wir keine verlässliche Auskunft über die Bedeutung und die humane Leistung des Wissens und der Wissenschaft geben können, auf beides aber nicht verzichten wollen, müssen wir auch an das Wissen und die Wissenschaft *glauben!* In diesem Glauben an das Wissen können wir uns um weiteres Wissen bemühen – und dies selbst dann, wenn wir der Ansicht sind, dass Sokrates mit seiner Einsicht in das Wissen vom Nicht-Wissen bis heute Recht behalten hat. Damit ist offenkundig, wie zentral das *Problem des Glaubens*, der ihn speisenden *Quellen* und der für ihn sprechenden *Gründe* für die Philosophie bis in die Gegenwart ist. Mehr noch: Mit der zunehmenden gesellschaftlichen Unverzichtbarkeit der Wissenschaft verschärft sich das Problem ihres (wohlgemerkt: nicht-wissenschaftlichen) Vertrauens in ihre eigenen Leistungen. Doch man kann nicht behaupten, dass sich die Philosophie, der vorrangig die Aufgabe zufällt, hier für Aufklärung zu sorgen, Anstrengungen unternommen hat, die dem Rang der Frage entsprechen.[1]

Nur um deutlich zu machen, dass hier die Philosophie der Gegenwart nicht vor einer völlig neuen Aufgabe steht, sei daran erinnert, dass schon den Griechen der Hinweis auf die bloße *Meinung* (doxa) als Antwort nicht genügte.[2] Sie sah sich auch genötigt, die bloße *Lust*, im Wissen nach etwas zu jagen,[3] und damit auch das Motiv der *Neugier* oder das des bloßen *Erfolgs* als unzureichend zu verwerfen. Mit solchen Hinweisen lassen sich der Ernst sowie die theoretische und praktische Tragweite des Wissens nicht verständlich machen. Die *gnōmē*, die ja *Herz, Sinn, Gesittung,* auch *Erwartung* und *Überzeugung* meint, kam da schon eher in Frage. Sie war bereits bei den Griechen mit dem *Glauben* (pistis; gnōsis) verbunden.

---

[1] Dafür, dass dies sich ändern könnte, sprechen Arbeiten aus jüngerer Zeit. Ich erwähne nur: KURT HÜBNER, Glaube und Denken – Dimensionen der Wirklichkeit, Tübingen 2001²; ANDREAS KEMMERLING, Glauben, Frankfurt 2017.
[2] Das belegt im Ganzen Platons Dialog *Theaitetos*.
[3] PLATON, *Theaitetos* 198a.: Jagd (*thēra*).

Schon hier ist das Wortfeld eröffnet, das uns auch im Deutschen offensteht, wenn wir vom *Glauben* sprechen: *Erwartung, Überzeugung, Hoffnung, Vertrauen, Verlangen* – so wie es den Richter antreibt, wenn er sich um ein gerechtes Urteil bemüht. Als Bezeichnung für das, was ein Richter braucht, um seiner Aufgabe zu genügen, stand den Griechen auch der Terminus *gnōsis* zur Verfügung. Er bezeichnet ein *Vertrauen* sowohl in die richtige *Erkenntnis* eines Rechtsstreits (und der auf ihn anzuwendenden gesetzlichen Bestimmungen) wie auch in die *praktische Wirksamkeit* seines Urteilsspruchs.

3. Gründe für das Vergessen der Gemeinsamkeit

Die Motivlage ist umrissen, die bei Philosophen gegeben sein muss, wenn sie es nicht einfach beim Nichtwissen belassen wollen. Und es ist zugleich offenkundig gemacht, dass auch die Philosophie in der *Frage nach dem Glauben* eines ihrer zentralen Themen hat. Es ist also nicht bloß der sich im systematischen Denken mit Notwendigkeit einstellende Abschlussgedanke[4] umfassender göttlicher Einheit, sondern bereits der ursprüngliche Glaubensimpuls, den die Philosophie mit der Theologie gemeinsam hat. Umso erstaunlicher ist, dass die Philosophie dies mehr als ein Jahrhundert lang so gut wie vollständig vergessen konnte.

Wenn ich Motive für das Vergessen nennen sollte, stünde wohl an *erster* Stelle, der verhängnisvolle geschichtsphilosophische Ehrgeiz, um jeden Preis das zuvor Gedachte überbieten zu wollen. Da sich die Zeiten schneller ändern, als man denken kann, kann die Philosophie, sofern sie von sich selbst verlangt, »ihre Zeit in Gedanken zu fassen«, diesem Anspruch nur genügen, indem sie die Kontinuität ihres Fragens hinter sich lässt.[5] Dazu rechne ich auch den Versuch, gänzlich aus der eigenen Zeit und ihrer Vorgeschichte herauszuspringen, um nur die vorgeschichtlichen Ursprungsfragen gelten zu lassen, die es erlauben, eine nachgeschichtliche Zukunft des sogenannten Seinsdenkens zu verheißen.

---

[4] So kann man mit Dieter Henrich die totalisierende Leistung von Vernunftbegriffen anschaulich auf das von der Endlichkeit des Daseins bestimmte Interesse des Menschen beziehen. Vgl.: DIETER HENRICH, Fluchtlinien, Frankfurt a.M. 1982.

[5] Obgleich Hegel in seinem System das Gegenteil demonstriert hat, sind die Denker nach ihm in einen Wettbewerb der gegenseitigen Überbietung eingetreten. Sie können es nicht abwarten, selbst noch über seine eigene Zeit hinaus zu sein. Das war der treibende Impuls hinter Nietzsche Verlangen nach »Überwindung« der eigenen Zeit und des eigenen Selbst sowie der sich anschließenden Folge von epochal angelegten Neubegründungen in der *Phänomenologie*, im sogenannten *Seinsdenken*, im *Positivismus* sowie in einer (sich als wahrhaft kritisch verstehenden) *Kritischen Theorie*. Selbst überboten hat sich dieser den Moden des Konsums folgende Trend in der sogenannten *Postmoderne*, die inzwischen schon längst durch die *Neue Moderne* überboten worden ist. »Beschleunigung« ist der Geist der Zeit – für ein seit seinen Anfängen auf Weisheit zielendes Denken eine Absurdität.

An *zweiter* Stelle steht der Wunsch der Philosophen, sich selbst um den Preis der Selbstvergessenheit, als *strenge Wissenschaftler* auszuweisen. Dafür hat uns Wittgenstein ein erschütterndes Beispiel gegeben, der sein existenzielles Interesse an der Theologie verdrängt und damit über sich und alle anderen ein Schweigegebot verhängt.[6] Der Ernst, mit dem er später den sogenannten *Sprachspielen* nachgeht, ist nur eine Variante der Ablenkung von dem bereits durch Sokrates exponierten *existenziellen Ausgangspunkt* des philosophischen Denkens. Ein mit dem Verlangen, Philosophie als strenge Wissenschaft zu verstehen, nicht in jedem Fall verbundenes Interesse, liegt in dem Bestreben vieler Philosophen, die Theologie bestenfalls nur noch als eine historische Wissenschaft gelten zu lassen. Auch wenn es nicht alle so effektvoll formulieren wie Nietzsche, so glauben dennoch nicht wenige, dass »Gott tot« sei.[7] Auch wenn diese Überzeugung, wie sich gerade auch an Nietzsche zeigen lässt, weder unter Hinweis auf Tatsachen noch durch allgemeingültige Gründe belegen lässt, sondern selbst nur in der Form des *Glaubens*, dass es Gott nicht gibt, zum Ausdruck kommt, hat sich mit der Überzeugung, dass Gott nunmehr unmaßgeblich geworden ist, auch das Problem des Glaubens erledigt. Wie voreilig ein solcher Schluss ist, lässt sich durch den Hinweis illustrieren, dass es in allem, worin und wodurch sich der Mensch selbst bewegt oder veranlasst fühlen kann, stets nur „geglaubte Motive" geben kann.[8] Hier hat Nietzsche als hellsichtiger Analyst der menschlichen Seele den wohl tiefsten Grund für die allem menschlichen Fühlen, Denken und Handeln zugrundeliegende Dynamik des Glaubens aufgezeigt.

Auch wenn die Philosophie in ihrem sokratischen Impuls das primäre Motiv hat, den Ursprung, die Eigenart und die Reichweite des *Wissens* zu klären, und so sehr sie darum bemüht sein muss, ihrer Aufgabe mit begrifflichen Mitteln gerecht zu werden, kann sie dem *Problem des Glaubens* nicht aus dem Wege gehen. Und wenn sich das von ihr besonders geschätzte *Wissen* nicht nur vom *Glauben unterscheidet*, sondern sich immer auch zu ihm *verhält*, wird die Unausweichlichkeit bewusst, mit der sie sich immer auch dem Glauben zuwenden muss.

Das aber lässt augenblicklich erkennen, warum sich die Philosophie nicht mit dem Aufweis der Beziehung zwischen Glauben und Wissen begnügen kann; sie hat alle Formen der menschlichen Weltbeziehung in den Blick zu nehmen, in denen der Anteil des Glaubens erheblich ist. Dabei darf das Thema des *Mythos* nicht ausgeschlossen sein.

Damit ist ausgesprochen, welches spezielle Interesse die Philosophie an einer Theologie nehmen muss, die sich dem Programm der *Entmythologisierung* verschrieben hat. Wenn ich also dem Problem des Glaubens mit philosophischen

---

[6] MATTHIAS IVEN, Wittgenstein, Berlin 2006.
[7] FRIEDRICH NIETZSCHE, Fröhliche Wissenschaft (FW) 125, KSA 3, 480 ff.
[8] NIETZSCHE (s. Anm. 7), 410 f.

Mitteln nachgehe, hoffe ich, nicht nur der Theologie allgemein, sondern auch ihrem von Rudolf Bultmann verfolgten Programm der Entmythologisierung eine Anregung geben zu können. Das ist mit dem Aufweis der *wechselseitigen Angewiesenheit* von *Glauben und Wissen* in dem auf den *Sinn* gegründeten *Versuch über das Göttliche* im Prinzip bereits geschehen.[9] Heute möchte ich einen anderen Akzent setzen.

4. Frühe Begegnung
Den Begriff der »Entmythologisierung« kenne ich aus den sonntäglichen Tischgesprächen im Forsthaus meines Onkels in der protestantischen Diaspora des katholischen Münsterlandes. Die Bauern waren hilfsbereit und freundlich zu dem aus Ostpreußen vertriebenen evangelischen Revierförster. Das hinderte sie aber nicht, am Karfreitag auf den Feldern, in Sichtweite der Försterei, ihren Mist auszufahren.

Die Bewohner des Forsthauses reagierten mit besonderer Kirchengläubigkeit, die mir als Stadtkind befremdlich vorkam. Man folgte dem knorrigen Pfarrer aufs Wort und ging nach dem Gottesdienst noch auf ein Glas Wein ins Pfarrhaus, um sich über die Weltlage in der Kirche aufklären zu lassen. Und da der Pastor nicht nur gegen die Katholiken, sondern auch gegen die »Bultmann-Anhänger« wetterte, war auch mein Onkel nicht gut auf die Entmythologisierung zu sprechen.

Ich hingegen ergriff im Stillen sofort Partei für den Begriff und sein Programm. Denn dass man *zeitgemäß* zu sein hat, erschien mir selbstverständlich: Warum sollte man das *Neue Testament* von der Aufklärung ausnehmen? So fühlte ich mich bereits Ende der fünfziger Jahre als Bultmann-Anhänger, allerdings mit der einen kleinen Schritt zu weit gehenden Überzeugung, die Entmythologisierung werde vom Glauben selbst nicht viel übriglassen.

Bei meiner Konfirmation, zu der auch der Förster mit seiner Familie im gerade angeschafften VW-Käfer angereist war, fühlte ich mich innerlich vollkommen entmythologisiert, war aber rücksichtsvoll (und vielleicht auch ängstlich) genug, die Familie mit der Offenbarung meines inneren Zustands zu verschonen.

Dabei ist es lange Zeit geblieben, denn auch Karl Jaspers, der Philosoph dem ich bis zum Abitur anhing und den ich noch heute verehre, konnte mit seiner Kritik an der von ihm gesehenen Inkonsequenz in Bultmanns Konzeption an meiner Wertschätzung des Programms der Entmythologisierung nichts ändern. Auch die Tatsache, dass Philosophen, wie etwa Platon, selbst Mythen entwerfen, um einer Erkenntnis zu einem nicht nur ersten, sondern wohl auch umfassenden

---

[9] VOLKER GERHARDT, Der Sinn des Sinns, München 2014; DERS., Glauben und Wissen. Ein notwendiger Zusammenhang, Stuttgart 2016.

Ausdruck zu verhelfen, ändert nichts, daran, dass auch diese Mythen einer Auslegung bedürfen, der sich selbstredend in der Sprache der Gegenwart des Interpreten und innerhalb der Grenzen seiner eigenen Einsicht bewegt.

Gewiss: Man würde die Deutung, etwa des *Höhlengleichnisses* in Platons *Politeia*, wohl nicht unter den Begriff von einer »Entmythologisierung« stellen; schließlich verdankt man dem Mythos die Erkenntnis, die hier zu gewinnen ist. Aber da das Ziel der Auslegung in der Übersetzung in eine begrifflich nachvollziehbare Erkenntnis liegt, also in eine Sprache, die sich von der Bildlichkeit des Mythos löst, würde man sofort verstehen, worum es geht, wenn von der Methode einer Entmythologisierung die Rede ist: Von der Transformation einer in ihrer einzigartigen epistemischen Bedeutung gar nicht angetasteten Erzählung in einen Sinn, der dem Verständnis und vielleicht auch der Absicht ihres interessierten Hörers näher steht. Und je intensiver man diese Übersetzung verfolgt, um so gewichtiger erscheint ihr Ausgangspunkt – gerade auch in seiner eigenen Bedeutung.

So kann man auch den Titel der Entmythologisierung verstehen, wenn es um eine Vergegenwärtigung der Gleichnisreden des *Neuen Testamentes* geht. Denn in ihrem Anspruch, die *Frohe Botschaft* in ihrer epochenübergreifenden *Bedeutung* zu erschließen und deren *existenziellen Sinn* den Nachgeborenen so nahezubringen, dass er von jedem Einzelnen erfasst werden kann, ist *Entmythologisierung* als ein *Verfahren der Interpretation* unumgänglich. Es tastet den Rang der Botschaft nicht an, sondern es steigert ihn.

5. Vorstellung eines Beispiels für Umgang mit einem Mythos

Wie man mit einem Mythos umgehen kann, habe ich Jahre später in der akademischen Lehre wiederholt an einem kleinen Text erfahren, der 150 Jahre vor der Debatte über die Entmythologisierung geschrieben wurde. Es handelt sich um Immanuel Kants Abhandlung über den *Mutmaßlichen Anfang der Menschengeschichte*, die im Januar 1786 als Aufsatz in der *Berlinischen Monatsschrift* erschien.

Der wissenschaftliche Ertrag von Kants Analyse könnte den Leser dazu führen, auch in diesem Fall von einer »Entmythologisierung« zu sprechen. Denn die Aussagen des Mythos werden in den Kontext einer zeitgenössischen *wissenschaftlichen Erfahrung* übersetzt, so dass am Ende ein stattliches Bündel naturgeschichtlicher Hypothesen übrigbleibt. Dabei wird erkennbar, wie wichtig es ist, den Mythos in jeder seiner Aussagen genau zu beachten. Auch wenn man ihn nicht als dokumentarische Wiedergabe eines geschichtlichen Geschehens verstehen darf, hat man ihn *ernst* und mitunter sogar *wörtlich* zu nehmen. Erst dadurch erschließt sich sein Wahrheitsgehalt, der den Zugang zu Einsichten eröffnet, die auch für den nach wissenschaftlicher Erkenntnis suchenden Leser wichtig sein können.

Kants *Muthmaßung* bezieht sich auf einige wenige Abschnittes aus der *Schöpfungsgeschichte* des *Alten Testament*. Durch die deutende Lektüre wird der Mythos von der Menschwerdung im Paradies weder in seinem geschichtlichen Rang und noch in seiner existenziellen Bedeutung entwertet. Im Gegenteil: Obgleich man die nebensächlich erscheinenden Hinweise des überlieferten Textes mit einer erweiterten Lesart versehen muss, wächst mit der Auslegung die Hochachtung vor dem Mythos. Denn erst in der Transformation seiner Aussagen bekommt man eine Vorstellung davon, welche prägnanten Einsichten in seiner märchenhaft erscheinenden Schilderung enthalten sind.

Der Titel der »Muthmaßung« über Kants kleinem Text soll den Leser von vorherein auf das Fragwürdige der nachfolgenden Auslegung von *Genesis* 2 bis 6 einstellen. Nicht der Mythos wird mit einem Fragezeichen versehen, sondern die von Kant gebotene Lesart! Niemand soll mehr erwarten als einen *Versuch* einer Deutung mit vielen Unbekannten – unter Verwendung des gegen Ende des 18. Jahrhunderts zur Verfügung stehenden *Wissens*.

Wir lesen also eine sich ihrer experimentellen Eigenart bewusste *Interpretation*; man könnte auch von einer *spekulativen Auslegung* sprechen, deren Ziel gleichwohl in einer Ausweitung verlässlichen Wissens besteht. Dass darin zugleich eine Auszeichnung des ausgelegten Textes liegt, versteht sich vielleicht nicht von selbst. Deshalb sei es noch einmal eigens betont.

Wenn Kant von »Muthmaßung« spricht, will er gewiss nicht nur den viele Lücken überbrückenden wissenschaftlichen Spagat benennen. Es geht ihm auch um den »Mut«, der in der »Muthmaßung« zum Ausdruck kommt. Es ist der von ihm zur selben Zeit öffentlich geforderte »*Mut sich seines eigenen Verstandes zu bedienen*«,[10] der sich nicht scheut »auf den Flügeln der Einbildungskraft« nach weiterreichenden Einsichten zu suchen[11]. Gleichwohl ist es Kant wichtig, nichts zu »erdichten«, wenn er in der Relektüre des biblischen Textes nach dem »ersten Anfang« der Geschichte des Menschen sucht.

Der Anfang der Menschengeschichte kann nicht vom Menschen selbst in Gang gekommen sein; er muss vielmehr von der »Natur« gemacht werden, in einem Vorgang, über dessen Nachvollzug letztlich nur die »Erfahrung«, mit der allgemeinen Geltung wissenschaftlicher Erkenntnis, sichere Anhaltspunkte geben kann.

Nun hatten die Naturforscher des 18. Jahrhunderts noch keine Skelett- und Faustkeilfunde, die sie als Belege für ihre Mutmaßungen über die Frühgeschichte des Menschen hätten anführen können. Und wenn sie Belege gefunden hätten, wäre niemand in der Lage gewesen, sie zu datieren und das mögliche Alter der

---

[10] IMMANUEL KANT, Zur Beantwortung der Frage, Was ist Aufklärung? (1783), AA 8, 33-42.
[11] IMMANUEL KANT, Muthmaßlicher Anfang der Menschengeschichte (1786), AA 8, 107-123, 109 f.

vorzeitlichen Hinterlassenschaften zu berechnen. Kant hätte es also bei dem Eingeständnis belassen können, dass die Natur, zu der er und seine Zeitgenossen Zugang hatten, nichts von der Entstehungsgeschichte des Menschen verraten. Allein das wäre Grund genug, um über das, worüber uns die Natur nichts verrät, auch selbst zu schweigen. Aber damit begnügt sich das Bedürfnis, etwas genauer zu wissen, nun einmal nicht. Es wäre mir ein Leichtes, des Näheren deutlich zu machen, wie sich der *Impuls zu wissen* schon beim jungen Kant, in spekulativen Höhnflügen äußert, die sich, wie seine frühe *Kosmologie* und seine materialistisch anmutende *Naturgeschichte* beweisen, schon bald wissenschaftlich bestätigt haben.[12]

Mir genügt stattdessen der Hinweis, dass sich das *Verlangen nach wissenschaftlicher Erkenntnis* von Anfang an – und ohne Einschränkung der Wissenschaftlichkeit – mit der *Kühnheit spekulativer Schlüsse* verbindet und dabei von dem *Vertrauen* auf den *Nutzen*, den der Mensch daraus ziehen kann, getragen ist. Der Glauben an den geschichtlichen Gewinn der Erkenntnis ist vom Anspruch auf Wissen nicht zu trennen. Mehr noch: Der Glauben steht (historisch und systematisch) *vor* dem Wissen, sobald er in dem Vertrauen wirksam ist, mit dem man auf das erworbene Wissen setzt. Und wo das Wissen endet, bleibt uns für unser Handeln und Hoffen ohnehin nichts anderes als der Glauben.

6. Die Deutung eines Mythos

Für Kant steht nicht in Zweifel, dass der Mensch, auch wenn er Gott alles verdankt, seine *Naturgeschichte als Tier* begonnen hat, ein Tier, dass es mit der Zeit auch lernt, sich *Mensch* zu nennen. Diesem Geschehen verdankt die Vernunft ihre Genese, von der der Autor der *Kritik der reinen Vernunft* nicht müde wird, zu beteuern, dass die Vernunft niemals ausreicht, um ihren eigenen Ursprung einzusehen. Doch das ändert nichts daran, dass unser *Bedürfnis zu wissen* und der damit verbundene *Glauben* für die Ermittlung unserer Stellung in der Welt unverzichtbar sind.

---

[12] Schon als junger Mann war Kant mit den spärlichen Mitteln seines Wissens darangegangen, wenigstens ungefähre Vorstellung vom *Alter des Sonnensystems* und des *Planeten Erde* zu entwickeln. Vielleicht war er mit seiner 1755 publizierten *Naturgeschichte und Theorie des Himmels* sogar der erste, der ein Modell von der Entstehung des Kosmos allein durch den Antagonismus von Gravitation und Repulsion präsentierte. Gott brauchte dazu nur die Materie und die Naturgesetze geben. Alles Weitere, die Verdichtung der im unendlichen Raum verteilten Gase, die Bildung der Sonnen mit ihren Trabanten bis hin zur Evolution des Lebens und der Arten folgt von selbst, d.h. ohne Zutun Gottes. – Hinzu kommt, dass Kant bereits vier Jahre nach dem Aufsatz über den *Muthmaßischen Anfang* einen methodisch gesicherten Begriff der Evolution entwickelt, den wir später dann bei Darwin wiederfinden.

Da, wie gesagt empirische Aufschlüsse über den Anfang der Geschichte der Menschheit fehlen, befragt Kant zum Behelf die *Parabel vom Paradies*, die sich in der *Schöpfungsgeschichte* findet. In ihr wird er fündig, nachdem er deutlich gemacht hat, dass die vermutlich entscheidenden Schritte in der Ausbildung des *homo faber et sapiens* als bereits erfolgt vorauszusetzen sind: Mit dem Auftritt von Adam und Eva im Paradies nimmt Kant an, dass der Mensch bereits »aufrecht stehen und gehen kann«, dabei bereits seine »ausgebildete Größe« erreicht hat und mit seiner geschlechtlichen Differenz die ein »Paar« bildende soziale Grundeinheit gefunden hat.

Überdies setzt Kant auch die uns bis heute als das größte evolutionäre Problem erscheinende *Fähigkeit zu denken und zu sprechen* voraus.[13] Ferner nimmt er an, dass der *Instinct*, »diese *Stimme Gottes*, der alle Thiere gehorchen«,[14] ihn nicht mehr sicher leitet.

Von diesen Voraussetzungen ausgehend, behandelt Kant zunächst das Verbot, vom Baum der Erkenntnis zu essen. Im Verstoß gegen das göttliche Gebot sieht er die *Freisetzung vom Instinkt*, die es dem Menschen ermöglicht, *bewusst auch anderes zu essen*, als lediglich das, was ihm bisher bekömmlich war. Im Versuch, es bewusst auch mit anderer Nahrung zu probieren, sieht Kant eine »Regung der Vernunft«[15], nicht zuletzt, weil sie dem Menschen ein *Bewusstsein seiner eigenen Freiheit* verschafft.

Nach unseren heutigen Kenntnissen dürfte der Mensch eben diese Erfahrung mit der *im Feuer genießbar* und *verdaulich* gewordenen Nahrung gemacht haben. Und wenn wir uns vorstellen, was es den ersten Menschen an *Überwindung seiner Angst* gekostet haben muss, aktiv mit dem Feuer umzugehen, haben wir eine Vorstellung von der *aus eigenem Antrieb bewältigten Abweichung* von den stets vor dem Feuer fliehenden anderen Tieren.

Der Mensch »entdeckte in sich«, wie Kant sagt, »das Vermögen sich selbst eine Lebensweise auszuwählen.«[16] In der Übertretung des Verbots, vom Baum der Erkenntnis zu essen, gewinnt der Mensch ein *Bewusstsein der Freiheit*, das gelegentlich bis heute als die Anmaßung verurteilt wird, sich »wie Gott« zu fühlen. Doch nach Kant ist eben diese Eigenständigkeit, die später zu seiner »Selbstbestimmung« führt ursprünglich menschlich.

So weit gekommen, regt sich naheliegender Weise die erfahrene Selbstständigkeit auch im *Verhältnis zum anderen Geschlecht*. Im Bewusstsein der Freiheit kommt es zu einer Lockerung der Grenzen des Instinkts. Und damit hat der

---

[13] KANT (s. Anm. 11), 110: »Der erste Mensch konnte also *stehen* und *gehen*; er konnte *sprechen*, ja *reden*, d.i. nach zusammenhängenden Begriffen sprechen, mithin *denken*... .
[14] KANT (s. Anm. 11), 111.
[15] Ebd.
[16] KANT (s. Anm. 11), 112.

Mensch so viel Erfolg, dass er dem Instinkt nicht länger, wie bei den Tieren, nur periodisch folgt. Und das wiederum nötigt ihn, sich aus eigenem Impuls, vor sich selbst und vor seinen überschüssigen Triebenergien zu schützen.

Das geschieht in der Regung der *Scham*, deren Zeichen das biblische »Feigenblatt« ist. Die darin liegende »Weigerung« ist für Kant das »Kunststück«, das die Menschen die *Kultur*, die *Kunst* und schließlich auch die *Liebe* lehrt.[17] Sie ermöglichem ihm, mit dem nach der Vertreibung herrschenden Mangel ohne Verzicht auf seine Freiheit fertig zu werden.

Der »dritte Schritt« erfolgt, wie es scheint, in zwangsläufiger Folge und ist erforderlich, um mit der Mühsal des Lebens nach der Vertreibung aus dem Paradies fertig zu werden: Denn mit der *Verweigerung im Augenblick* braucht der Mensch die »Erwartung des Künftigen«, die es ihm erlaubt, auf den in der Gegenwart erzwungenen Verzicht *in Freiheit* fertig zu werden. Das führt Kant unter Berufung auf *Genesis* 2, 13 ff. aus, wo dem aus dem Paradies vertriebenen Menschen die Beschwernisse seines Arbeitslebens in Aussicht gestellt werden. Doch die Not und die Mühe der Arbeit stehen der Erfahrung der Freiheit nicht entgegen.

7. Zur Frage der »Entmythologisierung«

Was Kant 1786 vorführt, nennt er in der sieben Jahre später veröffentlichten *Religionsschrift* eine Deutung im Zeichen des »*Symbol*«. Damit meint er eine aufgeklärte Deutung, die im Inhalt der überlieferten Texte das *Symbol des Moralisch-Guten* aufzuspüren sucht und das *Symbol in seiner Eigenständigkeit* anerkennt. Denken wir nur daran, dass Kant das *Schöne* in Natur und Kunst als »Symbol des Sittlich-Guten« bezeichnet, so erkennen wir, welchen Rang er den heiligen Texten zuerkennt, die Zeugnis von einer göttlichen Offenbarung geben.

Die Frage ist daher, ob er seine die symbolische Leistung der mythischen Erzählung *im Ganzen anerkennende Deutung* selbst als »*Entmythologisierung*« hätte bezeichnen können. Er tut es, soweit ich weiß, selbst nicht, und wenn seine Interpreten sich für eine solche Formulierung entscheiden sollten, wird man nur dann keinen Einspruch erheben, wenn klar ist, dass darin weder eine *Absage an den Mythos* noch ein *Verzicht auf ihn* liegen darf. Im Gegenteil: Wenn wir Kants Aussage nehmen, dass wir Gott selbst immer nur in »symbolischen Formen« denken können, dann ist der *theologische Rang* einer mythischen Erzählung gar nicht hoch genug zu schätzen.

Der Mythos ist also nicht nur als historisches Dokument, sondern auch als lebendig wirkendes Zeugnis ein höchstrangiges Gut im kulturellen Erbe der Menschheit. Er ist als *Schlüssel zu einer Wahrheit* anzusehen, die man anders gar

---

[17] KANT (s. Anm. 11), 111.

nicht in Erfahrung bringen kann. Wenn »Entmythologisierung« lediglich das *Verfahren der Auslegung des Mythos* bedeutet, dessen Bedeutung durch Interpretation weder erschöpft noch beseitigt werden kann, mehr noch: dessen Wert sich durch seine Deutung *erhöht*, dann – und nur dann – kann »Entmythologisierung« als ein tauglicher Begriff für eine auf Erkenntnisgewinn angelegte Auslegung angesehen werden.

Doch wir haben noch etwas anderes zu beachten: In der *symbolischen Auslegung* der Schöpfungsgeschichte geht es niemals bloß um die Sicherung eines *Glaubensinhalts*, sondern immer auch um ein *Wissen*. Sollte uns das durch die Interpretation erschlossen werden, steigt unser *Respekt* vor dem überlieferten Dokument auch unter dem *säkularen Anspruch der Wissenschaft*. Es sind nicht mehr bloß sein Alter und die Epoche, die er im Gang der Geschichte gemacht hat.

Hinzu kommt sein durch die Auslegung erwiesener *Wahrheitswert für unsere eigene* Zeit. Denn die Deutung des Mythos, wie Kant sie vorführt, ist der Ermittlung neuer Einsichten auf der Spur. Sie zielt auf die *Erweiterung eines Wissens*, das seiner szientifischen Bestätigung vorausliegen kann und dabei auf Erkenntnisse gerichtet ist, die uns – trotz des Abstands von Jahrtausenden – bis heute betrifft und für weitere Nachforschungen wegweisende Anhaltspunkte geben kann.

Eine Interpretation dieser Art kann als szientifische *Transformation des Mythos* bezeichnet werden. Sie liefert zumindest *wissenschaftliche Hypothesen*, die sich letztlich nur durch *Erfahrung* (in diesem Fall auch durch *Selbsterfahrung*) überprüfen lassen.

Der Mythos, der von seinen Urhebern, die vor vielleicht 4000 Jahren noch gar nicht zwischen Wissen und Glauben unterschieden haben, vermutlich als gar nicht zu *überbietende Erkenntnis* verstanden worden ist, heute aber, von den Verächtern des Mythos, als bloße Phantasie beiseite getan werden kann, wird durch eine Deutung, wie sie Kant vorträgt, in den *Dienst der Aufklärung* gestellt und für den Fortgang der Erschließung der Frühgeschichte des Menschen genutzt. Die nüchterne szientifische Deutung der mythischen Aussagen steigert somit den Wert des Mythos auch in den Augen jener, die ihn lediglich als ein Mittel zur Gewinnung brauchbarer Hypothesen zu schätzen wissen.

Gleichwohl ist es nicht ausgeschlossen, »Entmythologisierung« als eine Abwertung, vielleicht sogar als eine moderne Liquidation des Mythos zu verstehen. Die Kritik von Karl Jaspers steht einer solchen Vermutung nahe.[18] Und wenn Bult-

---

[18] In: KARL JASPERS/RUDOLF BULTMANN, Die Frage der Entmythologisierung, München 1954.

mann selbst den Ausdruck der Entmythologisierung als »unbefriedigend« bezeichnet, hat er gewiss diesen Verdacht im Sinn.[19] Um dieses Missverständnis zu vermeiden, würde ich empfehlen, den Begriff der »Entmythologisierung« streng auf die Arbeit des Interpreten zu beschränken. So kann die in der Deutung liegende Hochschätzung des Mythos gar nicht erst in Zweifel gezogen werden.

Als theologischer Außenseiter muss ich befürchten, dass meine Anregung weit unter dem Niveau der neutestamentlichen Methodenreflexion ist. Im Rahmen der Philosophie aber kann ich auf eine Bewertung der Mythos verweisen, die ihn nicht nur als verheißungsvolle Vorbedingung für Erkenntnisse ansieht, sondern ihn bereits selbst als eine eigenständige Form menschlicher Erkenntnis begreift. Darin dürfte für die Zeitgenossen der letzten siebzig Jahre nichts Überraschendes liegen, weil in der vielgelesenen *Dialektik der Aufklärung* von Adorno und Horkheimer die Figur des Odysseus ein geradezu populär gewordenes Exempel für die angebliche Instrumentalisierung der Vernunft zu finden ist.[20] Aber die beiden Autoren wenden nur etwas an, was sich in der Folge der Romantik längst als Methode und Stilmittel durchgesetzt hat. Doch entscheidend dürfte es auch für die Vertreter der *Kritischen Theorie* gewesen sein, dass bereits im Jahre 1925 eine erkenntnistheoretische Neubewertung des Mythos veröffentlicht wurde, die eine breite Wirkung nach sich gezogen hat. Ich spreche vom zweiten Band der *Philosophie der symbolischen Formen* von Ernst Cassirer,[21] die auch Bultmann, allein durch die von Heidegger vorgetragene Kritik an Cassirer, hätte kennen können.[22]

8. Mythos als symbolische Form

Zu Beginn seiner Analyse bezieht sich Cassirer nicht nur ausführlich auf Schellings *Einleitung in die Philosophie der Mythologie*,[23] sondern setzt sich

---

[19] Dazu Bultmann selbst: »Diese Methode der Auslegung des Neuen Testaments, die versucht, die tiefere Bedeutung hinter den mythologischen Vorstellungen wieder aufzudecken, nenne ich Entmythologisierung – ein sicherlich unbefriedigendes Wort! Ziel ist nicht das Entfernen mythologischer Aussagen, sondern ihre Auslegung. Es ist eine Deutungsmethode.« (RUDOLF BULTMANN, Neues Testament und Mythologie. Das Problem der Entmythologisierung der neutestamentlichen Verkündigung (1941), in: H.-W. BARTSCH (HG.), Kerygma und Mythos. Band 1, Hamburg [4]1960)

[20] THEODOR W. ADORNO/MAX HORKHEIMER, Dialektik der Aufklärung, Frankfurt 1969, 2. Kapitel.

[21] ERNST CASSIRER, Philosophie der symbolischen Formen (1923/1925/1929), Hamburger Ausgabe, Bde. 12–14, Hamburg 2001/2002, hier Bd. 2, 2002.

[22] In der 1931 vielbeachteten Davoser Disputation zwischen Cassirer und Heidegger, hatte Heidegger eine Art Rezension von Cassirers Hauptwerk vorgetragen.

[23] Seit ihrer Veröffentlichung in Bd. I der II. Abtl. seiner Sämtlichen Werke, Stuttgart/Augsburg 1856, allgemein zugänglich.

anschließend in der ihn auszeichnenden Gründlichkeit mit den Anregungen aus der damals bereits in der Psychologie sowie in der entstehenden Soziologie behandelten Rolle der Mythologie auseinander. Damit steht die Mythologie als »Göttergeschichte« im Mittelpunkt, die nicht zuletzt durch ichren erzählerischen Rang »etwas Erlebtes und Erfahrenes« sein sollte. Dabei wird, gewiss zurecht, angenommen, dass dieses Erleben und Erfahren noch nicht unter dem Vorbehalt der Subjektivität gestanden habe. Also könne ihr auch eine allgemeine Bedeutung zugesprochen werden und damit gewinne sie den Rang einer Erkenntnis. »Für Schelling«, so Cassirer, habe »die Mythologie philosophische Wahrheit, weil sich in ihr ein nicht nur gedachtes, sondern *reales* Verhältnis des menschlichen Bewusstseins zu Gott ausspricht«.[24]

Diese thematische Vorrangstellung der mythischen Rede von den Göttern bleibt auch in den Beiträgen der Völkerpsychologie erhalten, die sich bereits eingehend mit den Vorstellungen der (damals noch so genannten) primitiven Völker befasst. Auch hier interessiert sich Cassirer vorrangig für die Frage des möglichen Wahrheitsgehalts der Erzählungen von Gegenwart und Wirkung göttlicher Mächte.

Mit Blick auf das Programm der Entmythologisierung ist nun entscheidend, dass es Cassirer in seiner systematischen Analyse wesentlich um den *Erkenntniswert des Mythos* geht. Um ihn aufzuweisen, erweitert er die Analyse des Gegenstandsbewusstseins, das Kant allein in der, wie Cassirer sagt, »theoretisch-intellektuellen Sphäre« untersucht, auf alle kategorial-ordnenden Leitungen aus. Alles, was dazu beiträgt, dass sich »aus dem Chaos« der sinnlichen Eindrücke, »ein Kosmos, ein charakteristisches und typisches ›Weltbild‹ formt«,[25] liegt im Fokus seines erkenntnistheoretischen Interesses.

Auf diese Weise erschließt sich die grundlegende Stellung, die der Mythos in der historischen und systematischen Ausbildung des menschlichen Welt- und Selbstbildes hat. Cassirer erkennt bereits im Für-wahr-Halten, dass der mythischen Erzählung zugrunde liegt, eine Bedingung für das, was in der wissenschaftlichen Theorie dann unter Wahrheitsansprüchen steht. Schon in den anfänglichen Akten der für die Narration festgehaltenen Wahrnehmung, macht

---

[24] ERNST CASSIRER, Philosophie der symbolischen Formen, Bd. 2/2002, 16. – In einer Fußnote verweist Cassirer auch auf den Weg Husserls von den *Logische Untersuchungen* zu den *Ideen zu einer reinen Phänomenologie*, der das zunehmende Interesse an verschiedenen Strukturen unterschiedlicher Gegenstandsbereiche menschlicher Erfahrung dokumentiere und damit auch den Mythos einbezieht (ebd. 14). – Im Folgenden gebe ich eine extrem verkürzte Zusammenfassung der eindringenden Mythos-Analyse Ernst Cassirers. Sowohl für die historische wie auch für eine weiterführende systematische Beschäftigung mit dem Programm der Entmythologisierung kann ich eine Auseinandersetzung mit seiner Analyse nur empfehlen.
[25] CASSIRER (s. Anm. 24), 35.

Cassirer eine Voraussetzung der wissenschaftlichen Erkenntnis, ohne die es keine Objektivität geben kann. Der Mythos halte sich »ausschließlich in der Gegenwart seines Objekts« und könne somit als Voraussetzung für das angesehen werden, was dann in der intersubjektiven »Präsenz« genauer Beobachtung unverzichtbar wird.[26]

Doch dem mythischen Bewusstsein fehlt, nach Cassirer, die »Grenzscheide« zwischen der bloßen *Vorstellung* und der *Wirklichkeit*, auf die sich die Vorstellung bezieht. Dazu passt, dass im Mythos »Wort« und »Name« keine reine Darstellungsfunktion erfüllen, sondern dass »in beiden der Gegenstand selbst und seine realen ›Kräfte‹ enthalten sind«[27] Damit steht der Mythos dem *Traum* näher, dem er auch darin gleicht, dass er der *Deutung* bedarf! So gleiche der Mythos einer Art »Chiffrenschrift«, die nur dem verständlich ist, der »den Schlüssel für sie besitzt«.[28] Dass sich die Hörer oder Leser späterer Epochen einen solchen Schlüssel erst aufwändig erarbeiten müssen, versteht sich von selbst

Alles in allem kann es wie eine Rechtfertigung der unerlässlichen exegetischen Aufgabe erscheinen, wenn Cassirer über den im Mythos verwendeten »Namen« festhält, in ihm ruhe »das Geheimnis der göttlichen Fülle«.[29] Ob darin zugleich ein Programmentwurf für das Verfahren der »Entmythologisierung« gesehen werden kann, wird man nicht ausschließen können – vorausgesetzt, das Verfahren stellt außer Zweifel, dass die wahre Fülle des Mythos die unantastbare Bedingung seiner entmythologisierenden Deutung ist.

9. Hermeneutik als Anerkennung des Eigenwerts des Mythos

Karl Jaspers hat in seiner Auseinandersetzung mit Rudolf Bultmann gleich einleitend die Problemkontinuität zwischen Antike und Moderne hervorgehoben, die es seiner Meinung nach erübrigt, die Differenz zwischen den biblischen Texten und dem modernen Verständnis von Wissenschaft und Glauben so stark zu betonen, wie es das Programm der Entmythologisierung zu unterstellen scheint. Bultmann geht in seiner Antwort auf diesen Punkt so wenig ein wie auf eine Reihe anderer, weil er mit guten Gründen sagen kann, dass Jaspers sich in seiner gewohnt apodiktischen Art nicht wirklich auf die Frage der Entmythologisierung eingelassen habe.

Ich teile Jaspers Auffassung von der basalen Einheit des menschlichen Geistes mit Beginn der Achsenzeit vor etwa 2500 Jahren. Gleichwohl ist Bultmann recht zu geben, wenn er es als Neutestamentler für offenkundig hält, dass uns die Texte der Bibel vor nicht geringe Verständnisprobleme stellen. Nur aus

---

[26] CASSIRER (s. Anm. 24), 42 ff.
[27] CASSIRER (s. Anm. 24), 49.
[28] CASSIRER (s. Anm. 24), 46.
[29] CASSIRER (s. Anm. 24), 51.

dieser Tatsache lässt sich erklären, dass er der *Hermeneutik* eine unverzichtbare Aufgabe zuweist, aus der er seinen Beruf als Theologe gemacht hat. *Es ist also gar nicht zu bezweifeln, dass sein Programm der Entmythologisierung ihren Beitrag im Rahmen der hermeneutischen Vermittlung zu leisten hat.*

Mit dieser Einbindung in die Auslegungstradition der biblischen Texte, ist das von mir mehrfach genannte Problem der Anerkennung des Eigenwerts des Mythos beantwortet. Nur würde ich mir wünschen, dass diese Vorbedingung bereits bei der Einführung des Begriffs der Entmythologisierung exponiert wird. Wer sich dieses Interpretationsverfahrens bedient, der hat gleich zu Anfang das vom Begriff her naheliegende Missverständnis abzuwehren, mit ihm werde der historische und epistemische Rang des Mythos selbst in Frage gestellt.

So ließe sich deutlich machen, dass der entmythologisierende Interpret nicht davon ausgeht, dass der Mythos im 20. Jahrhundert sein definitives Ende findet, ein Ende, das es möglich macht, eine Verständigung über ihn und seine Gehalte selbst von allen mythischen Resten freizuhalten. Das Gegenteil ist der Fall: *Entmythologisierung wird nicht in der Perspektive einer unumkehrbaren Aufklärung betrieben, die von einem definitiven Ende des Mythos ausgeht. Sie ist vielmehr – in Anerkennung der unausschöpflichen Größe und Vieldeutigkeit des Mythos – der Versuch ihn, soweit es geht, in die allgemein verständliche Sprache der Gegenwart zu übersetzen, um für sie die derzeit zugängliche Bedeutungsvielfalt zu erschließen.*

GEFÄLLIGE WORTE – WAHRE WORTE

Das alttestamentliche Plädoyer für die Wahrheit

Corinna Körting

1. EINSTIEGE IN DAS THEMA

Die Überschrift des Beitrags ist angelehnt an Koh 12,10. Ein Bewunderer Kohelets schreibt eine Art Resümee über dessen Worte. Dieses Resümee ist in mehrfacher Hinsicht bemerkenswert. Es ist die einzige Passage, an der im Buch Kohelet überhaupt von Wahrheit (אמת) gesprochen wird. Kohelet selbst argumentiert, sicherlich bedacht, nicht mit אמת. Nun lautet der gesamte Vers:

בִּקֵּשׁ קֹהֶלֶת לִמְצֹא דִּבְרֵי־חֵפֶץ וְכָתוּב יֹשֶׁר דִּבְרֵי אֱמֶת׃

> Koh 12,10 »Kohelet suchte gefällige Worte zu finden
> *und* schrieb[1] richtig nieder wahre Worte.«

Die Überschrift dieses Beitrags lässt noch offen, was in einer Übersetzung entschieden werden muss. Was lässt sich über das Verhältnis von gefälligen Worten und wahren Worten aussagen? Stellen sie einen Gegensatz dar? Können wahre Worte überhaupt gefällige Worte sein? Worin genau besteht die Qualität der Worte Kohelets, dass sein Bewunderer sie als »wahr« bezeichnen kann? Nun ist aber nicht nur v10, sondern der Abschnitt Koh 12,9-11 insgesamt in den Blick zu nehmen.

> Koh 12,9 »Und außerdem war Kohelet ein Weiser (חכם);
> mehr noch lehrte er das Volk Erkenntnis (למד־דעת את־העם);
> er hörte und erforschte und berichtigte viele Sprichwörter (משלים).
> V10 Kohelet suchte gefällige Worte zu finden
> *und* schrieb richtig nieder wahre Worte.

---

[1] Der MT liest hier ein Partizip pass. »es ist geschrieben«. Entweder mit Aquila, Symmachus und Vulgata als finites Verb zu lesen »und er hat geschrieben« oder als Infinitivus absolutus, dann wäre Kohelet »der für die Niederschrift Verantwortliche«, siehe: LUDGER SCHWIENHORST-SCHÖNBERGER, Kohelet (HThKAT), Freiburg i. Breisgau 2004, 547.

V11 Worte von Weisen sind wie Ochsenstacheln,
und wie eingeschlagene Nägel sind gesammelte Sprüche,
sie wurden von einem Hirten gegeben.«

Wahre Worte sind, so Koh 12,9-10, das Resultat eines Auswahlprozesses.[2] Hören, prüfen und berichtigen sind unabdingbare Arbeitsschritte auf dem Weg zu wahren Worten. Der Auswahlprozess ist durch ein einziges Ziel gesteuert, nämlich der Lehre von Erkenntnis. Doch nicht nur wahre, sondern auch »gefällige Worte« sind Resultat des Prozesses. Sie stehen nicht im Gegensatz zu den »wahren Worten« oder bilden nur den Pool, aus dem die wahren Worte gewählt werden. »Gefällig« wird in der Regel mit »formschön, eingängig, ansprechend« als typisches Merkmal weisheitlicher Sprüche gedeutet.[3] Kohelets Sprüche tragen diesmal folglich ebenso wie das Siegel »wahr«.[4] Dem stellt v11 die Worte der Weisen gegenüber. Diese werden, anders als die Worte Kohelets, mit Ochsenstachel und Nagel verglichen. Ein Ochsenstachel treibt an, ein Nagel festigt. Das vermögen sie, mehr aber auch nicht. Sie sind eben »nur« Worte eines Hirten, Resultat harter, grober Arbeit.[5] Sie sind nicht falsch, jedoch auch nicht wahre Worte.[6]

---

[2] Auch der Name Kohelet (קהלת) scheint schon Programm zu sein. Er lässt sich ableiten von קהל, »sich versammeln« (Nif.) oder »versammeln, einberufen« (Hif.). Vgl. LUDGER SCHWIENHORST-SCHÖNBERGER, »Kohelet – ein Schulbuch?«, in: ULRICH DAHMEN/JOHANNES SCHNOCKS (HG.), Juda und Jerusalem in der Seleukidenzeit. Herrschaft – Widerstand – Identität. Festschrift für Heinz-Josef Fabry (BBB 159), Göttingen 2010, 91-104, 95.

[3] Vgl. CHOON-LEONG SEOW Ecclesiastes. A new Translation with Introduction and Commentary (The Anchor Bible/AncB 18C), New York u.a. 1997, 385f. Er macht ebenfalls deutlich, dass Schönheit, Gefälligkeit, Eloquenz Merkmale weisheitlicher Rede sind und es sich hier nicht um eine Verteidigung der wahren Worte handelt, weil sie »zufällig« auch schön sind.

[4] THOMAS KRÜGER, Kohelet (BK.AT 19), Neukirchen-Vluyn 2000, 368f. merkt an, dass es sich hier auch um eine kritische Auswahl Kohelets aus als *gefällig* wahrgenommenen Worten handeln könnte. Gerade weil sich בקש jedoch auf beide Satzteile von v10 bezieht, setzt der Gedanke der Auswahl in v9b an, wenn es um die Sprüche geht, die geprüft und berichtigt werden müssen. Die Worte Kohelets sind nicht nur eine Auswahl aus gefälligen Worten. Wie SEOW deutlich macht (s.o.) besteht zwischen »wahr« und »gefällig« kein Gegensatz, den es in irgendeiner Form aufzulösen gelte.

[5] Vgl. KRÜGER (s. Anm. 4), 369f. und MELANIE KÖHLMOOS, Melanie, Kohelet. Der Prediger Salomos (ATD 16,5), Göttingen 2015, 251.

[6] Anders liest u.a. SCHWIENHORST-SCHÖNBERGER (s. Anm. 2), 96 diese Passage. Er ordnet die Worte Kohelets schließlich unter die der Weisen ein und identifiziert den »einzigen Hirten« mit Gott selbst. »Damit aber würden die Worte Kohelets in die theologische Tradition der weisheitlichen Überlieferung Israels eingeführt [...]. Seine Worte sind wie die Worte der Weisen Worte der Weisheit. Diese aber ist Gabe Gottes [...], des einzigen Hirten« (SCHWIENHORST-SCHÖNBERGER, s. Anm. 1, 549). Wenn Schwienhorst-Schönberger davon ausgeht, dass Kohelet dennoch mehr als ein gewöhnlicher Weisheitslehrer sei, dann aufgrund der breiten Volkskreise, die er, einem Wanderpropheten gleich, erreicht (ebd. 546).

Wahre Worte hingegen sind schön, gut klingend. Auch wenn die ersten Fragen damit beantwortet zu sein scheinen, d.h. der aufgemachte Gegensatz ist gar keiner. Auch wenn »wahre Worte« sich dadurch auszeichnen, dass sie zur Erkenntnis führen, ist noch nicht viel gewonnen, um sich dem Wahrheitsbegriff des Alten Testaments zu nähern. Machen wir uns also auf die *Suche nach Wahrheit*.

Noch einmal ist mit dem Zitat aus Koh 12,10 einzusetzen. Es ist die einzige Passage innerhalb des Alten Testaments, in der die Vokabeln »suchen« (בקש) und »Wahrheit« (אמת) zusammen gebraucht werden. Was mit »Suche« umschrieben wird, bezeichnet eher einen Auswahlprozess als die Suche nach der Wahrheit, die verborgen sein könnte.

Neben אמת gehört auch אמונה in das hier zu verhandelnde semantische Feld, häufiger übersetzt mit »Wahrhaftigkeit«.[7] Unter diesen Prämissen kommt immerhin eine einzige weitere Passage in den Blick. In Jer 5,1 heißt es:

»Zieht durch die Gassen Jerusalems
und seht doch nach und erkennt und sucht auf ihren Plätzen,
ob ihr nicht einen Mann findet,
der Recht tut (עשה משפט) und Wahrhaftigkeit (אמונה) sucht (בקש)
und ich will ihr vergeben« (Jer 5,1).

Es handelt sich hier um eine Rede Jhwhs, die darauf abzielt zu erklären, weshalb Jhwh das Gericht vollziehen musste. Man kann sich wieder und wieder auf die Suche machen, doch es wird niemand zu finden sein, der Recht tut (עשה משפט) und Wahrhaftigkeit sucht (בקש אמונה). Selbst wenn man mit einem Eid die Wahrheit beschwor, so war die Möglichkeit einer Lüge damit nicht ausgeschlossen. Suche nach Wahrhaftigkeit ist nach Jer 5,1 das Streben nach, das Bemühen um Wahrhaftigkeit als gerechtes Handeln, d.h. als dem Willen Gottes gemäßes Handeln.[8] Die Suche nach Wahrheit als die Suche nach einem Ideal oder einer Norm, unverrückbar und unverstellt, ist hier nicht gemeint. Das macht auch Dtn 13 deutlich. Mit der Wortwahl »suchen« (דרש) und »Wahrheit« (אמת) in v15 wird dazu aufgefordert zu prüfen, ob ein Verstoß gegen das Fremdgötterverbot vorliegt. Die

---

[7] Mit אמונה wird weniger ein Zustand, sondern eher ein Verhalten ausgedrückt, das auf innerer Festigkeit und auf Gewissenhaftigkeit beruht (vgl. ALFRED JEPSEN, Art. אמן in: G. JOHANNES BOTTERWECK/HELMER RINGGREN (HG.), ThWAT 1, Stuttgart u.a. 1973, 314–348, 341). Die LXX übersetzt אמונה außerhalb des Psalters gern mit πίστις.

[8] Zur Verortung im ethisch-sozialen Bereich s.a. WERNER H. SCHMIDT, »»Wahrhaftigkeit« und »Wahrheit« bei Jeremia und im Jeremiabuch«, in: FRIEDHELM HARTENSTEIN/JUTTA KRISPENZ/ AARON SCHAART (HG.), Schriftprophetie. Festschrift für Jörg Jeremias, Neukirchen-Vluyn 2004, 145–160, 146f.

Suche nach Wahrheit dient der Feststellung der Richtigkeit der Vorwürfe (s.a. Dtn 17,4).[9]

Motiviert auch durch das Kohelet-Zitat lohnt es sich nachzuprüfen, ob es vielleicht eher die Suche nach der Weisheit (חכמה) und der Erkenntnis (דעת) als die nach der Wahrheit ist, die die alttestamentlichen Schriften bewegt. Das Ergebnis sieht etwas erfreulicher aus.[10] Nach Prov 14,6 findet der suchende Spötter keine Weisheit, dem Kundigen ist das Finden jedoch möglich. Besonders optimistisch zeigt sich in dieser Hinsicht auch der noch spätere Sirach (51,26): *»Nahe ist sie (die Weisheit) denen, die sie suchen, und wer sich hingibt, wird sie finden.«*[11] Skeptisch hingegen ist Kohelet selbst.

»Ich nahm mir vor, zu erkennen (ידע)
und zu erkunden (תור) und zu suchen (בקש)
Weisheit (חכמה) und die Summe der Dinge (השבון)« (Koh 7,25).[12]

Und doch muss Kohelet festhalten: *»Ich sprach, ich will Weisheit erlangen, aber sie blieb mir fern«* (Koh 7,23b).[13]

Inwiefern aber helfen diese Beobachtungen zur Weisheit, um Rückschlüsse hinsichtlich der Wahrheit zu ziehen? Es gibt signifikante Überschneidungen in den alttestamentlichen Literaturbereichen und Diskursen bei Weisheit und Wahrheit. Nach Prov 23,23 gilt für die Wahrheit das gleiche wie für Weisheit, Lehre (מוסר) und Einsicht (בינה): Sie alle dürfen nicht verkauft werden. Nach Ps 51,8 wünscht sich der Beter Weisheit (חכמה), damit Wahrheit (אמת) in seinem Innersten sei.[14] Und schließlich werden ja wahre Worte ausgewählt, um Erkenntnis zu lehren.

---

[9] »Wahrheit ist, wenn die Behauptung zurecht besteht.« Vgl. DIETHELM MICHEL, ›hæsæd wæ'æmæt‹, in: ANDREAS WAGNER (HG.), Studien zur hebräischen Grammatik (OBO 156), Göttingen 1997, 73-82, 78). S.a. Jes 16,5.

[10] Tendenziell kann hier 1 Kön 10,24 angefügt werden. Immerhin heißt es hier, dass das Angesicht Salomos gesucht wird, um Weisheit zu hören.

[11] Vgl. GEORG SAUER, Jesus Sirach (JSHRZ III/5), Gütersloh 1981, 638; s.a. Prov 2,4f.; 8,17; 14,6; Sir 4,12; 6,27; 51,13ff.26f. Suche nach דעת zudem in Prov 14,6; 15,14; 18,15 und Mal 2,7.

[12] Wir haben es hier mit einer Wiederaufnahme von Koh 1,13 zu tun. »Da nahm ich mir vor, in Weisheit alles zu suchen/erforschen und zu erkunden, was unter dem Himmel getan wurde. Das ist eine leidige Mühe. Gott hat es den Menschen überlassen, sich damit abzumühen.« Es geht hier um ein instrumentelles Verständnis von Weisheit, vgl. ERNST JENNI, Die hebräischen Präpositionen, Bd. 1: Die Präposition Beth, Stuttgart 1992, 147 Nr. 1788 und KRÜGER (s. Anm. 1), 126.

[13] Vgl. SEOW (s. Anm. 3), 270, der neben der Schwierigkeit, die Weisheit aufzudecken auch ihre Flüchtigkeit betont.

[14] Vgl. Hos 4,1 (דעת, חסד, אמת).

Kohelet muss sich in all seinem Zweifel und seiner Skepsis zumindest mit der traditionellen Überzeugung auseinandersetzen, dass Weisheit gesucht und aufgedeckt werden kann, dort, wo sie im Verborgenen schlummert. Für die Wahrheit jedoch stellt sich diese Herausforderung nicht. Ich will an dieser Stelle die These wagen, dass Wahrheit und das wahre Wort gerade nicht aufgedeckt werden müssen.[15] Wahrheit ist vielmehr offenbar.

1.1 Kleine Einblicke in die Forschungsgeschichte
Die Ansätze, die ich bisher gezeigt habe, will ich in ihrem Ertrag *noch* nicht bewerten. Soviel ist jedoch an dieser Stelle schon festzuhalten: Weder mit Klischees, dass Wahrheit bitter sein müsse wie wirksame Medizin, noch mit einer reinen Begriffssuche wird man dem nahekommen, was sich über Wahrheit im Alten Testament oder auch nur in einzelnen seiner Bücher sagen lässt. Bevor ich jedoch weitere Ansätze wage, will ich kurz auf zentrale Aspekte der alttestamentlichen Forschung zum Wahrheitsbegriff eingehen.

Die Motivation, nach dem Wahrheitsbegriff des Alten Testaments und besonders nach der Bedeutung von אמת zu fragen, ist durchaus unterschiedlich. Während u.a. Wolfram von Soden die Identifikation von Wahrheitsanspruch der biblischen Schriften und historischem Wahrheitsgehalt voneinander trennt,[16] ist Bultmann um die Allgemeingültigkeit der Wahrheit des Glaubens bemüht.[17]

Beide treffen sich jedoch in der Beobachtung, dass אמת und ἀλήθεία grundsätzlich voneinander zu unterscheiden seien, wobei ἀλήθεία ihrer Ansicht nach auf ein ontologisches Bedeutungsspektrum zurückgreift, welches die Wirklichkeit eines Tatbestandes und die Wahrheit eines Sachverhaltes voraussetzt und auch der scholastischen Definition eines »veritas est adaequatio rei et intellectus« gerecht wird.[18] Wolfram von Soden versucht anhand einer Begriffsanalyse deutlich zu machen, dass ein unkritisch aus der griechischen Philosophie übernommener Wahrheitsbegriff, der sich an der Übereinstimmung von Aussage und

---

[15] Anders Bultmanns Definition des Wahrheitsbegriffs, für den »Enthülltheit, Aufgedecktheit« eine wichtige Rolle spielen, vgl. RUDOLF BULTMANN, ›Wahrheit und Gewißheit‹, in: EBERHARD JÜNGEL/KLAUS W. MÜLLER (HG.), Theologische Enzyklopädie, Tübingen 1984, 183-205, 183.

[16] WOLFRAM VON SODEN, ›Alter Orient und Altes Testament. Grundsätzliche Erwägungen zu einem neuen Buch‹ (1967), in: Die Welt des Orients 4, 38-47, 43f.

[17] Vgl. CHRISTOF LANDMESSER, Wahrheit als Grundbegriff neutestamentlicher Wissenschaft (WUNT 113) Tübingen 1999, 197-207.

[18] VON SODEN (s. Anm. 16), 43f.; BULTMANN (s. Anm. 15), 201; LANDMESSER (s. Anm. 17), 206. Vgl. auch THOMAS VON AQUIN, Summa theologiae 1 qu 16 ar 2 ag 2 (cit. S Thomae Aquinatis Opera Omnia ut sunt in indice thomistico additis 61 scriptis ex aliis medii aevi auctoribus curante R. Busa S.I. Tom. II. Stuttgart 1980, 211).

Wirklichkeit orientiere, dem Alten Testament nicht angemessen sei.[19] Es geht ihm um eine grundlegende Unterscheidung von Altem Orient und Altem Testament einerseits und den griechisch-philosophischen Traditionen andererseits. Für von Soden gilt:

»Wahrheit war nur für die Babylonier und Assyrer wie für die Israeliten etwas ganz Anderes, nämlich das Andauernde, das keiner willkürlichen Veränderung unterliegt, oder, anders ausgedrückt, das, was in allem Wandel ewig Bestand hat. Der Gegenbegriff zu dieser Wahrheit war nicht Unwahrheit im Sinne der Nichtübereinstimmung der Aussage mit den Tatsachen, sondern die Unstetigkeit, die Veränderlichkeit, die keine wirkliche Dauer hat und daher für den alten Orient nicht ›wahr‹ sein konnte«.[20] Wie das akk. *kīttum* seien auch אמת und אמונה auf Kontinuität ausgerichtet, und zwar auf die Kontinuität eines zwischenmenschlichen Verhältnisses sowie des Verhältnisses zwischen Mensch und Göttern.[21]

Auch Bultmann trennt, um zu einem neutestamentlichen Begriff von Wahrheit zu gelangen, scharf zwischen אמת und ἀλήθεια.[22] Er erreicht über die Abgrenzung jedoch eine Tiefenschärfe gerade hinsichtlich der ἀλήθεια. Während אמת sich seiner Ansicht nach in erster Linie über das konkrete Miteinander von Gott und Mensch mit einem Anspruch an den einzelnen erschließt und damit ein eminent geschichtlicher Anspruch ist, ist ἀλήθεια das Zeitlose, Unwandelbare und Ungeschichtliche. Mittels göttlicher Offenbarung kundgetan bleibt diese Wahrheit dem Dasein jedoch immer äußerlich.[23]

Viele der Versuche der Abgrenzung von אמת und ἀλήθεια müssen daran scheitern, dass sie Maßstäbe an den hebräischen Begriff anlegen, die nicht die seinen sind: Zeitlich und überzeitlich ist kein Maßstab, ebenso wenig wie »Satzwahrheit versus existentieller bzw. performativer Wahrheit«.[24]

---

[19] VON SODEN (s. Anm. 16), 43f.

[20] WOLFRAM VON SODEN, Biblische und geschichtliche Wahrheit, in: Amt und Gemeinde 7/1956, 105-108, 106.

[21] Vgl. VON SODEN (s. Anm. 16), 44f.

[22] Er setzt bei der Beobachtung an, dass die LXX אמת nicht ausschließlich mit ἀλήθεια, sondern auch mit δικαιοσύνη oder πίστις übersetzt, in: RUDOLF BULTMANN, Untersuchungen zum Johannesevangelium, in: ZNW 27/1928, 113-134, 113. Die fehlende Trennschärfe zwischen diesen Begriffen bzw. deren Zusammendenken auch im Hebräischen wird später noch einmal aufgenommen werden.

[23] Vgl. BULTMANN (s. Anm. 22), 117-121; LANDMESSER (s. Anm. 17), 218f.

[24] Vgl. JÜRGEN VAN OORSCHOT, Art. Wahrheit/Wahrhaftigkeit. Altes Testament, in: TRE 35, Berlin/New York 2003, 337-340, 338; siehe bereits auch: JAMES BARR, Bibelexegese und moderne Semantik. Theologische und linguistische Methode in der Bibelwissenschaft, München 1965, 192, der sehr deutlich macht, dass auch ἀλήθεια nicht zuerst einem abstrakten und metaphysischen Denken zuzuordnen ist, sondern ebenso wie אמת zuerst dem Schema von »wahr« und »falsch« folgt.

Das Spannungsfeld, in dem sich von Soden und Bultmann bewegen, ist neben theologischen Prämissen durch die Herausforderungen einer Begriffsanalyse gekennzeichnet,[25] die sich nicht allein aufgrund etymologischer Herleitungen, sondern in der jeweiligen Anwendung, d.h. im Kontext bewähren muss.[26] Intensive Auseinandersetzungen mit אמת sind schließlich vor allem mit dem Namen Diethelm Michel verbunden. Bereits 1964 in der den Begriffen צדק und אמת gewidmeten unveröffentlichten Habilitationsschrift[27] und 1968 in einer allein der Untersuchung von אמת gewidmeten Studie kommt Michel zu Ergebnissen, die die in der Forschung zwischen Altem Orient und Altem Testament einerseits und griechischem Sprachraum aufgemachte Distanz von אמת zu ἀληθείᾳ nicht einfach so gelten lassen. Vor allem ist festzuhalten, dass auch das hebräische Verständnis von Wahrheit die Übereinstimmung von Aussage und Tatbestand miteinschließt.[28] Michel präsentiert ein Verständnis von אמת, das im Rahmen der Bibelexegese im Großen und Ganzen bis heute tragfähig ist. Das Wortfeld *Beständigkeit, Zuverlässigkeit, Gewissheit, Sicherheit, Ehrlichkeit, Treue und Wahrheit*[29] spitzt er auf diverse Anwendungsbereiche zu,[30] die im Prinzip jedoch alle auf den einen Nenner zu bringen sind: »'ämät ist das Beständige, Feststehende → das Richtige, Wahre → die Wahrheit, Richtigkeit.«[31] Das hebräische Verständnis von Wahrheit

---

[25] Vgl. DIETHELM MICHEL, 'Ämät. Untersuchung über »Wahrheit« im Hebräischen, in: Archiv für Begriffsgeschichte 12/1968, 30-57, 30-33. S. a. die Kritik an der »Etymologisiererei« von Barr (s. Anm. 24), 111ff.

[26] Vgl. auch LANDMESSER (s. Anm. 17), 340.

[27] DIETHELM MICHEL, Begriffsuntersuchungen über sädäq-sᵉdaqa und 'ᵃmät-'ᵃmuna, (unveröffentlichte) Habilitationsschrift, Heidelberg 1964.

[28] Prov 8,7; Ps 15,2; Sach 8,16; Dan 8,26; 10,1; 11,2. Vgl. Michel (s. Anm. 25), 39f; vgl. VAN OORSCHOT (s. Anm. 24), 338.

[29] Vgl. WILHELM GESENIUS, Hebräisches und aramäisches Handwörterbuch über das Alte Testament, bearbeitet von FRANTS BUHL, unveränderter Neudruck der 1915 erschienenen 17. Auflage, Berlin, Göttingen, Heidelberg 1962, 52.

[30] »'ämät zur Bezeichnung der Richtigkeit von Aussagen«, »'ämät als Echtheit«, »Wahrheit des göttlichen Verheißungswortes«, »Die 'ämät der göttlichen Gebote«, »'ämät zur Bezeichnung menschlichen Handelns«, »Die Wendung ḥäsäd und 'ämät«, »Die Wendung Frieden und 'ämät«, »Die Wendung ›in (durch) 'ämät'«, vgl. MICHEL (s. Anm. 25), 38-55.

[31] MICHEL (s. Anm. 25), 55; DERS. (s. Anm. 9), 78f. S.a. LANDMESSER, (s. Anm. 17), 213-215. VAN OORSCHOT (s. Anm. 24), 338. Auch die neuere Untersuchung von KAI LÄMMERHIRT, Wahrheit und Trug. Untersuchungen zur altorientalischen Begriffsgeschichte (AOAT 348), Münster 2010, setzt sich anhand einer umfassenden Begriffsstudie für den Alten Orient in der Zeit von 2500-1600 v.Chr. mit dem Bedeutungsspektrum verschiedener dem Wortfeld zugehörender Lexeme auseinander. Sein Ergebnis kann man hinsichtlich der hier gestellten Aufgabe knapp zusammenfassen. »Die strikte Trennung des altsemitischen vom modernen Wahrheitsbegriff (sog. Diskrepanztheorie), für die sich von Soden so mit Nachdruck ausgesprochen hat [...] ist somit unbegründet. *Kīttum* verweist zwar primär auf

schließt die Übereinstimmung von Aussage und Tatbestand mit ein, denn »Zuverlässigkeit und Treue von Mitmensch und Gott erschließen sich nicht zuletzt über der wahren, an der Wirklichkeit sich bewährenden Rede oder Tat.«[32]

> אמת ist im MT 127 belegt. Für einen Großteil dieser Stellen wählt die LXX die Übersetzung ἀληθείᾳ bzw. ἀληθινός (107mal). Die Alternativübersetzungen lauten δικαιοσύνη bzw. δίκαιος (7mal) oder πίστις bzw. πιστός (7 mal). Schließlich wird einmal ἐλεημοσύνη verwendet. אמונה hingegen kommt 48 mal vor und wird zur Hälfte mit ἀληθείᾳ und zur Hälfte mit πίστις übersetzt. Wichtig ist hierbei vor allem wahrzunehmen, dass nur einer der πίστις-Belege innerhalb des Psalters vorkommt, wo dieser Begriff ohnehin nur einmal belegt ist (Ps 33,4 bzw. 32,4).[33]
>
> Statistisch interessant ist des Weiteren, dass sich ca. zweidrittel der Belege für אמת auf die Bücher Jesaja, Jeremia, Psalmen und Proverbien verteilen. אמת ist somit ein wichtiger Terminus im Rahmen der Auseinandersetzung um prophetische Sendung und der Forderung rechten und gerechten Verhaltens sowie weisheitlicher Reflexion im Hinblick auf Recht, gerechte Herrschaft, guten Richterspruch und Gotteslob. Das Bild einer derartigen Schwerpunktsetzung ändert sich nicht, nimmt man אמונה in den Blick. Hier ist ca. die Hälfte der Belege im Psalter zu finden.
>
> Schließlich sollte gerade im Hinblick auf die Forschungsgeschichte ein weiterer Befund genannt werden. R. Bultmann aber auch K. Koch sprechen gern davon, dass Wahrheit »getan« werden müsste.[34] Doch gibt es hierfür lediglich drei Belege, die in ihrer Bedeutung zudem unsicher sind.[35]

Mit dem, was Michel festgestellt hat und was auch neuere Untersuchungen unterstützen, bleiben die Aspekte von Beständigkeit und Festigkeit durchaus berechtigt, doch das Richtige, das Wahre und die Wahrheit gehören ebenso dazu. Für diesen Zusammenhang soll an der Übersetzung von אמת mit »Wahrheit« festgehalten werden, weil sie offener ist als Treue oder Beständigkeit, sich damit auch von חסד abgrenzen lässt und vielleicht eigens zum Nachfragen anregt.[36]

Die Möglichkeiten und Grenzen einer Begriffsanalyse, die sich darauf spezialisiert, »Wahrheit ist...« zu definieren, sind mit diesem Rückblick wohl deutlich

---

Größen wie ›Festigkeit‹, ›Beständigkeit‹, ›Treue‹ oder ›Verlässlichkeit‹, deckt damit aber auch den semantischen Bereich ‚Wahrheit / Wirklichkeit' ab« (a.a.O. 392).

[32] VAN OORSCHOT, Art. Wahrheit, 338.

[33] Vgl. auch JEPSEN (s. Anm. 7), 333.

[34] Vgl. BULTMANN (s. Anm. 22), 117f.122f.; KLAUS KOCH, Art. Wahrheit, in: RGG⁴ 8, Tübingen 2005, 1246-1248, 1246.

[35] Ez 18,9; Neh 9,33; 2 Chr 31,20. Alle anderen, so Michel, bieten die Verbindung חסד und אמת und sind gesondert zu behandeln, vgl. MICHEL (s. Anm. 25), 37.

[36] Nicht repräsentativ und dennoch interessant: In seiner Psalmen-Übersetzung (Das Buch der Preisungen, Gerlingen ¹¹1998) übersetzt Martin Buber אמת konsequent mit Treue. צדק hingegen gibt er mit Wahrheit wieder.

geworden.[37] Wie Michel gezeigt hat, ist man bei Annäherungen vor allem auf den Kontext angewiesen, in dem der Begriff angewandt wird. Allerdings kann es allein schon aufgrund der Menge an Belegen nicht darum gehen, hier ein umfassendes Bild zu zeichnen. אמן und אמונה werden keine Berücksichtigung finden, ebenso wenig wie die eigentlich notwendige Frage nach dem Umgang mit der Lüge. Das muss an anderem Ort geschehen. Worum es hingegen im Folgenden gehen soll, ist die Frage nach dem *Stellenwert* von אמת für das Gottes- und Menschenbild.

1.2 Das weitere Vorgehen

Ausgangspunkt dieser Untersuchung ist das »wahre Wort«, wie die Sprüche Kohelets im Resümee des Buches charakterisiert werden. Einziger Maßstab, um die Sprüche als »wahr« bezeichnen zu können, ist ihre Eignung zum Erkenntnisgewinn. Ein direkter Gottesbezug fehlt. Das mag im Hinblick auf Kohelet nicht überraschen, doch für die Annäherung an »Wahrheit« im Rahmen alttestamentlicher Studien sieht das anders aus. Vor allem im Psalter ist immer wieder von »seiner Wahrheit«, der Wahrheit Gottes die Rede. Das Wortfeld »Lehre, Erkenntnis und Wahrheit«, das sich aus der besonderen Qualifizierung der Worte Kohelets ergibt, soll für das weitere Vorgehen deshalb um den Gottesbezug erweitert werden. Doch auch die Bedeutung von Wahrheit im Zusammenspiel mit Gnade, Gerechtigkeit, und Liebe wird Beachtung finden.

2. Annäherung in einem Dreischritt: Wort – Tora – Lehre

2.1 Das wahre Wort (Jer 23,23-29)

Innerhalb alttestamentlicher Prophetie sind es vor allem die Propheten Jesaja und Jeremia, die von אמת und אמונה sprechen. Und es ist vor allem Jeremia, der sich mit der Wahrheit prophetischer Rede und des wahren Wortes auseinandersetzt. Wahrheit erweist sich. »Für den Propheten, der Frieden prophezeit, gilt: am Kommen des Wortes des Propheten wird der Prophet erkannt, den Jhwh in Wahrheit (באמת) gesendet hat« (Jer 28,9). In der Auseinandersetzung mit dem Propheten Hananja legt Jeremia, der Unheilsprophet, besonderes Gewicht darauf, dass sich Heilsprophetie als wahr erweisen muss (vgl. Dtn 18,21f.). Nur dann kann der Prophet für sich in Anspruch nehmen, Wort Gottes zu sprechen. Das Wort Gottes, die Wahrheit, zeigt sich nun aber nicht »nur« darin, dass es eintritt.

---

[37] Michel schließt seine Einleitung mit dem Hinweis, dass Formulierungen wie »der hebräische Wahrheitsbegriff« oder »was ist Wahrheit« »methodisch äußerst gefährlich« seien; MICHEL (s. Anm. 25), 34.

V23 »Bin ich denn (nur) ein Gott aus der Nähe – Spruch Jhwhs –
bin ich nicht (auch) ein Gott aus der Ferne?
V24 Kann sich jemand so heimlich verstecken,
dass ich ihn nicht sehe? Spruch Jhwhs.
Himmel und Erde:
Bin ich es nicht, der sie erfüllt? Spruch Jhwhs.
...
V27 Haben sie etwa im Sinn,
bei meinem Volk meinen Namen in Vergessenheit zu bringen
durch die Träume, die sie einander erzählen,
gleichwie ihre Väter meinen Namen vergessen haben über dem Baal?
V28 Der Prophet, der einen Traum hat, erzähle den Traum;
der aber, der mein Wort hat, rede mein Wort (דברי), nämlich Wahrheit (אמת).[38]
Was hat das Stroh mit dem Weizen gemein?
Spruch Jhwhs.
V29 Ist mein Wort nicht wie ein Feuer
– spricht Jhwh –
und wie ein Hammer, der Felsen zerschlägt?«
(Jer 23,23-29).

In der Passage Jer 23,23-32 setzt sich Jeremia mit den Träumern auseinander. Er hält den Empfang des Wortes Gottes im Traum für fragwürdig, was sich wiederum an den Wirkungen zeigt. Denn durch die Rede der Träumer bzw. durch ihre Traumschilderungen gerät der Name Gottes inmitten seines Volkes in Vergessenheit. Stroh ist eben nicht mit Korn zu vergleichen (so v28b). Die Wirkung von Prophetie aber, die die Wahrheit spricht und so auf die Wahrheit Gottes verweist[39], zeigt sich darin, dass das Wort Gottes brennend wie Feuer ist, ein Hammer, der Felsen zerschmeißt (Jer 23,29).[40] Damit geht es auch »um den *Inhalt* der Botschaft, von [dem] die Wahrhaftigkeit bzw. Falschheit der Prophetie

---

[38] Michel geht hier davon aus, dass אמת als Apposition zu דברי eingesetzt ist und es sich folglich nicht um eine adverbiale Bestimmung zu ידבר handelt. »Der soll mein Wort (als sich erfüllende) Wahrheit sagen« (MICHEL, s. Anm. 25, 43). Vgl. auch BRUCE K. WALTKE/MICHAEL P. O'CONNOR, An Introduction to Biblical Hebrew Syntax, Winona Lake (Indiana) 1990, 229, die darauf hinweisen, dass der zweite Begriff den ersten identifiziert bzw. qualifiziert; s.a. LANDMESSER, (s. Anm. 17), 212f.

[39] JÖRG JEREMIAS, Theologie des Alten Testaments (GAT 6), Göttingen 2015, 355.

[40] S.a. Jer 5,13f. Die Kritik an den Träumen ist keine sich durch das Alte Testament durchziehende, ganz im Gegenteil. Sie ist kaum anders so deutlich wie bei Jeremia und im Deuteronomium und steht einer Hochschätzung vor allem in den weisheitlichen Schriften entgegen. Doch nach Jer 23,16 verkündigen die falschen Propheten und so die Träumer nur das Gesicht ihres Herzens. Vgl. u.a. JUTTA HAUSMANN, »Ein Prophet, der Träume hat, der erzähle Träume; wer aber mein Wort hat, der predige mein Wort recht.« (Jer 23,28) – Ein Beitrag zum Verstehen der deuteronomistischen Wort-Theologie, in: HERMANN MICHAEL NIEMANN U.A. (HG.), Nachdenken über Israel, Bibel und Theologie, Frankfurt am Main 1994, 162-175, 166-168; JEREMIAS (s. Anm. 39), 354f.

abhängig ist.«⁴¹ Dieser Inhalt, das formuliert Dtn 13,1-6 noch deutlicher als es Jer 23,23ff. bereits tut, orientiert sich an den Geboten Jhwhs und hier zuvorderst am Fremdgötterverbot. Wahre Prophetie muss sich als Gotteswort erweisen – und kann eben dieses nicht bestreiten.⁴²

Getragen werden alle diese Feststellungen zur Wirkweise und zum Inhalt des wahren Gotteswortes von dem in den vv23-24 gezeichneten Gottesbild Jeremias. Die falschen Propheten sprechen von Jhwh nur als dem Gott aus der Nähe, als dem gütigen und verzeihenden, als dem sich zuwendenden Gott. Es geht jedoch darum, auch den fernen, den befremdlichen und unzugänglichen zu erkennen.⁴³ Wahrheit Gottes und seines Wortes umfasst beides.

Ein weiterer wesentlicher Aspekt des Weissagungsbeweises ist die *Beständigkeit* des Wortes Gottes. Anders als menschliche Treue (חסד), deren ethisch-religiöse Kurzlebigkeit verdorrt, ehe sie richtig aufblüht⁴⁴, wird es sich in Ewigkeit erheben (Jes 40,6-8). Verlässlichkeit und Beständigkeit des Wortes bilden die Grundvoraussetzung für wahre Prophetie. Und so ist der Erweis, wie Jeremia ihn postuliert, nichts, was sich von heute auf morgen manifestieren müsste. Zeitliche Erstreckung der Bewahrheitung des Wortes ist also inbegriffen.⁴⁵ Dieser Gedanke zeigt sich in vielen Variationen innerhalb der Prophetie, so etwa in der Aufforderung Jesajas an seine Schüler, doch die Worte, genauer, die Lehre (תורה) zu versiegeln und auf Jhwh zu warten (Jes 8,16f.). »Bewahrheitung« des Wortes Gottes ist schließlich auch Triebkraft für Fortschreibungsprozesse als Aktualisierung prophetischer Rede.⁴⁶ Dabei ist zugleich festzuhalten, dass es nicht darum gehen kann, dass dieses Wort noch nicht wahr sei, aber wahr werden würde. Erweis oder Erfahrbarkeit des göttlichen Wortes ist grundsätzlich unabhängig von seiner

---

⁴¹ MARTTI NISSINEN, Falsche Prophetie in neuassyrischer und deuteronomistischer Darstellung, in: TIMO VEIJOLA (HG.), Das Deuteronomium und seine Querbeziehungen (SESJ 62), Göttingen 1996, 172-195; 175.

⁴² Nissinen zieht in seinem Aufsatz (s. Anm. 41) zahlreiche Beispiele aus der Regierungszeit Asarhaddons hinzu und kann hier feststellen, dass im Rahmen assyrischer Königsideologie deutlich wird, dass wahre Prophetie das Königtum Asarhaddons nicht bestreiten kann. Und so kann wahre Prophetie schließlich auch den Ausschließlichkeitsanspruch Jhwhs nicht in Frage stellen (194). S.a. SCHMIDT (s. Anm. 8), 156.

⁴³ Vgl. SCHMIDT (s. Anm. 8), 156f.; JEREMIAS (s. Anm. 39), 187.

⁴⁴ Vgl. ULRICH BERGES, Jesaja 40-48 (HThKAT), Freiburg im Breisgau u.a. 2008, 109.

⁴⁵ Vgl. HANS VON SODEN, Was ist Wahrheit? Vom geschichtlichen Begriff der Wahrheit (=Rede bei Antritt des Rektorats der Universität Marburg 1927), in: HANS VON CAMPENHAUSEN (HG.), Hans von Soden: Urchristentum und Geschichte. Gesammelte Aufsätze und Vorträge (1. Grundsätzliches und Neutestamentliches), Tübingen 1951 (Wiederabdruck), 1-24, 9f.: »Wahrheit ist das, was sich in der Zukunft herausstellen wird. Der Gegenbegriff zur Wahrheit wäre sozusagen nicht eigentlich die Täuschung, sondern wesentlich die Enttäuschung...«.

⁴⁶ Vgl. VAN OORSCHOT (s. Anm. 24), 339.

Wahrheit. Allein, Israel und auch der Einzelne können darauf vertrauen, dass es sich erweisen wird.

Diese Beständigkeit, diese Verlässlichkeit des Wortes Gottes, auch gegen den augenblicklichen Augenschein ist es, die in späterer weisheitlicher Reflexion über das Wort auch zu einem umfangreichen Lobpreis des wahren Wortes und das heißt der wahren Tora führt.

2.2 Die wahre Tora (Ps 119)

Ein besonders umfassendes Lob erhält die Tora in Ps 119. In über 176 Versen, der Ästhetik weisheitlicher Sprüche entsprechend als Akrostichon gestaltet, entfaltet der Psalm, was auch in zwei Versen hätte gesagt werden können, so jedenfalls manch kritischer, den meditativen Duktus ignorierender Leser[47], nämlich die Vollkommenheit (תמימה) der Tora, die die Seele erquickt und den Einfältigen weise macht (חכם Part. Hif.) (Ps 19,8). Trotz sprachlicher und theologischer Nähe zum Deuteronomium, liegt hier ein Zeugnis von Tora-Weisheit aus dem 4. Jh. vor, das in die Anfänge einer jüdischen Bildungs- und Buchkultur gehört.[48] Leslie Allen kann vollmundig formulieren: »Inspired by Deuteronomy and Proverbs especially, it glories in the תורה [...]. ›Torah‹ seems to embrace not only the Pentateuch but also at least Isaiah and Jeremiah and Proverbs as canonical scriptures.«[49] Und auch das reicht noch nicht. Tora ist umfassendes Wort Gottes.

Es ist nicht verwunderlich, dass der Psalm zwar zur Entfaltung dessen, was Tora ist, diverse alternative Begriffe aus der Rechtsprechung verwendet, aber das am häufigsten verwendete Kommentarwort דבר »Wort« ist.[50]

Psalm 119 verwendet אמת viermal.[51] Es geht um das »Wort der Wahrheit« (דבר־אמת Ps 119,43). Es kann gesagt werden, dass »deine Tora« (תורתך Ps 119,142) bzw. »deine Gebote« Wahrheit seien (מצותך Ps 119,151). Schließlich hält der

---

[47] Vgl. JON D. LEVENSON, The Sources of Torah: Psalm 119 and the Modes of Revelation in Second Temple Period, in: PATRICK MILLER U.A. (HG.), Ancient Israelite Religion, Philadelphia 1987, 559-574, 566.

[48] FRANK-LOTHAR HOSSFELD/ERICH ZENGER, Psalmen 101-150 (HThKAT), Freiburg im Breisgau u.a. 2008, 357; LEVENSON (s. Anm. 47), 566-569.

[49] LESLIE C. ALLEN, Psalms 101-150 (WBC 21), Waco/Texas 1983, 141.

[50] Vgl.: Zenger betont die häufige Verwendung von דבר mit Verweis darauf, dass es um sich aktuell ereignendes Gotteswort durch das Medium der Tora geht; gerade auch im Sinne des den Propheten geschenkten Wortes. Die Geschehensstruktur verweist darauf, dass Tora nicht Gesetz, nicht starrer Buchstabe, sondern Evangelium ist (HOSSFELD/ZENGER, s. Anm. 48, 354; s.a. ERICH ZENGER, Torafrömmigkeit. Beobachtungen zum poetischen und theologischen Profil von Psalm 119, in: CHRISTOPH HARDMEIER (HG.), Freiheit und Recht. Festschrift Frank Crüsemann, Gütersloh 2003, 380-396, 387f.

[51] S. zudem Ps 119,30.75.86.90.138, welche אמונה aufgreifen.

Psalmist fest: »*Die Summe (ראש)*[52] *deines Wortes (דבר) ist Wahrheit (אמת) und in Ewigkeit (עולם) ist das ganze Gesetz (משפט) deiner Gerechtigkeit (צדק)*« (Ps 119,160). Zur weiteren Annäherung an אמת in Ps 119 soll nun die Strophe *reš* kurz in den Blick genommen werden.

> 153 Sieh mein Elend an und errette mich,
> denn deine Tora (תורה) habe ich nicht vergessen.
> 154 Streite meinen Streit und erlöse mich (גאל),
> durch dein Wort (אמרה) mache mich lebendig (חיה).
> 155 Fern von den Frevlern ist das Heil,
> denn deine Satzungen (חק) suchen sie nicht.
> 156 Dein Erbarmen (pl.) ist groß Jhwh,
> gemäß deiner Gesetze (משפט) mache mich lebendig (חיה).
> 157 Zahlreich sind meine Verfolger und Feinde,
> von deinen Vorschriften (עדות) bin ich nicht abgewichen.
> 158 Ich habe Abtrünnige gesehen und es ekelte mich,
> dass sie dein Wort (אמרה) nicht beachten.
> 159 Sieh, wie ich deine Befehle liebe,
> Jhwh, gemäß deiner Treue (חסד) mache mich lebendig (חיה).
> 160 Die Summe (ראש) deines Wortes (דבר) ist Wahrheit (אמת),
> und in Ewigkeit (עולם) ist das ganze Gesetz (משפט) deiner Gerechtigkeit (צדק)
> (Ps 119,153-160).

Die Strophe *reš* bietet eine Klage inmitten des Lobliedes auf die Tora.[53] Der Beter hofft auf Rettung und Erlösung. Die Not wird nur an einer Stelle andeutungsweise beschrieben. Es sind nicht Schmerzen, nicht Einsamkeit und Verlassenheit, sondern es ist Verfolgung durch diejenigen, die die Vorschriften nicht achten, die das Leid ausmacht. Die Ignoranz der Abtrünnigen, die das Wort Gottes nicht beachten, ekelt, ja quält den Beter. Das Elend ist groß.[54] Dreimal (vv154.156 und 159) bittet der Beter darum, dass Jhwh ihn lebendig machen möge, zweimal adressiert er Jhwh, indem er ihn direkt mit seinem Namen anspricht. Auf Seiten des Beters stehen das in Erinnerung Halten der Tora und die Liebe zu den Befehlen Gottes. Auf Seiten Gottes und seines Wortes bzw. seiner Tora stehen Erlösung, Erbarmen, Leben und Treue. Denn, und darauf baut die Hoffnung auf Leben auf, die Summe

---

[52] An dieser Stelle wird häufig die Übersetzung »Summe« gewählt. Möglich wäre jedoch auch »Anfang« oder »Inbegriff«. Allen übersetzt hier mit »essence« (ALLEN, s. Anm. 49, 133).

[53] Zum Verhältnis von Toralob und Klage vgl. ZENGER (s. Anm. 60), 390ff., insb. 392.

[54] »Die Worte über Verfolgung und Bedrückung [...] sind durchaus ernst zu nehmen; und erst aus ihrem Hintergrund lässt sich ermessen, was Gottes Wort und Gesetz an Kraft und Trost für das Leben des Dichters bedeutet« (ARTUR WEISER, Die Psalmen. Zweiter Teil Psalm 61-150 (ATD 15), Göttingen 1955, 510.

des Wortes, d.h. der Tora Gottes, ist Wahrheit[55], ist in Ewigkeit währende Gerechtigkeit.[56]

Die Fülle an zentralen theologischen Begriffen lässt sich kaum in dogmatisch eindeutige Glaubenssätze fassen. Fast *kaleidoskopartig* entsteht hier aus diversen Begriffen ein Bild dessen, *was Tora, was Wort und was Wahrheit* ist. Alle zusammen und jedes für sich zielen ohne zeitliche Begrenzung auf das, was sich der Beter in einem dreifachen Anruf erhofft: *Leben und Lebendigkeit*.

2.3 Die wahre Unterweisung[57] (Tora in Mal 2,6)

> V6 Die *Tora der Wahrheit* (תורת אמת) war in seinem [Levis] Mund
> und Unrecht wurde nicht gefunden auf seinen Lippen.
> In Frieden und Aufrichtigkeit ging er mit mir
> und viele ließ er umkehren von der Sünde.
> V7 Ja, die Lippen des Priesters beachten die Erkenntnis
> und Tora sollen sie suchen von seinem Mund,
> denn der Bote Jhwh Zebaoths ist er.
> V8 Ihr aber seid abgewichen von dem Weg,
> habt viele straucheln lassen an der Tora.
> Ihr habt den Bund Levis verdorben,
> spricht Jhwh Zebaoth (Mal 2,6-8).

Maleachi bietet vertraute Terminologie und doch scheinen alle Begriffe noch einmal neu gewendet zu werden. Zu dem Propheten, der das wahre und beständige Wort Gottes verkündet und dem Beter, der Leben und Lebendigkeit in der Tora findet, tritt nun der Priester – eigentlich.

Der Prophet betont zunächst den von Gottes Seite her gültigen Bund mit Levi (Mal 2,1-4). Auf Levi und diesen Bund weisen die uns interessierenden Verse

---

[55] Zur Stelle s.a. HERMANN SPIECKERMANN, »Die Verbindlichkeit des Alten Testaments«, in: DERS., Gottes Liebe zu Israel. Studien zur Theologie des Alten Testaments (FAT 33), Tübingen 2001, 173-196, 192. Reprint, zuerst erschienen in: JBTh 12, 1998, 25-51.

[56] Hier wird deutlich, dass Bultmanns Annahme, dass אמת mit einem Anspruch an den Menschen verbunden sei, nicht zutrifft (BULTMANN, s. Anm. 22, 127f.). Vgl. auch LANDMESSER (s. Anm. 17), 210. Sie ist ganz im Gegenteil zunächst Zuspruch, ganz parallel zu צדק aber auch zu חסד.

[57] Während in der Auslegung von Ps 119, der Sprache des Psalms gemäß, mit »Wort« דבר und »Tora« תורה gearbeitet wurde, ist hier die Übersetzung »Unterweisung« gewählt worden. Dass Tora immer auch Lehre und Unterweisung ist, ebenso wie Wort, ist auch für Ps 119 vorausgesetzt. In Mal 2,6-8 geraten jedoch die Unterweisenden stärker in den Blick. Aus diesem Grunde ist als Übersetzung für Tora der Terminus »Unterweisung« gewählt. Dass sich beide dem Inhalt und der Sache nach nicht unterscheiden, dazu s.o. Vgl. auch ANDREW E. HILL, Malachi. A new Translation with Introduction and Commentary (AncB 25D), New York u.a. 1998, 208.

zurück. In Levis Mund war Tora/Lehre der Wahrheit. In letzter Konsequenz bedeutet sie Umkehr von der Sünde (עון)[58]. Und so sollte sie nun auch bei den Priestern zu finden sein. Mund und Lippen werden in beiden Versen genannt, Tora und Wahrheit werden in v7 um den Begriff der Erkenntnis (דעת) erweitert – wiederum ein vertrautes Spiel mit Begriffen. Erkenntnis des Willens Gottes und Lehre der Wahrheit gehören untrennbar zusammen. Doch der folgende Vers zeigt, dass die Priester gescheitert sind. Sie haben viele בתורה »an der Tora« scheitern lassen.

Erkenntnis liegt in der Verantwortung der Priester, Tora sucht man bei ihnen, auf ihren Lippen, denn sie sind מלך יהוה »Boten Jhwhs«.[59] Das Ziel der *Lehre der Wahrheit* ist hier, wie in Ps 119, Leben und Lebendigkeit. Doch ohne Erkenntnis, ohne die Möglichkeit der Abkehr von Schuld, werden die Vielen ins Verderben gestürzt. Die Priester sind ihrer Verantwortung nicht nachgekommen.

Was aber ist konkret mit *Tora der Wahrheit*[60] gemeint? Was umfasst Tora im Rahmen des Maleachibuches? Handelt es sich um Kultgesetzgebung, die Fähigkeit zur Unterscheidung von rein und unrein? Wird hier konkret auf die Sinaigesetzgebung Bezug genommen? Sind Pentateuch und Propheten im Blick, was ja der zugegebenermaßen sehr späte Schluss Mal 3,22-24 nahelegen könnte, oder geht um Unterweisung zur Umkehr, die nicht mit einer spezifischen Gestalt eines Schriftenkorpus in Verbindung zu bringen ist?[61]

Das sehr lange zweite Disputationswort Maleachis beginnt mit dem Hinweis darauf, dass die Priester Jhwh nicht ehren, wie ein Sohn seinen Vater und ein Diener seinen Herrn ehren sollte. Die Priester reagieren sogar noch mit einer Gegenfrage, nämlich wie man denn Jhwh missachtet habe. Der Hinweis auf falsche Opfer ist ein Teil der Antwort. Der andere Teil ist ebenfalls gegen die Priester gerichtet. Indem sie Menschen und deren Anerkennung im Blick haben, lehren sie nicht *Tora der Wahrheit*.[62] Sie lassen das Volk scheitern, weil es nicht

---

[58] ARNDT MEINHOLD, Maleachi (BK.AT 14/8), Neukirchen-Vluyn 2006, 155 verweist auf die Herleitung von עון »Schuld« von der Wurzel עוה »beugen, krümmen, verkehren«. Das ist für diesen Zusammenhang insofern interessant, als ja in das Wortfeld von אמת »Wahrheit« auch ישר »gerade sein, gerade machen« gehört.

[59] Zu der ungewöhnlichen Identifikation von Priestern als Boten Jhwhs vgl. KARL WILLIAM WEYDE, Prophecy and Teaching. Prophetic Authority, Form Problems, and the Use of Traditions in the Book of Malachi (BZAW 288), Berlin/Boston 2000, 197f.

[60] אמת mit »zuverlässig« zu übersetzen, hilft noch nicht weiter, weil Tora damit immer noch nicht zu identifizieren ist. So u.a. MEINHOLD (s. Anm. 68), 153.

[61] In der Regel wird keine konkrete Zuordnung vorgenommen; vgl. JUTTA NOETZEL, Maleachi, ein Hermeneut (BZAW 467), Berlin/Boston 2015, 126f.

[62] Ein entsprechender Gedanke wird im Pagenwettstreit (3. Esr 4,39) weiter ausgeführt, vgl. DIETER BÖHLER SJ, Literarischer Machtkampf. Drei Ausgaben des Esrabuches im Streit um das wahre Israel und die Legitimation von Herrschaft, in: ULRICH DAHMEN/JOHANNES

lernt, wem wirklich Ehre zu erweisen ist. Es geht hier folglich nicht zuerst um die Frage, ob Tora Kultgesetzgebung oder Dekalog meint, sondern um eine Tora, die die besondere Beziehung dieses Gottes zu diesem Volk lehrt.[63] Wahre Tora vermittelt die Erkenntnis, dass es nur diesen einen Gott für Israel gibt und dass ihm allein Ehre gebührt.

Im Hintergrund von Mal 2,5-8 steht der Levi-Segen aus Dtn 33,8-11.[64] Interessanterweise geht es nun auch im Levi-Segen um familiäre Bindungen: *»Der von seinem Vater und seiner Mutter sagte, ich sehe sie nicht. Der seine Brüder nicht erkannte und von seinen Söhnen nichts wusste. Denn die Leviten haben auf dein Wort geachtet und deinen Bund bewahrt«* (Dtn 33,9). Und diese, die Leviten sind es, die Israel die Tora Jhwhs lehren sollen (Dtn 33,10). Nun geht es im Levi-Segen nicht, wie bei Maleachi, um die familiäre Einheit des Volkes. Worin jedoch beide übereinstimmen, ist die Perspektive, Gott, sein Wort und seine Weisung über alles andere zu stellen[65] – und im Falle des Levi-Segens eben über die eigene Familie.

Ist inhaltliches Kriterium wahrer Tora nach Jeremia die rechte Verkündigung des Namens Gottes, ist es nach Maleachi, auf den ersten Blick, die Wegbereitung zur Umkehr von der Sünde. Dahinter jedoch steht die Wahrung der exklusiven, ja familiären Bindung zwischen Gott und Volk. Jeremia, der Beter von Ps 119 und Maleachi stimmen insofern überein, als wahre Tora Leben und Heil vermitteln soll. Daran scheitern Träumer, die sich ebenfalls mehr umeinander kümmern (Jer 23,27), und daran scheitern vor allem die Priester. Gott wird sich neue Deuter der Tora suchen und sie reinigen (Mal 2,17-3,5), »damit die Tora wieder zum Buch des Lebens und des Heils für die *rabbîm, die* ›Vielen‹, werde«.[66]

Nun könnte man einwenden, dass das, was bisher gesagt wurde, ja ohnehin von Tora ausgesagt werden könnte. Eine lebendige Gottesbeziehung, ja Leben, ist doch sicherlich grundsätzlich das Ziel von Tora. Weshalb also die Rede von wahren Worten, von Wahrheit als Summe der Tora oder der Tora der Wahrheit? Weshalb werden Wort oder Lehre als אמת qualifiziert?

SCHNOCKS (HG.), Juda und Jerusalem in der Seleukidenzeit. Festschrift Heinz-Josef Fabry (BBB 159), Göttingen 2010, 125-145, 141.

[63] Damit ist Deutungen, wie Meinhold sie bietet, keineswegs die Berechtigung abgesprochen. Es kann sich durchaus um Einzelanweisungen handeln, die auf der grundlegenden Willenskundgebung Gottes beruhen (MEINHOLD, s. Anm. 68, 153). Doch geht die Aussage m.E. weiter, wie oben ausgeführt.

[64] Wohlgemerkt geht es hier nicht um einen Bund mit Levi, anders als in Maleachi (vgl. HILL, s. Anm. 67, 205f.).

[65] In Mal 2,9 geht es um Parteilichkeit der Priester, die bei der Weitergabe die Person achten anstelle Gottes.

[66] HERMANN SPIECKERMANN, Lebenskunst und Gotteslob in Israel (FAT 91), Tübingen 2014, 320.

Aus der Auseinandersetzung Jeremias mit den Propheten und Träumern wird deutlich, wie sehr man darum ringt, das Wort Gottes als das wahre Wort Gottes zu erkennen. Kriterien wie die Erfüllung des Gesagten oder die Übereinstimmung des prophetischen Wortes mit dem Gebot, dem Willen Gottes, können nicht ganz überzeugen. Erst prophetisches Wort, das Wahrheit des Wortes Gottes mit der Wahrheit Gottes *zusammen* denkt, ist wahres prophetisches Wort.[67]

Wahrheit wird hier zum *Differenz*kriterium. Entsprechendes lässt sich auch von der von Maleachi kritisierten Lehre sagen. Nicht Lehre, die in die Irre führt, sondern Lehre, nämlich Wahrheit ist dem Volk zu vermitteln. Ps 119 nähert sich der Frage etwas anders, jedoch mit entsprechendem Ergebnis. Wahrheit ist das Wesen von Tora, wie Gerechtigkeit und Gnade das Wesen von Tora sind und wie sie alle drei *Gottes Wesen* ausmachen.[68] Als Differenzkriterium wird אמת jedoch gerade dort herangezogen, wo Wort oder Tora im Munde *des Menschen* verkehrt zu werden droht.[69]

אמת wird in den Spätschriften und schließlich auch in Qumran zunehmend häufiger verwendet. Auch hier geht es unter anderem darum, ein Differenzkriterium zu etablieren. Deutlich wird dies hinsichtlich des Gebrauches von אמת in der hebräischen Bibel mit Bezug auf einen Menschen oder einer Gruppe von Menschen. Nur einmal findet sich eine direkte Aussage, und zwar über den Oberbefehlshaber über Jerusalem Hananja: »Er war wie ein Mann der Wahrheit הוא כאיש אמת« (Neh 7,2).[70] In späteren Texten werden daraus die wahren Gerechten.[71] Innerhalb einer Gruppe, innerhalb einer Lehre wird nach einem wahren Kern gesucht.

---

[67] Vgl. JEREMIAS (s. Anm. 39), 355. Er verweist hier auch auf Jes 53 oder Jer 26.

[68] Vgl. DANIEL KROCHMALNIK, Das Siegel Gottes. Der Wahrheitsbegriff in Bibel, Talmud, Kabbala, Chassidismus und jüdischer Religionsphilosophie, in: MARKUS ENDERS (HG.), Jahrbuch für Religionsphilosophie 4, Frankfurt am Main 2005, 71-82, 71f., der von Wahrheit als einer persönlichen Eigenschaft spricht. Eine Eigenschaft, die *zugesprochen* wird.

[69] Vgl. auch Jer 2,21 זרע אמת. Gerade in solchen Fällen wie זרע אמת wird deutlich, dass אמת zugesprochen werden muss. Die Wahrheit einer Sache ergibt sich gerade nicht aus ihr selbst heraus, sondern weil sie ihr zugesprochen wird (gegen JEPSEN, s. Anm. 7, 319).

[70] Vgl. Ex 18,21; Dtn 1,13. In Gen 42,16 geht es um die Frage, ob אמת in ihnen, den Brüdern des Josef, sei. Vgl. JEPSEN (s. Anm. 7), 335, 337.

[71] Niemand der Gott kennt pervertiert sein Wort, denn: כי אתה צדיק ואמת כול בחירך »Du bist gerecht und Wahrheit sind alle deine Erwählten« (1QH 6,15).

3. Wahrheit nicht ohne Gnade, Gerechtigkeit und Liebe – œmœt siehe ḥœsœd

Der zweite Teil der hier verwendeten Abschnittsüberschrift greift auf, was sich häufiger im Rahmen von Wörterbüchern oder auch von »Theologie(n) des Alten Testaments« findet. Sucht man nach œmœt, wird man auf ḥœsœd verwiesen. Wollen die alttestamentlichen Exegeten und Exegetinnen lieber etwas mit der Gnade als mit der Wahrheit zu tun haben?[72] Vielleicht sollte man an dieser Stelle »gnädig sein« und darauf sehen, dass diese beiden Begriffe in der Tat häufig miteinander kombiniert werden, vor allem im Psalter. אמת und חסד erweisen sich als wichtiges Begriffspaar gerade in der Gebetsliteratur. Darüber hinaus sind es vor allem redaktionelle Anmerkungen, die summarisch auf den Punkt bringen, was geboten ist bzw. was in Volk und Land fehlt (s.a. Hos 4,1).

Für das Alte Testament steht fest, dass Barmherzigkeit, Gnade und Gerechtigkeit und so auch die Wahrheit zuallererst Eigenschaften Gottes sind.[73] In diesem Sinne haben die Rabbinen auch die Gnadenformel aus Ex 34,6f. als eine Selbstaussage Gottes über seine dreizehn Eigenschaften ausgelegt. Die Wahrheit findet sich auf Platz acht der Eigenschaften Gottes.[74] Doch wie verhalten sich diese Eigenschaften Gottes eigentlich zueinander? Da es, wie bereits festgestellt, vor allem die Psalmen[75] sind, die das Begriffspaar חסד und אמת immer wieder verwenden, möchte ich mein Textbeispiel ebenfalls aus den Psalmen wählen.

> V11 Güte (חסד) und Wahrheit (אמת) sind sich begegnet!
> Gerechtigkeit (צדק) und Frieden (שלום) haben sich geküsst[76].
> V12 Wahrheit (אמת) sprosst aus der Erde hervor,

---

[72] Noch bietet auch das Wibilex bietet nur einen Art. »Wahrheit«, und zwar zum Neuen, nicht jedoch zum Alten Testament.

[73] Für den Alten Orient bis 1600 v.Chr. erachtet Lämmerhirt das Epitheton *el-tum ki-it-tum* (zuverlässige Göttin der Kultordnungen), ausgesagt von Ištar, für singulär (LÄMMERHIRT, s. Anm. 31, 296). Immerhin findet sich in Götterlisten Kīttum als Tochter des Sonnengottes Utu/Šamaš. Sie wird u.a. in Verbindung mit Maßangaben genannt, sozusagen als Garantin für deren Normhaftigkeit. Am häufigsten wird allerdings Šamaš mit *kīttum* (sg.) oder *kīnātum* (pl.) assoziiert. Šamaš ist der gerechte, verlässliche Richter, Vater und auch Herr der *kīttum* (vgl. ebd., 295-297).

[74] Vgl. Rosh Hashana17b; vgl. auch KROCHMALNIK (s. Anm. 68), 74.

[75] SPIECKERMANN (s. Anm. 65), 207-211.

[76] נשק kann mit »küssen« und mit »kämpfen« übersetzt werden. In rabbinischen Gleichnissen sind es jedoch Frieden und Wahrheit, die gegeneinanderstehen, ja einander bekämpfen. KROCHMALNIK (s. Anm. 68), 79f. verweist auf eine rabbinische Diskussion, die sich u.a. an diesem Psalm aufhängt. Es geht um das Zusammenspiel von Wahrheit und Liebe, Frieden und Gerechtigkeit. Schließlich erkennt der Friede, dass ein Frieden ohne Wahrheit ein falscher Friede ist. S.a. MARTIN BUBER, Die Erzählungen der Chassidim, Zürich 1949, 793f.

und Gerechtigkeit (צדק) schaut hernieder vom Himmel.
V13 Ja, Jhwh gibt Gutes,
und unser Land gibt seinen Ertrag.
V14 Gerechtigkeit (צדק) geht vor seinem Angesicht her
Und bestimmt den Weg seiner Schritte (Ps 85,11-14)

Der Psalm weist, vor allem von der zweiten Strophe (vv5-8) her gedeutet, große Nähe zu den Volksklagen auf. Gott möge seinen Zorn besänftigen und Heil wirken. Gerahmt wird diese Klage von dem Ausdruck der Gewissheit, dass er doch bereits vergeben, sein Zorn sich zurückgezogen habe (vv2-4)[77] und einer auf die Klage reagierenden zweiteiligen Gottesrede (vv9-14). Darin wird zugesagt, dass Güte und Wahrheit sich begegnet *sind*. Während v10 das sich im Kommen befindliche Heil noch in einem Nominalsatz beschwört, gebraucht v11 Perfektformen. Güte und Wahrheit sind gekommen, Gerechtigkeit und Frieden haben sich geküsst. Alles ist da. Das Kommen der personifizierten Wirkweisen Gottes ist eine Antwort auf die Bitte von v7: *Willst du uns nicht wieder beleben? Und dein Volk, sie freuen sich in dir.* Wiederum stehen Leben und Lebendigkeit im Fokus. Wahrheit und Gnade sollen sie ermöglichen.

Der Aufbau der Strophe lässt noch mehr erkennen. Den Rahmen bilden die vv11 und 14. Die personifizierten Eigenschaften Gottes kommen zusammen, entfalten gemeinsam ihre Kraft, küssen sich. Und Gerechtigkeit geht vor Gott her, ist in Bewegung, durchzieht den Lebensraum. Ja, in der Begegnung von Güte, Wahrheit, Gerechtigkeit und Frieden wird dieser Lebensraum überhaupt erst geschaffen. Und er wird, so die vv12-13, gefüllt, von oben und von unten. Das führen die beiden Verse in zweifacher Weise aus. Wahrheit sprosst, wie Gras sprosst, und Gerechtigkeit schaut hernieder. Wie die Strahlen der Sonne alles durchdringen, so auch die Gerechtigkeit. Die vertikale Perspektive übernimmt auch v13: Gott gibt Gutes und „unser Land" gibt (beide Male נתן) seinen Ertrag, d.h. es gibt zurück. Die klagende Gemeinde ist hier gerade einmal im Suff. der 1.P.pl. aufgenommen, ansonsten sind Menschen nicht erwähnt und doch scheint alles auf sie ausgerichtet. Ein Lebensraum, der Fülle verheißt, ist vorbereitet und der Mensch kann hineingesetzt werden.[78]

Ps 85 ist ein Zeuge, dass alle diese Wirkweisen Gottes zusammenkommen, um Leben zu ermöglichen. Darin liegt keine Bewertung der einzelnen Wirkweisen. Eingangs wurde die Frage gestellt, welchen Stellenwert אמת denn aus theologischer Sicht hat. Ps 85 gibt darauf eine deutliche Antwort. Sie ist nicht höher und nicht niedriger einzuschätzen als Gnade oder Gerechtigkeit.[79] Sie ist

---

[77] Vgl. u.a. MARVIN E. TATE, Psalms 51-100 (WBC 20), Waco/Texas 1990, 368f. Die Klage baut auf Geschehenem auf und man hofft auf Durchsetzung.

[78] Einen Lebensraum soll auch das wahre Jerusalem (Sach 8,3) bieten, in das Jhwh zurückkehren wird.

[79] In der Pagenerzählung des 3. Esra sieht das schon anders aus. Danach bleibt Wahrheit, herrscht und ist mächtig in Ewigkeit (3. Esra 4,33-41). Vgl. BÖHLER (s. Anm. 62), 138-141.

notwendiger, gleichberechtigter Aspekt göttlichen Seins und Wirkens zur Ermöglichung von Leben.

Was sich in Ps 119 und Ps 85 bereits andeutet, wird in der jüngeren Literatur der hellenistischen Zeit offenbar immer wichtiger. Wahrheit, Güte und Gerechtigkeit rücken nahe zusammen, werden teilweise austauschbar.[80]

Da חסד und אמת in der Regel paarweise auftreten, gilt es an dieser Stelle über Ps 85 hinaus zu fragen, inwiefern die beiden Begriffe einander ergänzen und weshalb der »Gnade« nicht die »Gerechtigkeit« צדק, sondern die »Wahrheit« an die Seite gestellt wird. Dazu ließe sich sagen: Die »Gnade«, die der »Wahrheit« zur Seite steht, ist keine »billige« Gnade. Sie steht zu, entspricht, ist richtig. Das Begriffspaar חסד und צדק hätte das vielleicht auch leisten können, doch wird es nicht eingesetzt. Es schwingt in אמת also ein Aspekt mit, den צדק nicht bedienen kann. Und vielleicht ist es gerade das, dass die Wahrheit, anders als andere Eigenschaften Gottes, deutlicher bei Gott verortet bleibt.[81] Keine andere der hier genannten Eigenschaften Gottes kann so wenig auch einem Menschen bescheinigt werden wie die Wahrheit. Will man von *Zuspruch und Anspruch* sprechen, dann schlägt bei אמת das Pendel deutlich Richtung Zuspruch. Wichtiger ist jedoch, dass die Texte eine scharfe terminologische Fixierung der Begriffe kaum zulassen. Die Begriffe kommen zusammen, es ergibt sich ein Netzwerk sich teils überschneidender und teils ergänzender Bedeutungen[82], die schließlich den Raum definieren, in dem Gott wirkt und der Mensch lebt.

> Auf die sich verändernden Konzepte von »Wahrheit« in Qumran oder auch in 1 Esdras (3. Esra) 4,34-41 kann hier nicht mehr intensiv eingegangen werden. Dennoch lohnen sich einige Anmerkungen.
> In den Qumrantexten finden sich zahlreiche Belege zu אמת (ca. 313mal). Im Verhältnis zum Alten Testament (mit 127 Belegen) ist dieser Befund auffällig, selbst wenn es in der Hauptsache um Belege aus der Gemeinderegel, den Hodayot und 4QInstructions geht. Anders als noch im Alten Testament geht es häufig um die Wahrheit Gottes oder der Menschen oder auch der von Dingen. Es geht um Männer der Wahrheit, Engel der Wahrheit oder die Wahrheit von Ratschlüssen, Worten und Taten.[83]
> Die Zusammenführung von Wahrheit und Gerechtigkeit, welches schließlich zu einer Überordnung der Wahrheit führt, lässt sich auch im sogenannten Pagenwettstreit nachvollziehen. Drei Pagen des Darius streiten darüber, wer oder was das Mächtigste

---

[80] Vgl. KOCH (s. Anm. 34), 1247.

[81] Hultgren nimmt auch für Qumran eine grundsätzliche Nähe von אמת und צדק wahr, betont aber, dass es schließlich die Wahrheit sei, die Gnade und Recht miteinander verbindet (STEPHEN HULTGREN, Art. אֱמֶת 'æmæt, in: HEINZ-JOSEF FABRY (HG.), Theologisches Wörterbuch zu den Qumrantexten 1, Stuttgart 2011, 227-237, 235).

[82] Vgl. BARR (s. Anm. 24), 190-206.

[83] Vgl. HULTGREN (s. Anm. 81), 229, s.a. FRIEDRICH NÖTSCHER, »Wahrheit« als theologischer Terminus in den Qumran-Texten, in: KURT SCHUBERT (HG.), Vorderasiatische Studien. Festschrift für Prof. Dr. Viktor Christian gewidmet von Kollegen und Schülern zum 70. Geburtstag, Wien 1956, 83-92, 88f.

sei. Die Antwort verweist auf die Wahrheit, größer und stärker als alle Dinge (1 Esdr 4,35).[84] Die personifizierte Wahrheit wird gepriesen. Hilhorst betont, dass die der Wahrheit zugewiesenen Attribute parallel dazu formulieren, wie in biblischen Texten auf Gott hingewiesen wird. Die erste Parallele liegt aber wohl beim Lob der personifizierten Weisheit, von der Ähnliches gesagt werden kann, was Hilhorst schließlich auch erwähnt.[85] »[...] Und ihr [der Wahrheit] kommt zu die Macht und die Königswürde und die Gewalt und die Herrlichkeit aller Ewigkeiten. Gepriesen sei der Gott der Wahrheit« (1 Esdr 4,40).[86]

Im Verlauf der Betrachtung der alttestamentlichen Texte, die mit אמת arbeiten, ist mehrfach die Frage aufgetaucht, wie sich Wahrheit und Weisheit zueinander verhalten. Geht es um die Suche nach ihnen, dann lassen sich vergleichbare Strukturen und auch Unterschiede erkennen. In Ps 51,8 werden sie gemeinsam genannt, denn der Beter wünscht sich Weisheit, damit Wahrheit in seinem Innersten sei. Auch Kohelet bringt ja Wahrheit und Erkenntnis nahe zusammen. Der Lobpreis der Wahrheit, die wie die Weisheit präsentiert wird, ist folglich nicht völlig befremdlich. Doch auch in einzelnen Texten aus Qumran scheint sich diese Linie fortzusetzen. Nach 4QInstr hat Gott das Universum nach der אמת angelegt.[87] Gott garantiert diese Ordnung und wird sie vollenden. Beim Endgericht wird »alles Unrecht enden und die Zeit der Wahrheit vollendet werden... in allen Zeiten der Ewigkeit, denn er ist ein Gott der Wahrheit« (4QInstr^b 1,13f.).[88] Es stellt sich Frage« weshalb der Wahrheit diese Bedeutung zukommt, dass sie quasi Aufgaben der Weisheit übernimmt. Die Antwort scheint in einer Form dualistischen Denkens einerseits und eschatologischer Perspektiven andererseits zu liegen. Stärker noch arbeiten einzelne Qumranschriften mit den Gegensätzen von Wahrheit und Sünde oder Recht und Betrug. Unter eschatologischer Perspektive wird dies gleichermaßen zu einem Ende geführt, indem die Wahrheit sich durchsetzt. Wer sich für die Wahrheit entscheidet, entscheidet sich für das ewige Leben (4QInstr^d 69 ii 7.10.12f.).[89] Was zuvor als Differenzkriterium bezeichnet wurde, wenn es z.B. um die wahren Worte oder die wahre Tora ging, wird hier nun zum einzigen und entscheidenden Kriterium. Was in weisheitlicher Tradition bei Gott, dem Schöpfer aller Dinge, vereint war, wird mittels der Wahrheit scharf getrennt. Zwar gibt auch 4QInstructions keine Antwort darauf, woher das Übel kommt, doch macht der Text deutlich, dass es den eschatologischen Sieg der Wahrheit über den Frevel geben wird zur Rettung der Erwählten (s.a. 1QH 5,20).[90]

---

[84] Sieger ist Serrubabel, der um den Wiederaufbau Jerusalems bittet. Zu Jerusalem als Stadt der Wahrheit, vgl. Sach 8,3.

[85] ANTON HILHORST, The Speech on Truth in 1 Esdras 4,34-41, in: F. GARCÍA MARTÍNEZ (ED.), The Scriptures and the Scrolls, Leiden/Boston 1992, 135-151, 140, 147, 151.

[86] Vgl. KARL-FRIEDRICH POHLMANN, 3. Esra-Buch, hg. von WERNER GEORG KÜMMEL (JSHRZ I,5), Gütersloh 1980, 400.

[87] Vgl. HULTGREN (s. Anm. 81), 229.

[88] Vgl. HULTGREN (s. Anm. 81), 230. Vgl. auch NÖTSCHER (s. Anm. 83), 85f.

[89] Vgl. STEPHEN HULTGREN, From the Damascus Covenant to the Covenant of the Community. Literary, in: F. GARCÍA MARTÍNEZ (ed.), Historical, and Theological Studies in the Dead Sea Scrolls, Leiden/Boston 2007, 332-334. Vgl. auch 4Q417 1 i 6-8.

[90] Vgl. HULTGREN (s. Anm. 81), 234.

4. Zum Schluss: Wahre Worte und das Plädoyer für die Wahrheit

Kohelet gab sich nicht mit der einfachen Weitergabe von Traditionswissen zufrieden. Er hörte, prüfte und korrigierte, um schöne, richtige und wahre Worte weitergeben zu können, die der Erkenntnis dienen. Der Wahrheitsgehalt dieser Worte ist weder zeitlich begrenzt noch überzeitlich. Das wären auch keine angemessenen Kategorien. Die Worte sind verlässlich, sie sind richtig und insofern wahr.

Doch ist das bereits das alttestamentliche Plädoyer für die Wahrheit? Gibt es ein solches überhaupt? Ja, das gibt es: Es ist ein Plädoyer für das Leben, denn אמת ist dem Leben dienlich; אמת ist Siegel dessen, was verlässlich ist und trägt, was richtig ist. Das weiß der Beter von Ps 119 ebenso wie der die Lehre der Wahrheit einfordernde Maleachi.

Doch es lässt sich noch ein wenig mehr sagen. Fragen wir einmal aus anderer Perspektive: Funktionierende Gerichte sind grundsätzlich um Wahrheitsfindung bemüht. Dass dies nicht immer gelingt oder gelingen kann, mag an begrenzten personellen oder finanziellen Ressourcen liegen, oder auch an einer uneindeutigen Beweislage. Häufig genug stehen Aussagen bzw. Wahrheiten von Täter und Opfer einander gegenüber. Doch welches Opfer von Gewalttat vermag sich mit einem Gerichtsurteil zufriedengeben, das eine alternative Wahrheit des Täters ins Zentrum stellt? Es geht nicht nur um Gerechtigkeit des Urteils oder des Strafmaßes, es geht um Wahrheit. Und das ist auch bei Hiob nicht anders. Er will Gott vor Gericht stellen und hält sich dabei an einen Zeugen, den einzigen, der die Wahrheit kennen kann, Gott selbst. Hiob gebraucht den Ausdruck אמת nicht, spricht aber von seinem Zeugen im Himmel (Hi 16,19). Wie jeder andere Zeuge[91] auch, ist Gott der Wahrheit verpflichtet. Darauf will Hiob hoffen. Denn *Gott ist Wahrheit* und Gerechtigkeit braucht Wahrheit.

Ebenso wenig wie ein Relativismus hinsichtlich der Wahrheit angemessen ist, lässt sich aus alttestamentlicher Sicht Fundamentalismus durch אמת stützen. Wahrheit, אמת, wie sie innerhalb des Alten Testaments bezeugt und ersehnt ist, ist keine Größe, auf die ein Fundamentalismus sich berufen könnte. Geht es um den *Stellenwert von Wahrheit*, wie eingangs gefragt wurde, dann lässt sich festhalten: Wahrheit ist nicht losgelöst zu sehen von der Güte, der Gnade Gottes. Nur im Zusammenspiel der Wahrheit mit Güte und Gerechtigkeit entsteht ein Lebensraum, ergibt sich ein Bild – wie in einem Kaleidoskop, wo alle Stückchen und Farben zusammenkommen müssen, damit sich Muster erkennen lassen.

---

[91] Vgl. Jes 43,9; Prov 14,25. In Jer 42,5 ist Gott selbst Zeuge der Wahrheit.

»ENTHÜLLTE« WIRKLICHKEIT

Spielarten, wie beim ›historischen‹ Jesus und in der
Johannesapokalypse Wahrheit und Glaube in der
Wirklichkeit zur Geltung kommen

Michael Labahn

I. Vorbemerkungen: »Wahrheit« ist die Wirklichkeit – unverhüllt und aufgedeckt

Umgangssprachlich bedeutet »Wirklichkeit« »Realität« – gewissermaßen das, was ist, so wie es ist. Demgegenüber ist nicht nur in der aktuellen Medienlandschaft längst deutlich, dass das, was als »Wirklichkeit« ausgegeben wird, nicht so ist, wie es zu sein vorgibt, sondern Teil einer Wirklichkeitskonstruktion ist.[1] Die Diskussionen um so genannte »fake news« und »alternative Fakten«[2] haben in das Bewusstsein einer breiten Öffentlichkeit gerückt, dass »Wirklichkeit« Gegenstand von Konstruktion[3] und die Erkenntnis von »Wirklichkeit« an bestimmte Erkenntnisbedingungen und vorausgesetzte Theorien

---

[1] Zur Problematik z.B. SIEGFRIED J. SCHMIDT, Die Wirklichkeit des Beobachters, in: KLAUS MERTEN/SIEGFRIED J. SCHMIDT/SIBYLLE WEISCHENBERG (HG.), Die Wirklichkeit der Medien: Eine Einführung in die Kommunikationswissenschaft, Opladen 1994, 3-19.

[2] Exemplarisch kann auf das Stichwort der »alternativen Fakten«, dem so genannten »Unwort« von 2017 (http://www.unwortdesjahres.net/index.php?id=51; eingesehen am 30.08.2018) hingewiesen werden, dem bereits ein Eintrag in Wikipedia gewidmet ist (https://de.wikipedia.org/wiki/Alternative_Fakten; eingesehen am 30.08.2018), wo einer sichtbar erkennbaren Tatsache eine alternative »Wahrheit« gegenübergestellt wird.

[3] Die Diskussion um die Wirklichkeit ist durch mehr oder weniger radikale Einsichten in den konstruktiven Charakter der Wirklichkeit, aber auch durch Einsichten in die Wirklichkeitswahrnehmungen, die dem Vernehmen von soziologischer und konstruktivistischer soziologischer Forschung nach immer Konstruktionen der Wirklichkeit sind (PETER L. BERGER/THOMAS LUCKMANN, Die gesellschaftliche Konstruktion der Wirklichkeit. Eine Theorie der Wissenssoziologie, Fischer-Taschenbücher 6623: Sozialwissenschaft, Frankfurt am Main ¹⁶1999; aus exegetisch-theologischer Perspektive: PETER LAMPE, Die Wirklichkeit als

geknüpft ist.⁴ Dieser Sachverhalt, der als Verlust von »Wirklichkeit« beschrieben werden kann, scheint jedoch noch nicht gänzlich in der Alltagswelt angekommen zu sein und sorgt für entsprechende Verunsicherung.⁵

Wie kompliziert die alltagsweltliche Problematik der Erkennbarkeit von »Wirklichkeit« werden kann, zeigt ein Fund bei der Vorbereitung dieses Beitrages. Da beschreibt Miriam Meckel in ihrem Blog-Beitrag »Disrupt Reality: uns wird Hören und Sehen vergehen« vom zweiten Weihnachtstag 2017 auf LinkedIn die Wirklichkeit als den Ort, »wo die Weihnachtsplätzchen herkommen«.⁶ Damit versucht Frau Meckel den Verlust der Erkennbarkeit von Wirklichkeit und damit ihrer Überprüfbarkeit in der digitalen Welt angesichts der neuen Möglichkeiten von Stimmimitation durch künstliche Intelligenz zu beschreiben. Inzwischen ist es möglich, täuschend echt fiktive Dialoge beispielsweise zwischen dem Ex-Präsidenten Obama und dem aktuellen Präsidenten Trump führen zu lassen: »Wer einen Keks will, muss ihn kaufen oder backen, um die reale Genusserfahrung zu machen«, so folgert Meckel. Allein eine derartige konkrete sinnliche Wahrnehmung scheint noch eine wahre Aussage zur Wirklichkeit zu ermöglichen. Den eingangs skizzierten Diskurs hat diese Klage zwar nicht eingeholt, aber auf neue Probleme der Rückfrage nach der Wirklichkeit im digitalen Zeitalter aufmerksam gemacht.

Wirklichkeit gibt es nicht ohne ihre Wahrnehmung und Wahrnehmung unterliegt der Deutung durch die Wahrnehmenden im Rahmen ihres Wissens, Fühlens, Erfahrens, ihrer Weltanschauung und ihrer je eigenen Geschichte – um nur wenige Faktoren zu nennen. Pointiert wird die Wirklichkeit durch ihre Wahrnehmung zu dem gemacht, was sie ist – daraus folgt die Problematik der Wahrheit jeder Darstellung von Wirklichkeit und damit zugleich die Frage nach ihrer Glaubwürdigkeit im erkenntnistheoretischen wie im existentiell-religiösen Sinne. Diese Einsicht ist nicht neu, sondern umfasst einen bis in die antike

---

Bild. Das Neue Testament als ein Grunddokument abendländischer Kultur im Lichte konstruktivistischer Epistemologie und Wissenssoziologie, Neukirchen-Vluyn 2006), geprägt und warnt somit vor zu alltäglichen oder gar naiven Vorstellungen davon, wie die Wirklichkeit »wirklich« ist.

⁴ Zur Diskussion über den Begriff der »Wirklichkeit« bzw. zur Realismusdebatte vgl. z.B. die Sammelbände von Christoph Halbig/Christian Suhm (Hg.), Was ist wirklich? Neuere Beiträge zu Realismusdebatten in der Philosophie, Epistemische Studien/Epistemic Studies 3, Frankfurt am Main 2004 (mit kommentierter Auswahlbibliographie) und Marcus Willaschek (Hg.), Realismus, Probleme der Philosophie = UTB 2143, Paderborn et al. 2000.

⁵ Zu vergleichen ist die Diskussion z.B. bei Thorsten Benkel, Signaturen des Realen. Bausteine einer soziologischen Topographie der Wirklichkeit, Konstanz 2007.

⁶ Miriam Meckel: https://www.linkedin.com/pulse/disrupt-reality-uns-wird-hören-und-sehen-vergehen-miriam-meckel/? trk=eml-email_feed_ecosystem_digest_01recommended_articles-12-Unknown&midToken=AQHJxkbSgJz9hA&fromEmail=fromEmail&ut=1MNRejl Ppq3881 (zuletzt eingesehen am 07.02.2018).

Philosophie zurückreichenden Diskurs, der in der aktuellen Diskussion unter anderem durch soziologische, wissenschaftstheoretische, neurotheoretische oder physikalische Forschungen und Fragestellungen mit der Frage nach Wahrheit und Erkennbarkeit von »Wirklichkeit« verknüpft ist. Durch andersartige Lebensbedingungen können andere Wahrnehmungen von Wirklichkeit begründet werden, so dass eine Geschichtlichkeit von Wirklichkeit und ihrer Wahrnehmung besteht, deren jeweiliger Anspruch auf Glaubwürdigkeit und Wahrheit nicht so leicht bestritten werden sollte, so dass etwa biblischen Texten ihre je eigene Wirklichkeit und Weltsicht zugestanden werden kann.[7]

>»Wir dürfen in die biblischen Geschichten nicht unser kulturelles Wissen, nicht unsere Rationalismen und auch nicht unsere Empfindungen eintragen, wenn die biblischen Erzählungen wirklich *biblische* Erzählungen bleiben sollen und wir sie nicht unnötigerweise erzählen lassen, was wir eh schon wissen und immer schon gedacht haben.«[8]

Theologisch erhebt sich weitergehend die Frage, ob »Wirklichkeit« nicht notwendig mehr ausmacht, als dem Menschen in seiner Existenz jeweils wahrnehmbar oder erkennbar ist. Dies gilt im Blick auf eine Wirklichkeit, die als durch Gottes Wirken bestimmt betrachtet wird, wie es für die frühchristlichen Theologiebildungen vorausgesetzt wird. Mit diesem Ansatz ist zugleich die Wahrheitsfrage[9] aufgeworfen. Eberhard Jüngel gesteht der religiösen Rede zu, dass sie

»der Wirklichkeit notwendigerweise mehr (zuspricht; Vf.), als das jeweils Wirkliche aufzuweisen hat und als Wirklichkeit überhaupt aufzuweisen vermag«.[10]

---

[7] Nach RUBEN ZIMMERMANN, Wundern über des »Glaubens liebstes Kind«. Die hermeneutische (De-)Konstruktion der Wunder Jesu in der Bibelauslegung des 20. Jahrhunderts, in: ALEXANDER C.T. GEPPERT/TILL KÖSSLER, Wunder. Poetik und Politik des Staunens im 20. Jahrhundert, stw 1984, Berlin 2011, 95-125, 124, stehen Wirklichkeit, Text und Interpretationen in einem dynamischen Verstehensprozess, der auf Wirklichkeitskonstruktion zielt.
[8] STEFAN ALKIER/BERNHARD DRESSLER, Wundergeschichten als fremde Welten lesen lernen. Didaktische Überlegungen zu Mk 4,35-41, in: BERNHARD DRESSLER/MICHAEL MEYER-BLANCK (HG.), Religion zeigen. Religionspädagogik und Semiotik, Grundlegungen 4, Münster 1998, 163-187, 183.
[9] Zum philosophischen und theologischen Diskurs über Wahrheit vgl. z.B. KAREN GLOY, Wahrheitstheorien. Eine Einführung, UTB 2531, Tübingen und Basel 2004. Zur neutestamentlichen Forschung: CHRISTOF LANDMESSER, Wahrheit als Grundbegriff neutestamentlicher Wissenschaft, WUNT 113, Tübingen 1999.
[10] In seiner Äußerung zum Wahrheitsproblem religiöser Rede in Bezug auf die Sprachfigur der Metapher: EBERHARD JÜNGEL, Metaphorische Wahrheit. Erwägungen zur theologischen Relevanz der Metapher als Beitrag zur Hermeneutik einer narrativen Theologie, in:

Das bedeutet zusammengefasst für die christliche Rede:

> »Die Wahrheit dessen, was der Glaube zu sagen hat, erweist sich also nicht zuletzt daran, daß die Sprache des Glaubens nicht einfach mit der Wirklichkeit übereinstimmt. Weil der christliche Glaube von Gott zu reden hat, wenn er die Wahrheit sagen will, deshalb muß er mehr sagen, als die Wirklichkeit der Welt zu sagen vermag. Damit gerät der Glaube allerdings unausweichlich in einen Streit um die Wahrheit«.[11]

Damit gerät religiöse, auch christliche Rede in einen Konflikt mit der Wahrheit, indem sie »ohne am Wirklichen vorbei zu reden, über es hinausgeht« und gerade darin »der Wirklichkeit gerecht zu werden beansprucht« will.[12] »Urteile des Glaubens reden aber von der Wirklichkeit nur in dem Maße, indem sie dabei – explizit oder implizit – von einem göttlichen Sein und Akten göttlichen Seins reden.«[13] Mit Jens Schröter lässt sich diese Spannung folgendermaßen beschreiben:

> »Vollständige Erkenntnis der Wahrheit ist ... nur als Einsicht möglich, dass die Wirklichkeit als ganze von Gott bestimmt wird, den sich im Bereich fragmentarischer, falsifizierbarer Erkenntnis bewegenden Menschen dagegen nur partiell zugänglich ist. Wahrheit wäre demnach in theologischer Perspektive nicht lediglich als Wissen über bestimmte Sachverhalte, also als *Tatsachenwahrheit*, zu bestimmen, sondern als eine auch unter den Bedingungen einer nur mit fallibem Erkenntnisvermögen zugänglichen Wirklichkeit vorhandene *Gewissheit* über Herkunft, Sinn und Ziel der Welt und des Menschen.«[14]

Religiöses Reden und damit in Übereinstimmung und notwendiger Differenz christliches Reden und Erzählen sagt also »mehr über die Wirklichkeit ..., als sich mit den Mitteln menschlicher Erkenntnis über diese Wirklichkeit sagen lässt«.[15] Es ist damit zugleich ein wirklichkeitskritisches Reden, das das, was gemeinhin als Wirklichkeit wahrgenommen wird, mit dem konfrontiert, was

---

DERS., Theologische Erörterungen. Entsprechungen. Gott – Wahrheit – Mensch: Theologische Erörterungen II, Tübingen ³2002, 103-157, 103.

[11] JÜNGEL (s. Anm. 10), 104.
[12] JÜNGEL (s. Anm. 10), 103.
[13] JÜNGEL (s. Anm. 10), 104f.
[14] JENS SCHRÖTER, Historische (Re-)Konstruktion und theologische Wahrheit. Die Frage nach dem historischen Jesus im Kontext neuzeitlicher Wahrheitsbegründungen des christlichen Glaubens, in: EVA EBEL/SAMUEL VOLLENWEIDER (HG.), Wahrheit und Geschichte. Exegetische und hermeneutische Studien einer dialektischen Konstellation, AThANT 102, Zürich 2012, 13-33, 19.
[15] SCHRÖTER (s. Anm. 14), 19.

es als seine religiöse Erkenntnis ausmacht und damit als Wahrheit zur Sprache gebracht werden muss. Darin ist eingeschlossen, dass diese Rede Dimensionen der Wirklichkeit *aufdeckt*, wie sie menschlichem Verstehen nicht notwendig wahrnehmbar ist, aber von diesem in einem kritischen Diskurs bedacht werden kann.

Im Folgenden werde ich an ausgewählten Beispielen zeigen, wie Wirklichkeit unter der Voraussetzung des Handelns Gottes »aufgedeckt« wird, mit welchem Anspruch auf Wahrheit und mit welchen Konsequenzen für die Glaubenden.[16] Als Beispiele werden die Gottesreichsverkündigung Jesu und die subversive Offenbarung der Wirklichkeit in der kleinasiatischen Alltagswelt durch die Apokalypse nach Johannes dienen. In den Modellen wird das Wirken Gottes in der Wirklichkeit aufgedeckt und in Auseinandersetzung mit anderen Wirklichkeitswahrnehmungen die Gültigkeit des eigenen Anspruchs beteuert. Diese Wirklichkeitsdeutungen zielen auf aktive Aneignung, so dass jene in den Adressaten und Adressatinnen wahr wird. Mit dem Begriff der »enthüllten Wirklichkeit« greife ich die voranstehenden hermeneutischen Vorüberlegungen auf und nehme zugleich Bezug auf die programmatisch mit ἀποκαλύπτω (in den Zeugnissen der Jesusverkündigung: Q[17] 10,21 [Mt 11,25; Lk 10,21]) bzw. ἀποκάλυψις in der Johannesapokalypse (Apk 1,1) eingeführten Wahrnehmungen von Wirklichkeit, die beanspruchen, gültige Wirklichkeitserschließung durch den in ihr handelnden Gott zu sein.

---

[16] Es wird also nicht dem Verhältnis zwischen den verschiedenen neutestamentlichen/ frühchristlichen Sinnbildungen und der historischen (Re-)konstruktion der Geschichte im Blick auf die Wahrheitsfrage für den Glauben nachgegangen, so wichtig diese Frage für die Verantwortung des Glaubens in der Gegenwart ist; diese Frage ist in jüngerer Zeit mehrfach thematisiert worden: vgl. z.B. JENS SCHRÖTER (s. Anm. 14); DERS., Konstruktion von Geschichte und die Anfänge des Christentums. Reflexionen zur christlichen Geschichtsdeutung, in: DERS., Von Jesus zum Neuen Testament. Studien zur urchristlichen Theologiegeschichte und zur Entstehung des neutestamentlichen Kanons, WUNT 204, Tübingen 2007, 37-54; auch CHRISTOF LANDMESSER/RUBEN ZIMMERMANN (HG.), Text und Geschichte: Geschichts- und literaturwissenschaftliche Beiträge zum Geflecht von Faktizität und Fiktionalität, VWGTh 46, Leipzig 2017.

[17] In der exegetischen Literatur ist es weitgehend üblich geworden, die Texte aus der Logienquelle durch das Sigel Q mit der Stellenangabe nach dem Lukasevangelium als Referenz anzugeben; als Textgrundlage dient die kritisch rezipierte *Critical Edition of Q. Synopsis including the Gospels of Matthew and Luke, Mark and Thomas with English, German, and French Translations of Q and Thomas* (general ed. JAMES M. ROBINSON, PAUL HOFFMANN und JOHN S. KLOPPENBORG. Managing ed. M. C. MORELAND), Hermeneia. Supplement Series; Minneapolis, MN, 2000. Zur Begründung der Annahme von Q vgl. z.B. MICHAEL LABAHN, Der Gekommene als Wiederkommender. Die Logienquelle als erzählte Geschichte, ABG 32, Leipzig 2010, 27-119; s.a. UDO SCHNELLE, Einleitung in das Neue Testament, UTB 1830; Göttingen ⁹2017, 205-264.

2. Die sich erschliessende Wirklichkeit Gottes im anbrechenden Gottesreich – Jesus

So methodisch anspruchsvoll und im Ergebnis zugleich strittig die historische Rekonstruktion von Verkündigung und Wirken Jesu ist,[18] so lässt sich Jesu Auftreten in seinem Handeln und Reden als *Enthüllung der Wirklichkeit* des genahten und seine Herrschaft durchsetzenden Gottes verstehen.[19] Sie wird in der Alltagswelt seiner Adressaten und Adressatinnen bereits »im Fragment« wirklich. Nach Jesu Botschaft ist die Gottesherrschaft so »nahe gekommen« (Mk 1,15), dass sie wirkungsvoll die Erfahrungswelt der Adressaten verändert (Q 11,20 [Mt 12,28; Lk 11,20]: ἔφθασεν ἐφ' ὑμᾶς ἡ βασιλεία τοῦ θεοῦ).[20] Auch wenn für Jesus eine Wirklichkeit ohne Gott nicht denkbar ist, so wird in der eschatologischen Verkündigung von der sich durchsetzenden Herrschaft Gottes dessen Macht in der Welt in besonderer Weise wirklich und damit wahr gemacht. Angesichts dieser Durchsetzung kann man sagen, dass Gott in der Verkündigung Jesu »neu, überraschend und machtvoll unmittelbar gegenwärtig« ist.[21] Jesus predigt keine alternative Wirklichkeit, sondern nimmt die Wirklichkeit so wahr, wie sie angesichts des angebrochenen eschatologischen Wirkens Gottes ist und wie sie – seinem Anspruch zufolge – ihm von Gott selbst erschlossen wird.

---

[18] Zur Forschungsgeschichte vgl. z.B. die Beiträge in Jens Schröter/Christian Jacobi (Hg.), Jesus-Handbuch, Handbücher Theologie, Tübingen 2017, 16-124.
[19] S.a. die Überlegungen bei Lampe (s. Anm. 3), 150-160.
[20] Vgl. Hans Weder, Gegenwart und Gottesherrschaft. Überlegungen zum Zeitverständnis bei Jesus und im frühen Christentum, BThSt 20, Neukirchen-Vluyn 1993, 26-34, bes. 32f.: »Die Aussage Jesu von der Ausdehnung der Gottesherrschaft betrifft hingegen das Jetzt positiv. Es ist die Frage, in welchem Tun Jesu die Gottesherrschaft ins Jetzt hereinkommt. Die Frage ist nicht mehr, wann die Gottesherrschaft dem Jetzt ein Ende machen wird, sondern die Frage ist, *wo* und *wie* sie im Jetzt aufblitzt. An die Stelle ihres künftigen Tempus tritt ihr gegenwärtiger Modus. ... Die Macht der Gottesherrschaft manifestiert sich im Fragment statt in der Totalen, und sie manifestiert sich als befreiende statt als vernichtende Macht.«
[21] Udo Schnelle, Theologie des Neuen Testaments, UTB 2917, Göttingen ³2017, 72.

2.1 Begründung strittiger Gegenwartsdeutung in Gottes »Enthüllung« der Wirklichkeit (Q 10,21)

Auf den kontroversen Diskurs um die Geltung seiner Verkündigung proklamiert Jesus[22] seinen Anspruch in dem in Q 10,21 (Mt 11,25-26; Lk 10,21)[23] erinnerten Dankgebet, das nach kritischer Rekonstruktion des Q-Textes folgendermaßen übersetzt werden kann:

> In »diesem Augenblick«[24] sagte er:
> Ich preise dich, Vater, Herr über den Himmel und die Erde,
> dass du dies verborgen hast vor den Weisen und Verständigen,
> aber es enthüllt hast den Unmündigen.
> Ja, Vater, denn so war es angemessen vor dir.

Lassen sich für die Sprachform des Gebets heuristisch zwei Kommunikationslinien unterscheiden, eine horizontale und eine vertikale,[25] so dankt Jesus auf der

---

[22] Das Dankgebet von Q 10,21 fügt sich als Ausdruck der Reichgottesverkündigung inhaltlich zugleich auch mit seinem polemischen Ansatz gegen etablierte Wirklichkeitsdeutungen gut in Jesu Predigt ein, zudem es das für Jesus grundlegende Verhältnis von Gottesbild und Selbstbild als dem schenkenden Vater und den empfangenden Kind(ern) widerspiegelt (vgl. z.B. KARL-HEINZ OSTMEYER, Das Beten Jesu, Vater Unser, in: SCHRÖTER/JACOBI [HG] [s. Anm. 18], 395-402, 399f.). Das Gebet Jesu weisen seiner Reichgottesverkündigung zu: z.B. CHRISTOPH HEIL, Analphabet oder Rabbi? Zum Bildungsniveau Jesu, in: DERS., Das Spruchevangelium Q und der historische Jesus, 265-291, 283; PAUL HOFFMANN, Q^R und der Menschensohn. Eine vorläufige Skizze, in: DERS., Tradition und Situation. Studien zur Jesusüberlieferung in der Logienquelle und den synoptischen Evangelien, NTA.NF 28, Münster 1995, 243-278, 262; unentschieden: RUDOLF BULTMANN, Die Geschichte der synoptischen Tradition, FRLANT 29, Göttingen ⁹1979, 172: »Ich halte es auch hier für möglich, daß es aus einer verlorenen jüdischen Schrift stammt; ... Aus dem Rahmen der Jesusworte fällt es heraus; doch liegt andrerseits m. E. kein zwingender Grund vor, es Jesus abzusprechen«. Anders z.B. HELMUT MERKLEIN, Zur Entstehung der urchristlichen Aussage vom präexistenten Sohn Gottes, in: DERS., Studien zu Jesus und Paulus, WUNT 43, Tübingen 1987, 247-276, 271.

[23] Zur Interpretation von Q 10,21 als Ausdruck der Gottesreichsgottesverkündigung Jesu und seines traditionsgeschichtlichen Wachstums vgl. MICHAEL LABAHN, Identitätsstiftung durch Jesu Gebet. Q 10,21-24, Jesus und die Offenbarung an die Unmündigen, in: CHRISTOPH HEIL/DAN A. SMITH (HG.), Prayer in Q, WUNT, Tübingen 2018/19, Abschnitt 3.

[24] Wie in der Textausgabe Die Spruchquelle Q. Studienausgabe. Griechisch und Deutsch (Hg. u. eingel. v. PAUL HOFFMANN, CHRISTOPH HEIL), Darmstadt / Leuven ³2009, markiert die Kennzeichnung hier eine Aussageintention des Textes, die nicht mehr sicher aus dem Matthäus- und/oder Lukasevangelium rekonstruiert werden kann.

[25] Zum Gebet im Neuen Testament und zu seinen Kommunikationsstrukturen z.B. KARL-HEINZ OSTMEYER, Kommunikation mit Gott und Christus: Sprache und Theologie des Gebetes im Neuen Testament, WUNT 197, Tübingen 2006.

ersten Ebene nach dem Muster des Todahgebets[26] dem als Vater angeredeten Gott für sein bereits erfolgtes Verbergen (ἀπέκρυψας ταῦτα) und sein Erschließen der Wirklichkeit (wörtlich ›enthüllen‹ bzw. ›offenbaren‹: ἀπεκάλυψας αὐτά) zugunsten der Unmündigen. Dieser Dank, in dem sich Jesus mit seinen Anhängern als Kind seines Vaters verbindet, der gleichzeitig die Wirklichkeit steuert und beherrscht, entwickelt auf der Kommunikationsebene der Zuhörer einen identitätsstiftenden Geltungsanspruch auf die von Gott erschlossene Wirklichkeit im Gegensatz zu anderen, denen diese verborgen wurde.

So weist die im Gebet verwendete Antithese von ›Verbergen‹ und ›Enthüllen‹ sowie ›Gebildet‹ und ›Unverständig‹ dessen Rhetorik in den Zusammenhang einer Auseinandersetzung über das von Gott ermöglichte Verständnis der Wirklichkeit. Der Gegensatz nimmt Bezug auf das Selbstbild der Gegner, in dem die Charakterisierung der anderen als »Weise und Verständige« (σοφοὶ καὶ συνετοί) ihren gesellschaftlich etablierten Deutungsanspruch auf die Wirklichkeit polemisch[27] aufnimmt. Der Gegensatz verweist damit auf einen Diskurs um die Wahrheit des Anspruchs Jesu, dass sich in seinem Wirken und Predigen Gottes Wirklichkeit endzeitlich neu erschließt.

Inhaltlich wird das Verbergen bzw. Enthüllen durch ταῦτα (bzw. αὐτά) bestimmt.[28] Das Demonstrativpronomen verweist auf einen Referenzbereich, der durch die (im Überlieferungsprozess verloren gegangenen) Kommunikationssituation bzw. den jeweiligen literarischen Rahmen gefüllt werden muss. Mit dem Begriff wird auf die im mündlichen Medium performativ abgebildete und später im schriftlichen Medium durch den literarischen Kontext bestimmte Alltagswelt von Q 10,21 verwiesen, in der der Verkündiger seine Botschaft ausrichtet und Gott sein Reich durchsetzt[29] – es geht um verweigertes oder gewährtes Verstehen der wahrgenommenen Wirklichkeit im Horizont des mit dem Wirken Jesu herangenahten Gottesreiches.

---

[26] Vgl. ULRICH LUZ, Das Evangelium nach Matthäus 2. Mt 8-17, EKK I/2, Zürich/Düsseldorf/Neukirchen-Vluyn ³1999, 199; MICHAEL WOLTER, Das Lukasevangelium, HNT 5, Tübingen 2008, 387, mit formalen Parallelen.

[27] Z.B. HUBERT FRANKEMÖLLE, Die Offenbarung an die Unmündigen. Pragmatische Impulse aus Mt 11,25f, in: DERS., Biblische Handlungsanweisungen. Beispiele pragmatischer Exegese, Mainz 1983, 80-108, 95.

[28] Zur Problematik, dass das Wort nur in der sprachlichen Form der seine Verkündigung erinnernden frühchristlichen Tradenten zugänglich ist, ist zu beachten, so dass der griechische Text als Basis für den Versuch genommen wird, Jesu Worte inhaltlich zu verstehen, ohne dass eine genaue Rekonstruktion möglicher aramäischer *ipsissma verba* Jesu intendiert ist oder möglich erscheint.

[29] Ähnlich WOLTER (s. Anm. 26), 389. Zum Bezug auf das Gottesreich vgl. JOSEF ERNST, Das Evangelium nach Lukas, RNT, Regensburg 1977, 341.

Diese Interpretation bestätigen die konträren Figurengruppen, die abweichende Wirklichkeitswahrnehmungen repräsentieren. Weisheit und Wissen stehen in antikem Kontext für religiöses und philosophisches Verstehen der Welt, für die Unterscheidung von wahr und unwahr und somit für die Befähigung, ein religiös einwandfreies Leben zu führen, bzw. für die Kunst des Lebens der antiken Philosophen. Es ist eine anerkannte Aufgabe der jüdischen Weisen, die Welt mitsamt Gottes Wirken in ihr zu verstehen; den Unverständigen bleibt hingegen deren Sinn verborgen (z.B. Hi 28,13f.21f.; Spr 1,20-25.29f.; 8,36), obgleich auch ihnen die Welt von Gott erschlossen werden kann, aber nicht exklusiv, sondern als besonderes Geschenk Gottes.

Das Gebet Jesu stellt fest, dass der Wahrnehmung der Wirklichkeit und dem intellektuellen Durchdringen von Wahrheit Grenzen gesetzt sind und ein Erschließungshandeln Gottes voraussetzen – eine Einsicht, die die jüdischen Wiesen teilen würden. In weisheitlichen, aber auch in apokalyptischen Texten spricht sich der Anspruch auf das ausgeführte Verstehen der Welt als eine Gabe Gottes (vgl. z.B. Dan 2,21;[30] Sir 51,17) aus. Dieser Anspruch wird durch den Begriff des Verhüllens für die Weisen und Verständigen allerdings von Jesus widersprochen. Dies spiegelt sich in der Ablehnung von Jesu Verkündigung durch die religiöse Elite,[31] deren Vertreter eine andere Interpretation der Wirklichkeit entwickeln.

Der intellektuellen und religiösen Elite steht die Gruppe der Nutznießer des Erschließungshandelns Gottes im Gebet Jesu gegenüber, die Unmündigen, deren Zugang zu Bildung und Wirklichkeitsdeutung, aber auch zu religiöser Offenbarung als begrenzt gilt. In zweierlei Richtungen ist dies bedeutsam. Kinder erfreuen sich in den Glaubenssprüchen Jesu besonderer Beachtung, da in ihnen das Grundvertrauen der unmündigen Kinder vorbildhaft für den Glauben exemplarisch herausgestellt werden kann (vgl. Mk 9,37parr.; 9,42parr.), das einzig zum Eintritt in das Gottesreich befähigt: ὃς ἂν μὴ δέξηται τὴν βασιλείαν τοῦ θεοῦ ὡς παιδίον, οὐ μὴ εἰσέλθῃ εἰς αὐτήν (Mk 10,15parr.).[32] Daraus lässt sich weiter folgern und zuspitzen, dass die Erschließung der Wirklichkeit des nahen Gottesreichs auf vertrauensvolle Aneignung zielt. Die Enthüllung an die Unmündigen erschließt ihnen nicht nur die Wirklichkeit – oder wie es François Bovon formuliert: »Jesus

---

[30] Dan 2,21: »und er ist es, der Zeiten und Zeitspannen verändert, der Könige absetzt und einsetzt, der den Weisen Weisheit gibt und Verstand denen, die Wissen haben« (LXX-D).
[31] Vgl. z.B. HOFFMANN (s. Anm. 24), 262: »Der hier thematisierte Gegensatz ... reflektiert ja nur den Gegensatz zwischen denen, die Jesu Botschaft ablehnen, und denen, die sie akzeptieren, theologisch durch die Rückführung auf Gottes Ratschluß.«
[32] Vgl. z.B. PETER MÜLLER, In der Mitte der Gemeinde. Kinder im Neuen Testament, Neukirchen-Vluyn 1992, 78f. 288-291.

gab dem Volk die Theologie Gottes zurück«[33] –; sondern indem die Adressaten aus dem Am-ha-Arez[34] die in der Welt sich durchsetzende Gottesherrschaft erkennen und sie sich vertrauensvoll aneignen, zielt das Gebet als horizontales Kommunikationsgeschehen auch auf die Eingliederung der Unmündigen in diese Wirklichkeit der Gottesherrschaft durch die Veränderung ihrer Existenz; es schafft neue Identität und damit kollektive Wirklichkeitswahrnehmung. Die Unmündigen, die sich in Jesu Aussagen zu den Kindern als Vorbilder für die Annahme der Gottesreichsverkündigung Jesu finden, bilden als Empfangende der Erschließung Gottes diejenigen ab, die nicht allein die Wirklichkeit sehen, wie sie ist (vgl. Q 10,24 [Mt 11,17; Lk 10,24]), sondern sich darüber hinaus in ihr wie Kinder Gott vertrauensvoll zuwenden und diese Wirklichkeit in ihrer Existenz wirklich werden lassen.

In der kritisierten weisheitlich-apokalyptischen Tradition stehend beansprucht Jesus für seine Adressaten (in die er sich als Kind des Vaters einschließt und aus der er sich zugleich als »Repräsentant des eschatologisch handelnden und erwählenden Gottes« herausnimmt[35]), dass die Wirklichkeit von Gott erschlossen werden muss und dass sie dieser Gabe teilhaftig sind. Die Enthüllung der Wirklichkeit ist nicht intellektuell zu erfassen, sondern allein wie die Kinder /Unmündigen von Gott her zu empfangen. Sprachlich erfolgt die Vermittlung dieser Wirklichkeitsdeutung daher auch nicht in einer diskursiven Kommunikationsform, sondern in der Form des Dankgebetes für ihre Erschließung von Gott her. Dass diese Wirklichkeitskonstruktion nicht affirmativ bleibt, sondern existentiell gelebt und als Identitätskonstruktion soziologisch sichtbar wird, ist im folgenden Abschnitt exemplarisch darzulegen. Deutlich wird schon hier, dass die Verkündigung Jesu widerstreitende Wahrnehmungen der Alltagswirklichkeit erkennt, deren Gültigkeit aber nicht im Diskurs, sondern in der Erschließung durch Gott begründet wird, die im Leben der Empfangenden wirklich wird.

2.2 Das Wahrwerden von Gottes »Enthüllung« der Wirklichkeit im Verkündigungswirken Jesu und im Leben seiner Anhänger – eine Skizze

Damit sind wir bei einem wichtigen Punkt des Wirklichkeitsverständnisses Jesu angelangt, das ich in einem zweiten Teil dieses Abschnitts wenigstens überblicksartig darlegen will. *Wesentlich für das Wirken Jesu als Verkündiger der mit seinem Auftreten anbrechenden Gottesherrschaft ist, dass dies in seiner Verkündigung und*

---

[33] Mit FRANÇOIS BOVON, Das Evangelium nach Lukas. 2. Teilband. Lk 9,51–14,35, Zürich/Düsseldorf/Neukirchen-Vluyn 1996, 71.
[34] Vgl. z.B. FRANKEMÖLLE (s. Anm. 27), 95.
[35] HELMUT MERKLEIN, Jesu Botschaft von der Gottesherrschaft. Eine Skizze, SBS 111, Stuttgart ³1989, 154.

in seinem Handeln wirklich und sinnlich erfahrbar wird.[36] Man könnte geradezu davon sprechen, dass Gottes Herrschaft im Wirken Jesu wahr wird. Mit den Seligpreisungen (Q 6,20f. [Mt 5,3-4.6; Lk 6,20f.]) werden ihre Adressaten in einem neuen Verhältnis zu Gott bestimmt, das durch Frieden und Einheit mit Gott geprägt ist; sie sind gleichsam als Glieder des Reiches angesprochen.[37]

Gehört die Zusage der Befreiung von Schuld (Mk 2,5) in ihrem Kern zur Reichgottesverkündigung Jesu,[38] so spricht auch dieses Wort den Adressaten zu, dass sie nunmehr als Teil des zu ihnen genahten Reiches angesprochen sind. Wird in den jüdisch-eschatologischen Heilserwartungen ein endzeitliches Heilsmahl in paradiesischer Fülle erwartet (Sib III 741-748; s.a. Am 9,13f.; Hos 2,24; 14,7; Joel 3,18; Sach 8,12 u.a.m.), so schatten Jesu Gemeinschaftsmähler, die mit gesellschaftlichen und sozialen Außenseitern gefeiert werden (Mk 2,15-17parr.; 14,3; Lk 19,7-9; vgl. Q 7,33f. [Mt 11,18f.; Lk 7,33f]; Lk 13,26), diese endzeitliche Heilsgemeinschaft ab (s.a. Q 13,29 [Mt 7,11; Lk 13,19]; s.a. Q 14,16-23 [Mt 22,1-14; Lk 14,15-24]). Die Mahlgemeinschaften Jesu lassen seine Botschaft des nahe kommenden Gottesreichs wirklich werden,[39] auch wenn der fragmentarische Charakter, der dieser Wirklichkeit keinen Abbruch tut, nicht übersehen werden kann.

Auch wenn zutrifft, dass nur »allgemeine Züge einer Heils- und Exorzismustätigkeit Jesu ... historisch gut bezeugt (sind; Vf.), nicht die Geschichtlichkeit jeder Erzählung«,[40] so gehören Exorzismen und Krankenheilungen zum Wirken

---

[36] S.a. LAMPE (s. Anm. 3), 152: »Evidenz durch sinnliches Wahrnehmen und durch emotionales Erleben stellte sich dadurch ein, dass der Nazarener das praktizierte, was er predigte: Er selbst wandte sich Verlorenen, Verachteten, gesellschaftlichen Außenseitern, Unreinen und Kranken zu, aß mit ihnen, wirkte als Charismatiker (wie auch immer erklärbare, historisch freilich gut belegte) Heilungen an ihren Psychen und Körpern, setzte sich souverän über menschliche Standesgrenzen hinweg und verkündete gleichzeitig, dass *in diesem Tun* Gott selbst am Werke sei und keimhaft sein neues Reich aufzurichten begänne.«

[37] Vgl. JENS SCHRÖTER, Jesus von Nazareth. Jude aus Galiläa – Retter der Welt, Biblische Gestalten 15, Leipzig 2006, 206f. S.a. z.B. JÜRGEN BECKER, Jesus von Nazaret, de Gruyter Lehrbuch, Berlin, New York 1996, 197.

[38] Vgl. SCHNELLE (s. Anm. 21), 94.

[39] Vgl. z.B. BECKER (s. Anm. 37), 194-211, bes. 200: »Die Gastmähler sind – ganz und ungeteilt – Ereignisse der ankommenden Gottesherrschaft selbst.« S.a. BERND KOLLMANN, Ursprung und Gestalten der frühchristlichen Mahlfeier, GTA 43, Göttingen 1990, 190-238, bes. 236: Jesu Mahlgemeinschaften sind »als eschatologische Heilsmähler zu beurteilen, die im Horizont der anbrechenden Gottesherrschaft stehen und für die Beteiligten eine Manifestation dieser Heilsgegenwart verkörpern«.

[40] GERD THEISSEN, Wunder Jesu und urchristliche Wundergeschichten. Historische, psychologische und theologische Aspekte, in: BERND KOLLMANN/RUBEN ZIMMERMANN (HG.), Hermeneutik der frühchristlichen Wundererzählungen. Geschichtliche, literarische und rezeptionsorientierte Perspektiven, WUNT 339, Tübingen 2014, 67-86, 74.

Jesu hinzu.⁴¹ Sie sind Ausdruck einer Wirklichkeitswahrnehmung, die vom Anbrechen des Gottesreichs geprägt ist.⁴² In diesem Horizont ist der keineswegs von vornherein als christologisch aufgeladen zu verstehende Katalog der aus Jes 61,1f. stammenden Heilswahrnehmungen von Q 7,22 (Mt 11; Lk 7,22; vgl. 4Q521) Ausdruck der Wirklichkeitskonstruktion Jesu als Aufrichtung des Heils und eschatologische Rekonstitution Israels.⁴³ Dabei ist vor allem daran zu erinnern, dass in den Exorzismen Gottes Herrschaft Wirklichkeit wird, weil durch das Austreiben der Dämonen⁴⁴ die Macht des entmachteten Teufels (vgl. Lk 10,18; s.a. Mk 3,27; Q 11,17-18 [Mt 9,34; 12,25-27 par. Lk 11,17-18]) räumlich konkret verstanden zurückgedrängt wird (vgl. Q 11,24-26 [Mt 12,43-45; Lk 11,24-26]); ein Geschehen, das Jesus zeitgenössischen Exorzisten zutraut: Q 11,19 [Mt 12,27; Lk 11,19].⁴⁵ Jesu Erschließung der Wirklichkeit als Zeit des sich durchsetzenden Gottesreichs überwindet somit die Grenzen von Schuld, Unreinheit oder Krankheit und ermöglicht eine Gemeinschaft aufgrund der voraussetzungsfreien, heilschaffenden Zuwendung Gottes am Ende der Zeit.

Insbesondere das Erzählen der Gleichnisse ist die Kommunikations- und Erzählform, die der Enthüllung der Wirklichkeit des Gottesreiches für die »Unmündigen« entspricht.⁴⁶ Die Sprache der Gleichnisse zielt auf Rezeption – sie

---

⁴¹ Vgl. z.B. das Urteil bei BERND KOLLMANN, Jesus und die Christen als Wundertäter. Studien zu Magie, Medizin und Schamanismus in Antike und Christentum, FRLANT 170, Göttingen 1996, 306.

⁴² Vgl. z.B. JÜRGEN BECKER, Hoffnung. Der frühchristliche Dialog zur eschatologischen Vollendung, BThSt 171, Göttingen 2018, 34.

⁴³ MICHAEL LABAHN, The Significance of Signs in Luke 7:22-23 in the Light of Isaiah 61 and the Messianic Apocalypse, in: CRAIG A. EVANS (HG.), From Prophecy to Testament: The Function of the Old Testament in the New, Peabody 2004, 146-168.

⁴⁴ Damit soll nichts anderes gesagt werden, als dass Dämonen und der Teufel Teil antiker bzw. biblisch-jüdischer und frühchristlicher Wirklichkeitswahrnehmung sind und zur eingangs erwähnten Geschichtlichkeit von Wirklichkeit und ihrer Wahrnehmung gehören; zu antiken Vorstellungen und Bildern von Dämonen, ihrer Präsenz im Alltagsleben und in der literarischen Welt vgl. die instruktive Sammlung: ARMIN LANGE/ HERMANN LICHTENBERGER (HG.), Die Dämonen. Die Dämonologie der israelitisch-jüdischen und frühchristlichen Literatur im Kontext ihrer Umwelt. Demons. The Demonology of Israelite-Jewish and Early Christian Literature in Context of their Environment, Tübingen 2003; s.a. JAN DOCHHORN/SUSANNE RUDNIG-ZELT/BENJAMIN WOLD (HG.), Das Böse, der Teufel und Dämonen – Evil, the Devil, and Demons, WUNT 2/412, Tübingen 2016 (auch zur Figur und Vorstellung des Teufels).

⁴⁵ Vgl. zum Ganzen MICHAEL LABAHN, Jesu Exorzismen (Q 11,19-20) und die Erkenntnis der ägyptischen Magier (Ex 8,15): Q 11,20 als bewahrtes Beispiel für Schrift-Rezeption Jesu nach der Logienquelle, in: ANDREAS LINDEMANN (HG.), The Sayings Source Q and the Historical Jesus, BEThL 153, Leuven 2001, 617-633.

⁴⁶ Zur Gleichnishermeneutik vgl. z.B. KURT ERLEMANN, Gleichnisauslegung. Ein Lehr- und Arbeitsbuch, UTB.W 209, Tübingen, Basel 1999; RUBEN ZIMMERMANN (HG.), Hermeneutik

entwickeln geradezu eine Poesie der Aneignung. Durch die Erzählung der Gleichnisse wird das Erzählte für die Adressaten und Adressatinnen dort, wo sie sich im Lichte des Erzählten erneuern lassen, wahr, und sie werden darin Teil der neu erzählten Wirklichkeit (vgl. z.B. den rhetorischen Zielpunkt des Gleichnisses vom Sämann: ἐδίδου καρπὸν ἀναβαίνοντα καὶ αὐξανόμενα; Mk 4,3-8, bes. V.8). In der Anrede durch die Gleichnisse vom Finden werden die Angeredeten dazu gebracht, sich so zu finden, wie sie in Bezug auf das Gottesreich gefunden werden sollen (Mt 13,44.45f.).[47] Udo Schnelle formuliert dies so: Jesus »richtet mit ihnen (den Gleichnissen; Vf.) in der Wirklichkeit der menschlichen Lebenswelt die Wirklichkeit der Gottesherrschaft auf.«[48] Als Angeredete werden sie fähig, das Gehörte durch ihr Leben neu und weiter zu erzählen und so die neue Wirklichkeit auszubreiten; ihnen wird der »Weg eigenen kognitiven Konstruierens[49] zugemutet und zugetraut. Die Gleichnisse ermöglichen, sich mit den Figuren über Gottes Güte zu freuen (vgl. Lk 15,5.7.10), die angebotene Güte anzunehmen, die erzählten Normen sich zu eigen zu machen[50] und als Teil der neuen Wirklichkeit Gottes zu leben.

Die Verkündigung der Gottesherrschaft ist eine wirksame Enthüllung der Wirklichkeit, weil sie diese Wirklichkeit in Wort und Tat aus der Erschließung entlässt. Durch Sprechakte und Taten werden die Menschen verändert und zu einem Teil dieser neuen Wirklichkeit; ihnen bleibt die Wahl, sich dieser Wirklichkeit Gottes bedingungslos anzuvertrauen (vgl. Q 12,22-31 [Mt 6,25-33; Lk 12, 22b-31]) und sie ohne Rücksichten und mit aller Gewalt (vgl. Q 16,16 [Mt 11,13.12; Lk 16,16]; Mt 13,44.45f.) anzunehmen oder sich zu verweigern. Der Gedanke der Ablehnung beinhaltet, dass zwischen der Erschließung der Wirklichkeit und dem darin liegenden neugestaltenden Wirken Gottes eine Verantwortlichkeit der Angesprochenen liegt.[51] Verweigerung gegen die verkündigte

---

der Gleichnisse Jesu. Methodische Neuansätze zum Verstehen urchristlicher Parabeltexte, WUNT 231, Tübingen 2008.

[47] Ähnlich HANS WEDER, Die Gleichnisse Jesu als Metaphern. Traditions- und redaktionsgeschichtliche Analysen und Interpretationen, FRLANT 120, Göttingen 1978, 140f.: »Wer die Gottesbasileia findet, findet sich selbst als einen, der mit seinem ganzen Dasein auf jenen Fund reagiert. ... Die Gleichnisse Jesu erweisen sich ... als Sprachereignisse, die der Aktivität der Gottesherrschaft Raum gewähren, obwohl in ihnen von der Aktivität der Menschen die Rede ist«.

[48] SCHNELLE (s. Anm. 21), 89.

[49] S.a. LAMPE, (s. Anm. 3), 153.

[50] Vgl. z.B. MICHAEL LABAHN, Das Reich Gottes und seine performativen Abbildungen. Gleichnisse, Parabeln und Bilder als Handlungsmodelle im Dokument Q, in: ZIMMERMANN (HG.) (s. Anm. 46), 259-282.

[51] Vgl. PIERRE BÜHLER, Wie Wahrheit Geschichte wird – wie Geschichte Wahrheit wird. Hermeneutisch-philosophische Brocken, in: EBEL/VOLLENWEIDER (HG.) (s. Anm. 14), 109-119, 116.

und wirksam präsente Wirklichkeit bedeutet jedoch letztlich die Selbstauslieferung zum Unheil im Gericht.[52] Es entspricht nicht nur der Dynamik des kommenden Gottesreiches, dass die Verweigerung gegenüber der enthüllten Wirklichkeit zum Gericht führt (vgl. z.B. Mt 13,47-50). Sie ist zugleich Vollzug des Herrschaftsgedankens. Die Anerkennung Gottes erfolgt nicht aus der Angst heraus, dass Gott straft, sondern sie rechnet mit der Wirklichkeit eines Gottes, der seinen Anspruch durch Lohn und Strafe durchsetzt.[53]

Die verkündigte Wirklichkeit des genahten Gottesreiches bietet neue Seinsmöglichkeiten, die in der Lebenswirklichkeit gelebt werden sollen. Was Pierre Bühler in Bezug auf Kierkegaard formuliert, kann *vice versa* auch für die Reichgottesverkündigung Jesu gelten:

> »... nach Kierkegaard (kann; Vf.) die Wahrheit nur Gewissheit werden, indem der Mensch das Wagnis eingeht, sie sich in seiner geschichtlichen Existenz anzueignen als ein neues Mögliches, das von der Vergangenheit in die Gegenwart hineinwirkt, in ihr Zukunft eröffnet.«[54]

Im Rückgriff auf Ricœur betont Bühler, dass sich der Lebensvollzug als »*Verfremdung*« vollziehe. »Der Mensch muss sich selbst gegenüber auf Distanz gesetzt, zu einem Loslassen bewegt, einer Selbstenteignung ausgesetzt werden«.[55]

Solche Verfremdung spiegelt sich im Nachfolgeruf Jesu. Durch Aneignung führt die Wirklichkeit des nahenden Gottesreichs zu einem radikalen, soziale Bindungen aufhebenden Ruf in die Nachfolge.[56] Nachfolge ist primär keine Anhängerschaft unter einem Lehrer, sondern unter einer Wirklichkeitsdeutung, die durch die Verkündigung und das Handeln des Lehrers herbeigeführt wird. Die Nachfolge etabliert kein neues Ethos, sondern bestätigt gewissermaßen in der »Selbstenteignung« des völligen und kindlichen Vertrauens in Gott den Anbruch einer neuen Wirklichkeit, die keine gesellschaftlichen Zugeständnisse und Sicherungen benötigt. Mithin kommt die Erschließung der Wirklichkeit in einer Gemeinschaft von Adressaten zur Geltung, bei denen die Verkündigung vom

---

[52] Zur Sache vgl. MICHAEL WOLTER, »Gericht« und »Heil« bei Jesus von Nazareth und Johannes dem Täufer. Semantische und pragmatische Beobachtungen, in: DERS., Theologie und Ethos im frühen Christentum. Studien zu Jesus, Paulus und Lukas, WUNT 236, Tübingen 2009, 31-63.

[53] Zur Sache s.a. GERD THEISSEN, Erleben und Verhalten der ersten Christen: Eine Psychologie des Urchristentums, Gütersloh 2007, 172.

[54] BÜHLER (s. Anm. 51), 117.

[55] BÜHLER (s. Anm. 51), 117.

[56] Vgl. MICHAEL LABAHN, Nachfolge, radikaler Verzicht, ›a-familiäres‹ Ethos, in: SCHRÖTER/JACOBI (HG.) (s. Anm. 18), 445-454.

Gottesreich wahr wird, indem sie gelebt wird. Die Erschließung der Gottesherrschaft führt zu gemeinschaftlicher Wahrnehmung der endzeitlichen Wirklichkeit des nahenden Gottes und seines Anspruchs.[57] Sie wird erfahrbar und beschreibbar, entzieht sich aber einem weitergehenden kritischen Diskurs.

2.3 Auswertung

Jesus proklamiert das Nahekommen des Gottesreiches als wirksame und die Adressaten verändernde Erschließung der Alltagswelt durch das in seiner Verkündung nahekommende Reich angesichts konkurrierender Wahrnehmungen. Als Enthüllung Gottes beansprucht die von Jesus verkündete neue Wirklichkeit unmittelbare Glaubwürdigkeit, entzieht sich aber zugleich einem kritischen Diskurs. Insofern diese Predigt nicht auf rhetorische Mittel der Überzeugung verzichtet, erzielt sie aber nachvollziehbare Geltung bei den Adressaten. Im Wirken Jesu wird die verkündete Wahrnehmung der Wirklichkeit erfahrbar und in der Authentizität der Person des Verkündigers, der die Enthüllung Gottes wirkt, erlebbar. Geltung verschafft sich die Wirklichkeitskonstruktion aber auch in der vertrauenden Annahme der Erschließung der Wirklichkeitswahrnehmung Jesu durch die Annehmenden, die sich auf eine Verfremdung ihres Lebens einlassen und deren Leben durch die verändernde Erfahrung der Nähe Gottes neu geprägt wird. Aus erfahrener Marginalisierung wird Lebensgewinn, dem ein Leben im Maßstab der Einwohnerschaft in dem ankommenden Reich entspricht. Die in Jesu Verkündigung zugemutete Erschließung der Wirklichkeit durch Gott verändert die Adressaten, die die Enthüllung in ihrem Alltag für sich erschließen, so dass sie im Lebensvollzug und in der Alltagserfahrung wahr werden kann.

Kritik und Zurückweisung Jesu und seiner Wahrnehmung der Wirklichkeit des nahekommenden Gottesreichs, die letztlich in die Überantwortung an die römische Justiz führt, zeigen jedoch, dass sie und ihr Anspruch keineswegs generell als plausible Wahrnehmung des Alltags akzeptiert wurden.

Dennoch lebt trotz des in der vorgetragenen Form gescheiterten Wirklichkeitsentwurfes der Wahrheitsanspruch Jesu in den verschiedenen frühchristlichen Aneignungen und Verfremdungen über den Osterglauben fort; unterschiedliche Antworten wurden dem Wahrheitsanspruch des Gottesreichsverkündigers Jesu gegeben, die das enthüllte Wirken Gottes in ihre Alltagswelt transformierten und es so zur Grundlage ihres Glaubens werden ließen. Die von Jesus beanspruchte Erschließung der Wirklichkeit durch Gott scheint daher anschlussfähig und flexibel genug, um Transfermöglichkeiten in der frühchristlichen Jesusbewe-

---

[57] LAMPE (s. Anm. 3), 153, spricht von »sozialer Bestätigung«.

gung zu bieten. Der Wahrheitsgehalt der Wirklichkeitsdeutung war so beschaffen, dass jene das Ereignis des Scheiterns überdauert und im Osterglauben in Kontinuität und Veränderung entfaltet werden konnte.

3. ENTHÜLLTE WIRKLICHKEIT – DIE SUBVERSIVE RHETORIK DER JOHANNESAPOKALYPSE

Die wahrscheinlich gegen Ende der Regierungszeit von Kaiser Domitian[58] im Westen Kleinasiens geschriebene Johannesapokalypse ist eine durch briefliche Rahmenpartien[59] eingefasste subversive[60] autobiographische Erzählung über die dem Seher Johannes zuteil gewordenen Visionen mit ihrem dramatischen Zielpunkt in der Vision vom Neuen Jerusalem (Apk 21,1-22,5) und der unmittelbaren Lebens- und Dienstgemeinschaft der Glaubenden mit Gott und dem Lamm (Apk 22,3-4).[61] Die Johannesapokalypse erschafft ihre narrative Sinnbildung in einer

---

[58] Diese Datierung bleibt trotz schwierig zu bewertender Indizien das überzeugendste Lösungsmodell: vgl. z.B. MARTIN KARRER, Johannesoffenbarung (Offb. 1,1-5,14), Ostfildern/Göttingen 2017, 50-53; Einwände gegen Früh- und Spätdatierung analysiert kritisch STEPHAN J. WITETSCHEK, Ein weit geöffnetes Zeitfenster? Überlegungen zur Datierung der Johannesapokalypse, in: JÖRG FREY/JAMES A. KELHOFFER/FRANZ TOTH (HG.), Die Johannesapokalypse. Kontexte – Konzepte – Rezeption, WUNT 287, Tübingen 2012, 117-148; für eine Spätdatierung unter Kaiser Hadrian ist vor allem THOMAS WITULSKI, Die Johannesoffenbarung und Kaiser Hadrian: Studien zur Datierung der neutestamentlichen Apokalypse, FRLANT 221, Göttingen 2007, zu beachten.

[59] Vgl. die Überlegungen zur pragmatischen Funktion des brieflichen Rahmens bei MICHAEL LABAHN, »Ja, Amen!«: Die Autorität der »Offenbarung« und die Antwort ihrer Empfänger. Der briefliche Rahmen der Johannesoffenbarung und seine Pragmatik als Teil eines formalen Hybrids, in: DERS. (HG.), Spurensuche zur Einleitung in das Neue Testament. Eine Festschrift im Dialog mit Udo Schnelle, FRLANT 271, Göttingen 2017, 395-420, bes. 405-410. Zur Johannesapokalypse als Brief vgl. MARTIN KARRER, Die Johannesoffenbarung als Brief: Studien zu ihrem literarischen, historischen und theologischen Ort, FRLANT 140, Göttingen 1986.

[60] Zur Johannesoffenbarung als subversive Erzählung vgl. z.B. MICHAEL LABAHN, »Gefallen, gefallen ist Babylon die Große«. Die Johannesoffenbarung als subversive Erzählung, in: JULIAN ELSCHENBROICH/JOHANNES DE VRIES (HG.), Worte der Weissagung. Studien zu Septuaginta und Johannesoffenbarung, ABG 47, Leipzig 2014, 319-341 (330 Anm. 36: weitere Literatur). Auch MARTIN KARRER, Zur Ethik der Apokalypse, in: JOCHEN FLEBBE/MATTHIAS KONRADT (HG.), Ethos und Theologie im Neuen Testament. FS M. Wolter, Neukirchen-Vluyn 2016, 441-464, 450 Anm. 37, spricht von der Johannesoffenbarung als »einer fulminanten Streitschrift und einem markanten Beispiel subversiver Literaturtradition«.

[61] Zur Diskussion und zur Gattungsbeschreibung der autobiographischen Erzählung als Apokalypse vgl. ausführlich DAVID E. AUNE, Revelation, WBC, 52A-C, Dallas 1997/98, lxxvii-xc.

radikalen von der Herrschaft Gottes und seinem Ausschließlichkeitsanspruch her gedachten Neu-Konstruktion der Wirklichkeit.[62] Sie steht in Auseinandersetzung mit den religiösen und politischen Ansprüchen der west-kleinasiatischen Alltagswelt und konkurrierender christlicher Wirklichkeitswahrnehmungen. Wie sie ihren Anspruch auf Anerkennung begründet und in einem offensiven Diskurs über die Wahrheit der Wirklichkeitswahrnehmung mit innerchristlichen Gruppen in Geltung zu bringen versucht, soll im Folgenden näher bedacht werden.

3.1 Der Blick der Johannesapokalypse auf die Wirklichkeit und die Grundlegung ihrer narrativen Neukonstruktion

Die erzählte Welt der Johannesapokalypse erweist sich als eine Neu-Konstruktion der Wirklichkeit, die das Fundament der politischen, gesellschaftlichen und religiösen Säulen der kleinasiatischen Alltagswelt ihrer Adressaten unterminiert.[63] Die Wirklichkeitskonstruktion der Johannesapokalypse zielt auf aktive Akzeptanz durch die Rezipienten. In Abgrenzung gegen religiöse Ansprüche der Alltagswelt einschließlich des Kaiserkultes und im innerchristlichen Deutungskonflikt entwickelt sie im Medium der Erzählung als göttlicher Enthüllung (s.u. Abschnitt 3.2) ein anderes Machtstrukturen subversiv dekomponierendes und mit innerchristlichen Antworten konkurrierendes Narrativ mit höchstem Geltungsanspruch.

Ausgangspunkt dieser narrativen Wirklichkeitskonstruktion und damit die Basis ihres Geltungsanspruchs ist die Gewissheit vom Wirken des einen Gottes, der als Herr der Geschichte ihr Anfang, ihre Mitte und ihr Ziel ist (Apk 1,8; 21,6). Aus der Perspektive des himmlischen Raumes,[64] in dem der Seher Gott als Thronenden wahrnimmt (Apk 4–5; vgl. 7,10f.15f; 11,16; 12,5; 21,5; 22,1.3), der als

---

[62] Vgl. LAMPE (s. Anm. 3), 118-121.
[63] M.E. ist es eine Engführung, die Johannesapokalypse als eine »entschlossene, fulminante Streitschrift gegen ein herrschendes System« (nämlich Rom) zu bezeichnen (WILHELM BOUSSET, Die Offenbarung des Johannes, KEK 16, Göttingen 1966 [ND von ⁶1906], 137), schon weil ihre Konfrontationslinien der gesamten religiösen Ansprüche der Alltagswelt gelten wie auch kompromissbereiten innerchristlichen Gegnern; die Auseinandersetzung mit dem Kaiserkult ist dabei aber fraglos ein wichtiger Punkt; vgl. z.B. STEFAN SCHREIBER, Attraktivität und Widerspruch. Die Dämonisierung der römischen Kultur als narrative Strategie in der Offenbarung des Johannes, in: THOMAS SCHMELLER/MARTIN EBNER/RUDOLF HOPPE (HG.), Die Offenbarung des Johannes. Kommunikation im Konflikt, QD 253, Freiburg u.a. 2013, 74-106, 101: »Zum Verständnis der Offenbarung wird es m.E. wichtig werden, nicht länger den Kaiserkult als alleiniges oder hauptsächliches Angriffsziel zu verstehen, sondern als *ein* virulentes Problem in einem weiteren kulturgeschichtlichen Rahmen.«
[64] Vgl. MICHAEL LABAHN, »Apokalyptische Geographie«. Einführende Überlegungen zu einer Toponomie der Johannesoffenbarung, in: MICHAEL LABAHN/OUTI. LEHTIPUU (HG.), Imagery in the Book of Revelation, CBET 60, Leuven et al. 2011, 107-143; s.a. KONRAD HUBER, Imaginierte Topoi. Zu Raum und Raumkonzept in der Narration der Johannesoffenbarung, in:

Allbeherrscher (1,8; 4,8; 11,17; 15,3; 16,7.14; 19,6.15; 21,22) der wahrhaft die Wirklichkeit gestaltende Charakter ist, wird die irdische Alltagswelt betrachtet und auf ihren widergöttlichen Charakter hin transparent gemacht. Die Erzählung zeigt ihren Leserinnen und Lesern, dass die himmlische Gemeinschaft bereits die Wirklichkeit und Ausübung der Herrschaft Gottes feiert: so etwa in Apk 11,17, wo die apokalyptische Erzählung als eine sich dynamisch realisierende Größe vorgestellt wird, deren Ausgang aber in prophetischer Vision bereits gültig ist und damit zur Wirklichkeitskonstruktion gehört.

Indem die Johannesapokalypse die Alltagswelt der Adressaten subversiv abbildet und in Apk 12,1-14,20 die wahren Herrschaftsverhältnisse darstellt, verfremdet die Erzählung die Alltagswelt ihrer Adressaten. Mit ihrer subversiven Strategie *verunsichert* die Johannesapokalypse die Plausibilitäten der kleinasiatischen Gesellschaft mitsamt der römischen Herrschaft als scheinbar feststehender Wirklichkeiten, aber auch theologische Wirklichkeitswahrnehmungen, die sich in diese Alltagsnormen einfügen.[65] Sie verteufelt die politische Macht und die religiösen Normen der nicht-christlichen Alltagswelt. Die subversiv entworfene Wirklichkeit weiß um den Ausgang des Kampfes zwischen Gott und Satan, der in Apk 12-13 mit mythologischen Farben, biblischen Motiven und liturgischem Gesang dargestellt wird, so dass der Satan und seine irdischen Kollaborateure nach 12,7-9 bereits eine besiegte, aber gefährlich bleibende Macht sind.[66] Die Johannesapokalypse lässt eine Welt von Verfolgung und Bedrängnis entstehen, was - wenngleich nicht völlig an der Alltagswirklichkeit vorbeigehend - als eine »Radikalisierung der Wirklichkeit«[67] bezeichnet werden kann. Die eigentliche Gefahr besteht in der Faszination des Bösen (vgl. die Reaktion in Apk 13,3c),[68] die zu

---

ADELA YARBRO COLLINS (HG.), New Perspectives on the Book of Revelation, BEThL 291, Leuven 2017, 131-159, bes. 147-149.

[65] Zum Gedanken der »Verunsicherung« vgl. MICHAEL LABAHN, Der Konflikt zwischen Gut und Böse und seine ethische Dimension für frühchristliche Gemeinden in der römischen Provinz Kleinasien. Überlegungen zur Begründungsstrategie der Ethik in der Johannesoffenbarung, in: RUBEN ZIMMERMANN/STEPHAN JOUBERT (HG.), Biblical Ethics and Application. Purview, Validity, and Relevance of Biblical Texts in Ethical Discourse, WUNT 384, Tübingen 2017, 371-396, 394f.

[66] Vgl. MICHAEL LABAHN, The Dangerous Loser: The Narrative and Rhetorical Function of the Devil as Character in the Book of Revelation, in: IDA FRÖHLICH/ERKKI KOSKENNIEMI (HG.), Evil and the Devil, LNTS 481 = ESCO, London et al. 2013, 156-179.

[67] HARALD ULLAND, Die Vision als Radikalisierung der Wirklichkeit in der Apokalypse des Johannes, TANZ 21, Tübingen 1997; s.a. KNUT BACKHAUS, Die Vision vom ganz Anderen. Geschichtlicher Ort und theologische Mitte der Johannes-Offenbarung, in: DERS. (HG.), Theologie als Vision. Studien zur Johannes-Offenbarung, SBS 191, Stuttgart 2001, 10-53, 20.

[68] Vgl. DARIA PEZZOLI-OLGIATI, Between Fascination and Destruction, Considerations on the Power of the Beast in Rev 13:1-10, in: MICHAEL LABAHN/JÜRGEN ZANGENBERG (HG.), Zwischen

Kompromissen und Assimilierung der christlichen Adressaten an die Alltagswelt führt.

Aus dem Sieg des Guten über das Böse ergibt sich so die Notwendigkeit zur Entscheidung und Bewährung im Hier und Jetzt der Alltagswelt. Schon Elisabeth Schüssler Fiorenza hatte auf den handlungsorientierten und lebensbestimmenden Einfluss der Wirklichkeitskonstruktion mit ihren Bildern und Bildprogrammen verwiesen. So »möchte die Offenbarung mit der Macht ihrer Bilder und Visionen die Hörerinnen zum Handeln bewegen.«[69] Die Bewertungen in der Erzählung, die die Folgen des Handelns herausstellen, sind den Leserinnen und Lesern so voraus, dass sie auf eine *Aneignung* drängen. Die *Verfremdung* zielt auf einen kompromisslosen Glauben. Da die Gesellschaft der römischen Provinz Kleinasien in der Wirklichkeitskonstruktion der apokalyptischen Erzählung eine am Ausschließlichkeitsanspruch Gottes orientierte negative Bewertung erfährt, sollen die Leserinnen und Leser aus den gesellschaftlichen Verpflichtungen der Alltagswelt ausziehen (18,4: ἐξέλθατε ὁ λαός μου ἐξ αὐτῆς ἵνα μὴ συγκοινωνήσητε ταῖς ἁμαρτίαις αὐτῆς). Der Glaube befindet sich im Gegensatz zur Welt und kann nur im Auszug aus dieser Welt zur Geltung gebracht werden. Dieser »Auszug« besteht in der Verweigerung aller Interaktionen mit der Alltagskultur, die die Adressaten zu einer Art Elite durch und für Gott werden lässt.

3.2 Die Johannesapokalypse als authentische Erzählung von Gottes Enthüllung der Wirklichkeit

Gleich zu Beginn gibt die Johannesapokalypse in einem als Paratext vorgelagerten *titulus* (Apk 1,1-3) zu erkennen, wie diese Enthüllung der Wirklichkeit durch ihren Alternativentwurf als wahr zur Geltung gebracht und mit einem neuen Narrativ die aktive Aneignung durch die Adressaten zu fundieren gesucht wird:

> (1) Offenbarung Jesu Christi, die Gott ihm gegeben hat, zu zeigen seinen Knechten, was in Kürze geschehen muss.
> Und er (Jesus Christus) tat sie kund, indem er sie durch seinen Engel seinem Knecht Johannes sandte, (2) der das Wort Gottes und das Zeugnis Jesu Christi bezeugt hat – alles, was er sah.
> (3) Selig sind, der liest und die die Worte der Prophezeiung hören und das halten, was in ihr geschrieben ist; denn die Zeit ist nah.

---

den Reichen: Neues Testament und Römische Herrschaft, TANZ 36, Tübingen – Basel 2002, 229-237.
[69] ELISABETH SCHÜSSLER FIORENZA, Das Buch der Offenbarung. Vision einer gerechten Welt, Stuttgart et al. 1994, 154f.

Das erste Wort der Johannesapokalypse lautet ἀποκάλυψις, also »Enthüllung« bzw. »Offenbarung«, und weist programmatisch darauf hin, was der folgende Text ist, eine Enthüllung der Wirklichkeit unter Wahrnehmung des Handelns Gottes und seines bereits besiegten und dem Untergang ausgelieferten Widersachers (vgl. Apk 12; 20).[70] In der theologisch, christologisch und ekklesiologisch sehr dichten Formulierung[71] wird Gott selbst als Ursprung dieser Enthüllung bezeichnet, die ein Geschehen in den Blick nimmt, das von Gott selbst gewirkt wird; daraus leitet sich ein Wahrheitsanspruch ab, der dadurch verschärft wird, dass sich der Verfasser selbst lediglich eine abgeleitete Autorität zuschreibt. Er ist Empfänger der Offenbarung von Gott, der lediglich schreibt, was er sieht. Der Seher bezeugt die von Gott gewährte Enthüllung der Wirklichkeit durch das Medium der Erzählung. Als Offenbarungsempfänger von den Adressaten/Adressatinnen abgehoben und doch mit ihnen als Mitknecht vorbildlich in der von ihm beanspruchten Wirklichkeitskonstruktion verbunden (1,9!)[72] gewinnt er seine Autorität aus der genauen Wiedergabe des Gesehenen (1,2) und damit aus dem wahrheitsgemäßen Erzählen. Wie die Erzählung zeigen wird, gerät er dabei an seine Grenzen, weil er immer wieder die Visionen mit dem Adverb »wie« versieht. Die Wahrheit der ihm enthüllten Wirklichkeit übersteigt das, was er verstehen und sprachlich wiedergeben kann. Dennoch erfüllt seine subversive Neu-Konstruktion der Wirklichkeit den Anspruch, »Offenbarung Jesu Christi« als Aufdeckung der Wirklichkeit Gottes in seiner Gabe des Christus (1,1a: Ἀποκάλυψις Ἰησοῦ Χριστοῦ) zu sein.[73]

So legt die Enthüllung der Wirklichkeit die Grundlagen der glaubenden Existenz *aller* Knechte Gottes frei, nicht allein der konkreten sieben Gemeinden in der römischen Provinz Asia, an die die sieben Sendschreiben im eigentlichen

---

[70] Eine instruktive kritische Analyse der Wirklichkeitswahrnehmung der Apokalyptik als »Enthüllung der Wirklichkeit im Untergang« bietet ULRICH H.J. KÖRTNER, Enthüllung der Wirklichkeit. Hermeneutik und Kritik apokalyptischen Daseinsverständnisses aus systematisch theologischer Sicht, in: MICHAEL BECKER/MARKUS ÖHLER (HG.), Apokalyptik als Herausforderung neutestamentlicher Theologie, WUNT 2/214, Tübingen 2006, 383-402, bes. 388-395; allerdings wird – zumindest in der Johannesapokalypse – der Alltagswirklichkeit eine Wirklichkeit des gegenwärtigen Wirkens Gottes gegenübergestellt, so dass das »Jetzt« bereits in der Perspektive der »Zukunft« dargestellt wird und zu entsprechender Lebensführung auffordert bzw. ermutigt.

[71] Vgl. DIETER SÄNGER, »Amen, komm, Herr Jesus!« (Apk 22,20). Anmerkungen zur Christologie der Johannes-Apokalypse in kanonischer Perspektive, in: DERS., Von der Bestimmtheit des Anfangs. Studien zu Jesus, Paulus und zum frühchristlichen Schriftverständnis. Neukirchen-Vluyn 2007, 349-370, 359.

[72] Vgl. LABAHN (s. Anm. 59), 401f.

[73] TRAUGOTT HOLTZ, Die Offenbarung des Johannes (Hg. v. K.-W. Niebuhr), NTD 11, Göttingen 2008, 16f., umschreibt ἀποκάλυψις als »das Offenlegen der Wirklichkeit von Dingen und Geschehen, die nicht jedermann und jederzeit offen zu Tage liegen«.

Textkorpus gerichtet sind. Die Enthüllung der Wirklichkeit lässt sich geschichtlich nicht exklusiv auf den konkreten Anlass des Schreibens begrenzen. Die Leser und Leserinnen des Textes werden Teil der subversiven Kommunikation, in der die Enthüllung der Wirklichkeit aus der Perspektive Gottes erfolgt; diese Wirklichkeit ist geprägt durch Gottes bedrängendes Handeln. Insofern gibt es keine Neutralität gegenüber dem Text, sondern der Geltungsanspruch der Erzählung verlangt eine aktive Reaktion der Adressatinnen und Adressaten. Die abschließende Seligpreisung besagt, wie der ideale Leser aussieht: Er befindet sich in Einklang mit Gottes Offenbarung, wenn er der religiösen und ethischen Handlungsorientierung der Erzählung folgt.[74]

3.3 Die Enthüllung der Wirklichkeit durch die Johannesapokalypse als Teil eines innerchristlichen Diskurses um das Verhältnis zur Welt

Die Auseinandersetzung mit innerchristlichen Gegnern in den Sendschreiben bestätigt, dass die Erzählung Teil eines kontroversen innerchristlichen Diskurses über die Wahrnehmung der Wirklichkeit der kleinasiatischen Alltagswelt ist. Auch wenn wir in Bezug auf die unmittelbaren Adressaten der Johannesoffenbarung wenig wissen, so ist sie selbst Antwort auf einen Streit um die Wahrnehmung der Alltagswirklichkeit.

An paulinische Aussagen erinnernd (1Kor 2,10; 8,4.6) wird den innerchristlichen Gegnern[75] der erkenntnistheoretische Anspruch zugeschrieben, τὰ βαθέα τοῦ σατανᾶ erkannt zu haben (Apk 2,14). Die Formulierung »die Tiefen des Satans« fügt sich in die satanische Bewertung der Erzählung all dessen ein, das sie widergöttlich handelnd in Kollaboration mit der römischen Herrschaft sieht.[76] Dennoch kann nicht ausgeschlossen werden, dass mit oder

---

[74] Zum ethischen Anspruch und seiner Begründung in der Johannesoffenbarung vgl. zuletzt: LABAHN (s. Anm. 65), 371-396; s.a. z.B. KARRER (s. Anm. 60); JÜRGEN KERNER, Die Ethik der Johannes-Apokalypse im Vergleich mit der des 4. Esra. Ein Beitrag zum Verhältnis von Apokalyptik und Ethik, BZNW 94, Berlin – New York 1998; KLAUS SCHOLTISSEK, »Mitteilhaber an der Bedrängnis, der Königsherrschaft und der Ausdauer in Jesus« (Offb 1,9). Partizipatorische Ethik in der Offenbarung des Johannes, in: KNUT BACKHAUS (HG.), Theologie als Vision. Studien zur Johannes-Offenbarung, SBS 191, Stuttgart 2001, 172-207; MICHAEL WOLTER, Christliches Ethos nach der Offenbarung des Johannes, in: FRIEDRICH-WILHELM HORN/MICHAEL WOLTER (HG.), Studien zur Johannesoffenbarung und ihrer Auslegung (FS O. Böcher), Neukirchen-Vluyn 2005, 189-209.

[75] Aus den vielfältigen Interpretationen der innerchristlichen Gegnergruppen der Johannesapokalypse vgl. z.B. den Überblick bei HEIKKI RÄISÄNEN, The Nicolaitans: Apoc 2; Acta 6, in: DERS., Challenges to Biblical Interpretation. Collected Essays 1991-2000, BIS 59, Leiden 2001, 141-189.

[76] Vgl. LABAHN (s. Anm. 66), 175; DERS., Teufelsgeschichten. Satan und seine Helfer in der Johannesapokalypse, in: ZNT 14/28, 2011, 33-42, 39.

ohne sprachliche(r) Übermalung ein theologisches Konzept der Gruppen erkennbar wird,[77] das in der Frömmigkeit der Alltagswelt leblose und wirkungslose Götzen sieht.[78] Sie beanspruchen, eine um die Wirklichkeit und Wirksamkeit der Götter und Dämonen dekonstruierte Welt aus ihrer Erkenntnis Gottes heraus wahrzunehmen. Dieses Verständnis einer von der Macht der Götter und Götzen enthüllten Wirklichkeit ermöglicht ihnen eine reflektiert-distanzierte Partizipation an der Welt, wozu die Wahrnehmung sozialer Verpflichtungen gehört, die religiös beladen sind, wie Prozessionen, öffentliche Mahlzeiten oder Mitgliedschaften in Zünften.[79] Ihr Konzept der Partizipation an der Welt, deren Begründung wir leider nur bruchstückhaft erschließen können,[80] zeigt, dass auch sie eine Welt sehen, in der Gott machtvoll wirkt und sie gerade deshalb an der Alltagswelt partizipieren können, wirtschaftlich und sozial interagieren, ohne ihre christliche Identität zu verlieren.

Diese offene Interaktion mit der kleinasiatischen Alltagswelt ist nach der vom Seher Johannes entworfenen Weltsicht ein Irrweg, da ihre widergöttlichen Grundlagen übersehen werden. In diesem Diskurs über die Wahrnehmung der Wirklichkeit sucht er die hellenistisch-römische Wirklichkeit Kleinasiens in ichren religiösen Ansprüchen, ihrem Assimilationsdruck und ihren möglichen Gefahren für das Leben[81] zu enthüllen – eine Enthüllung, die er auf Gott zurückführt. Die wesentliche Grundlage dieser rigorosen Weltsicht ist sein Gottesbild, das mit

---

[77] Zum theologisch reflektierenden Charakter der gegnerischen Lehre z.B. HANNS LÖHR, Die »Lehre der Nikolaiten«. Exegetische und theologische Bemerkungen zu einer neutestamentlichen »Häresie«, in: ATHINA LEXUTT/VICCO VON BÜLOW (HG.), Kaum zu glauben: Von der Häresie und dem Umgang mit ihr, Arbeiten zur Theologiegeschichte 5, Rheinbach 1998, 34-55.

[78] Der Erzähler folgt diesem Punkt nicht, sondern hält an prophetischer Götzenpolemik nicht allein als Abgrenzung gegen die nichtchristliche Welt, sondern auch gegen innerchristliche Gruppen fest: Offb 9,20f.

[79] Zu den für die frühen Christen problematischen gesellschaftlichen Verpflichtungen in kleinasiatischen Städten z.B. HANS-JOACHIM KLAUCK, Die Johannesoffenbarung und die kleinasiatische Archäologie, in: MAX KÜCHLER/KARL M. SCHMIDT (HG.), Texte – Fakten – Artefakte. Beiträge zur Bedeutung der Archäologie für die neutestamentliche Forschung, NTOA 59, Fribourg/Göttingen 2006, 197-229.

[80] Eventuell lässt sich ihre Position mit anderen christlichen Gruppen in der frühchristlichen Literatur vergleichen und lassen sich so die Denkmuster erfassen, wie es STEFAN SCHREIBER, Häresie im Kanon? Zum historischen Bild der dritten christlichen Generation, BZ 58 (2014) 186-210, im Blick auf die Pastoralbriefe vielversprechend vorgeschlagen hat.

[81] Mit Antipas wird im Sendschreiben nach Pergamon ein Christ als Märtyrer vorgestellt (Apk 2,13), dem die Erzählung eine Schar weiterer Märtyrer an die Seite stellt (z.B. 6,9). Die in der Erzählwelt aufgemachte Verfolgungssituation gehört jedoch zur »Radikalisierung« der Wirklichkeit der subversiven Erzählung; vgl. z.B. LABAHN (s. Anm. 60), 323-326, mit Literatur.

einem negativen Blick auf die Welt als Wirkungsort des von Gott besiegten Gegenspielers einher geht.

Der Diskurs wird nicht gleichberechtigt geführt, sondern durch die Beanspruchung, Enthüllung Gottes von seinem kommenden Handeln zu sein, lässt die Johannesapokalypse nur die Anerkennung ihres Anspruchs gelten. Soziologisch kann dies durch den Versuch erklärt werden, eine Minderheitsposition[82] gegen die Mehrheit in den christlichen Adressatengemeinden durchzusetzen, indem die Johannesapokalypse mit ihrem Geltungsanspruch den Blick auf den Konflikt nicht zuletzt in der autoritativen Diskreditierung der Gegner manipuliert.[83] Sachlich führt dies zur Verteufelung der Andersdenkenden *in* den angeschriebenen frühchristlichen Gemeinden,[84] die als glaubende Christen die Wirklichkeit Kleinasiens und ihren Druck unter römischer Herrschaft als Ort des Wirkens Gottes anders wahrnehmen.

3.4 Auswertung

Die Johannesapokalypse legt ein schlüssiges alternatives Narrativ für die Gemeinden im römisch beherrschten Westen Kleinasiens vor. Damit setzt sie einen Kontrapunkt zu theologisch reflektierten Wirklichkeitsdeutungen in ihren Adressatengemeinden. Die von der Johannesapokalypse gewählte Erzählform soll gegenüber den in den Adressatengemeinden wirkungsvollen Konzepten Bedingungen für eine erfolgreiche und einvernehmliche Distanzreduktion zwischen der in der subversiven Erzählung aufgedeckten Wirklichkeit Gottes und der Wahrnehmung der Alltagskultur durch die Adressaten schaffen. Weil die Wirklichkeitskonstruktion der Johannesapokalypse Gottes Wirken als Ursprung für

---

[82] Vgl. z.B. HEIKKI RÄISÄNEN, The Clash Between Christian Styles of Life in the Book of Revelation, in: DAVID HELLHOLM/HALVO MOXNES/TURID K. SEIM (HG.), Mighty Minorities? Minorities in Early Christianity – Positions and Strategies. FS JACOB Jervell, Oslo et al. 1995, 151-166, 151-154. Dies ist auch dann festzuhalten, wenn die Adressatengemeinde in Ephesus dafür gelobt wird, dass sie die Gegner hassen (2,6: ὅτι μισεῖς τὰ ἔργα τῶν Νικολαϊτῶν ἃ κἀγὼ μισῶ); ihr Verhalten wird zum Vorbild für das Handeln im Sinne der Wirklichkeitsdeutung der Johannesapokalypse, aber ob dies die wahren Hierarchien in den Gemeinden wiedergibt, muss bezweifelt werden.

[83] Die als Lügenapostel (2,2), Nikolaiten (2,6.15), »Bileamiten« (2,14) bezeichneten Gegner, die durch Frauen (Isebel: 2,20) und Männer repräsentiert werden (2,2.6.14.15), sind vor allem in den so genannten Sendschreiben mit Hilfe der Schrift stigmatisiert: ihnen wird so »Verzehr von Göttern geweihtem Fleisch« und »Hurerei« (φαγεῖν εἰδωλόθυτα καὶ πορνεῦσαι: 2,14.20) vorgeworfen; die Sendschreiben präsentieren damit die Deutung der Lebenswirklichkeit der sieben christlichen Gemeinden in der Wahrnehmung des erhöhten Christus (vgl. die Einleitungen der Sendschreiben).

[84] Vgl. LABAHN (s. Anm. 76), 38f.

ein neues christliches Narrativ beansprucht, will sie Wahrheit sein und Aneignung in Verfremdung ermöglichen. Hierzu beruft sie sich auf die Autorisierung in der Enthüllung der Wirklichkeit von Gott, der sich der Erzähler unterwirft.

Durch gottesdienstliche Bezüge im Rahmen des Schreibens (Apk 1,3.7; 22,20) verschafft sich die Johannesapokalypse nicht allein Zugang in den und Zugriff auf die Adressatengemeinden,[85] vielmehr sucht sie so ihre neue Wirklichkeit nicht allein durch die Erzähllogik kognitiv, sondern durch die liturgische Verankerung auch sinnlich in der versammelten Gemeinde zu implementieren; durch ihr responsorisches »Ja, Amen« (Apk 1,7) soll die vom Seher geschaffene Neukonstruktion der Wirklichkeit im Kollektiv der antwortenden Gemeinde Geltung bekommen (s.a. 22,17.20).[86] Wie schon Otto Böcher gezeigt hat, wird zudem die erzählte himmlische Wirklichkeit im irdischen Gottesdienst wirklich, so dass das zugesagte, an die Normen der Erzählung gebundene Heil im Jetzt sinnlich erfahrbar wird.[87] Damit wird die erzählte Wirklichkeit zur Wirklichkeit der versammelten Gemeinde. Auf der anderen Seite werden durch den Dualismus der Johannesapokalypse[88] und die einhergehende Verteufelung konkurrierende Wirklichkeitswahrnehmungen als unwahr stigmatisiert; eine Manipulation, die die Geltung des eigenen, auf Gottes Enthüllung zurückgeführten Modells durchzusetzen sucht.

Auch wenn die früheste Wirkung dieses Werkes letztlich spekulativ bleiben muss, so zeigt wenigstens die kanongeschichtliche Entwicklung der Johannesapokalypse die Grenzen ihres Anspruchs auf Enthüllung der Wirklichkeit auf, indem ihre Apostolizität und damit ihre Kanonizität bestritten werden.[89] Für die Adressatengemeinden im westlichen Kleinasien wird die komplexe und rhetorisch wie erzählerisch beeindruckende Wahrnehmung der Wirklichkeit strittig geblieben sein. Die Forderung zum »Auszug« aus dem Alltag (18,4) sperrte sich mit ihrem Konzept der distanzierten, aber doch aktiven Teilnahme in der Alltagswelt. Auch wird sich für die Mehrheit der Adressatinnen und Adressaten

---

[85] LABAHN (s. Anm. 59), 405-410.
[86] LABAHN (s. Anm. 59), 410-412.
[87] OTTO BÖCHER, Bürger der Gottesstadt. Kirche in Zeit und Endzeit nach Apk 21f., in: DERS., Kirche in Zeit und Endzeit. Aufsätze zur Offenbarung des Johannes, Neukirchen-Vluyn 1983, 157-167, 166. S.a. SCHNELLE (s. Anm. 21), 737: »Gott ist der im Erscheinen Jesu Christi zum Gericht und zum Heil eschatologisch Kommende. Im kultischen Vollzug des Gottesdienstes wird diese Wirklichkeit des Kommens und der Präsenz Gottes antizipiert und so Gottes Gegenwart jenseits des Tempels und des Kaiserkults neu definiert.«
[88] Vgl. Zum Dualismus der Johannesapokalypse JÖRG FREY, »Apocalyptic Dualism«, in: JOHN J. COLLINS (HG.), The Oxford Handbook of Apocalyptic Literature, Oxford 2014, 271-294, 290f.
[89] Vgl. GEORG KRETSCHMAR, Die Offenbarung des Johannes. Die Geschichte ihrer Auslegung im 1. Jahrtausend, CThM B 9, Stuttgart 1985, 77-79 u.ö.

die Wahrnehmung der Gefahr und des Assimilationsdrucks der römischen Macht eher als Fehlinterpretation nicht in gleicher Weise artikuliert haben wie in der Sinnbildung der Johannesapokalypse bzw. sie suchten mit ihrer Weltdeutung solchen Gefahren zu entgehen.

Andererseits hat das Narrativ der Apokalypse aber eine derartige Plausibilität entwickelt, dass die Schrift des Sehers Johannes dennoch bewahrt und als kanonischer Text anerkannt wurde, der seine Wirkung gerade in Unterdrückungsmomenten der Kirchen- wie der Profangeschichte übte.[90] Aber damit blieb sie immer ein Buch am Rand der Kirche(n), auch wenn die moderne Exegese durchaus auf die »Stärken des Randes« verweisen konnte.[91]

Die Analyse der Johannesapokalypse zeigt, dass der Anspruch frühchristlicher Wirklichkeitswahrnehmungen auf Geltung Teil eines kritischen Diskurses über die Wahrnehmung der Welt ist. Die christlichen Gruppen haben die erhobenen Ansprüche auf Geltung nicht notwendig geteilt, auch wenn dieser wie im Fall der Johannesapokalypse auf Gott selbst zurückgeführt wird.

4. Versuch einer Synthese in der Vielfalt

Im Wissen um den konstruktiven Charakter von »Wirklichkeit« und um die unzähligen Möglichkeiten der medialen »Erschaffung« und digitalen Invention der wahrnehmbaren Wirklichkeit stellt sich die Frage nach der Geltung und der Wahrheit verschiedener Wahrnehmungen von Wirklichkeit in Bezug auf das, was »Wirklichkeit« wirklich ist, nachhaltig.

Bei Jesus in seiner jüdischen Mitwelt und bei der Johannesapokalypse in den christlichen Gemeinden zeigen sich gewissermaßen unterschiedliche Wirklichkeiten, von denen sich die dargestellten Wahrnehmungen dezidiert abheben. Alternative Deutungskonzepte von Wirklichkeit werden in Frage gestellt, mehr noch in ihrem Wahrheitsgehalt hinterfragt und bestritten.

Die vorgestellten Wirklichkeitswahrnehmungen stehen also in einem kritischen und kontroversen Diskurs, entziehen sich aber gleichzeitig diesem Diskurs, indem ihr zentrales Kriterium nicht das der Argumentation, sondern die Autorisierung ihres Anspruchs ist. Sie beanspruchen wahr zu sein, weil

---

[90] So spielt die Johannesapokalypse in freiheitstheologischen Entwürfen eine Rolle; vgl. z.B. ALLAN BOESAK, Comfort and Protest: Reflections on the Apocalypse of John of Patmos, Grand Rapids 1987.
[91] Vgl. MARTIN KARRER, Stärken des Randes: Die Johannesoffenbarung, in: ULRICH MELL (HG.), Das Urchristentum in seiner literarischen Geschichte. FS Jürgen Becker, BZNW 100, Berlin, New York 1999, 391-417.

sie nicht nur eine durch Menschen vermittelte, sondern eine auf Gott zurückgeführte Rede sind; »das Erschlossensein der Wirklichkeit für das Erkennen« gründet »im Wirken Gottes«.[92] Hauptkriterium ist in beiden Modellen die beanspruchte Enthüllung der Wirklichkeit durch den in der Wirklichkeit in bestimmter Weise handelnden und sie verändernden Gott.

Wie beim Hinweis auf den Genuss der Weihnachtsplätzchen richten sich die Stimmigkeit dieser Wirklichkeit und damit ihre Wahrheit in einem umgangssprachlichen Sinn am individuell Überprüfbaren[93] bzw. am sinnlich Wahrnehmbaren aus. Sie zielt durch die Glaubwürdigkeit ihres Protagonisten, der die Wahrnehmung selbst repräsentiert und als plausibles Narrativ entwickelt, auf ein antwortendes Kollektiv, darauf, dass sie sich die Wahrnehmung aneignen und sie so wahr werden lassen.

So ist Jesus der Bote Gottes, als dessen Werkzeug er bereits Teil des fragmentarisch präsenten Reichs ist und damit in besonderer Weise sein die Wirklichkeit enthüllender Bote. Auch die Johannesapokalypse will Gottes Enthüllung der Wirklichkeit sein, so wenig der Zeuge Johannes seinen schriftstellerischen Anteil verschweigt. Als menschliche Äußerungen zielen die Enthüllungen der Wirklichkeit bei Jesus wie beim Seher Johannes zugleich auf Zustimmung und Anerkennung. Beachtenswert ist vor allem das kommunikative Wirken Jesu, das die Adressaten in die Wirklichkeit hineinnimmt, sie gleichsam zu der neuen Wirklichkeit werden lässt; damit entsteht aus der Autorisierung ein weiteres Kriterium der Authentifizierung. Die enthüllte Wirklichkeit ist nicht allein deshalb wahr, weil sie sich auf Gott zurückführen lässt, sondern auch weil sie wirkungsvoll ist und damit – es sei an die Weihnachtsplätzchen erinnert – erfahrbar und somit durch den in ihr wirksamen Gott wahr wird.

Damit zielt sie zugleich auf Identitätsbildung und soziale Grenzbildungen. Die Auseinandersetzung um die Wahrnehmung und Interpretation der Wirklichkeit im Horizont des Wirkens Gottes zieht sich bei der Johannesapokalypse bis in die christlichen Gemeinden hinein. Die Realität der kleinasiatischen Welt beispielsweise, wie sie die Mehrzahl ihrer Einwohner und wohl auch die Gegner des Sehers erfahren, entspricht aus der Perspektive des Sehers Johannes nicht der Wirklichkeit des in ihr handelnden Gottes, zu der die kleinasiatische Alltagswelt in Widerspruch gesehen ist. Auch wenn gerade im Blick auf die Johannesapokalypse das Bemühen zu erkennen ist, die

---

[92] WILFRIED HÄRLE, Das christliche Verständnis der Wahrheit, in: DERS., Spurensuche nach Gott. Studien zur Fundamentaltheologie und Gotteslehre, Berlin/New York 2008, 23-53, 34.
[93] Vgl. z.B. den Hinweis auf diese Reduktion bei SCHRÖTER (s. Anm. 14), 13f.

christlichen Geschwister für die eigene Deutung zu gewinnen, so ist andererseits ihre Abgrenzung gegen anderslautende Wirklichkeitswahrnehmungen derart scharf, dass sie sie verteufelt. Die strittige und späte Kanonisierung der Schrift stellt zweifelsohne eine kritische Wertung ihrer Wirklichkeitswahrnehmung dar und belegt damit wenigstens partiell einen kritischen Diskurs über den Wahrheitsgehalt ihrer Wirklichkeitskonstruktion.

Die aneignende Antwort auf die Enthüllung erfolgt durch das Einverständnis der Glaubenden. Dabei werden die Adressaten durch die Enthüllung mit dieser Wirklichkeit so konfrontiert, dass die Erschließung der Wirklichkeit dort, wo sie durch die Adressaten angeeignet wird, diese verändert und sie zu Teilen der neuen Wirklichkeit werden lässt. Auch wenn die einzelnen Spielarten durch ihren Ursprung in Gott die Wahrheit beanspruchen, zielen ihre kommunikativen Ausrichtungen nicht am menschlichen Denken und Verstehen vorbei auf Anerkennung, ohne dass damit bestritten werden soll, dass das Erkennen letztlich »im wahrheitsermöglichenden, wirklichkeitserschließenden und gewissheitsschaffenden Wirken Gottes« begründet ist.[94]

Die vorgestellten neutestamentlichen Beispiele hinterfragen zeitgenössische, selbst mit-christliche Wahrnehmungen der Wirklichkeit kritisch und enthüllen die Alltagswelt durch eine – im eschatologischen Sinn – neue und als von Gott bewirkte und damit wahre Wirklichkeit. Diese Enthüllungen setzen die Aneignung aus sich heraus (Jesus) oder zielen auf Anerkennung (Apokalypse) –; als Sinnbildungen lassen sie sich plausibel machen und ihr Wahrheitsanspruch, der die Notwendigkeit eines Diskurses nicht übergeht, lässt sich nachzeichnen. Mit Jens Schröter ließe sich sagen, dass die exegetische Analyse »somit die Plausibilität sinnstiftender Entwürfe überprüfen« kann; was sie allerdings nicht kann, und das ist im Blick auf den aktuellen Anlass unseres Diskurses wichtig, in Bezug auf die vorgestellten Wirklichkeitskonstruktionen »ihre Wahrheit beweisen oder widerlegen«.[95] Es kann gezeigt werden, wie die Wirklichkeitskonstruktion erfolgt, was sie ausmacht, welcher Kommunikationsmittel sie sich bedient und dass sie für »wahr« gehalten wird; dennoch kann die Exegese »nicht beweisen«, dass »die zutage geförderte Sicht auf die Geschichte wahr ist ..., sie kann jedoch zur Sprache bringen, dass es Menschen gegeben hat und gibt, für die sie die Grundlage ihres Lebens und Handelns darstellt«.[96]

---

[94] HÄRLE (s. Anm. 92), 37.
[95] SCHRÖTER (s. Anm. 14), 53.
[96] SCHRÖTER (s. Anm. 14), 54.

Damit sollte nicht bei einer Subjektivierung im Sinne der Anerkennung einer »Wahrheit für andere« stehen geblieben werden.[97] Es lässt sich jedoch nicht mehr sagen als: »Wahrheit in der Geschichte lässt sich nur *wahr*nehmen, indem in Verantwortung auf das Wahrheitsangebot, das in den Zeugnissen der Geschichte erklingt, ge*antwortet* wird«.[98] Dabei ist weder auf einen kritischen Diskurs über die unterschiedlichen Wahrnehmungen von Wirklichkeit noch auf notwendige Transformation zu verzichten, ohne dass eine Antwort und eine Aneignung jenseits des sich erschließenden Handelns Gottes gedacht werden kann. Die Wahrheit der Wirklichkeitswahrnehmungen ist nicht jenseits ihrer verstehenden Plausibilität zur Geltung zu bringen und wird auch nicht jenseits des im Leben sich bewährenden Glaubens wahr.

---

[97] So die Formulierung von KONRAD HALDIMANN, Perspektiven eines engen Wahrheitsbegriffs, in: EBEL/VOLLENWEIDER (HG.) (s. Anm. 14), 145, in seiner Kritik an Schröter.
[98] BÜHLER (s. Anm. 51), 116.

Warum heute evangelisch sein?

Plädoyer für einen programmatischen Neuansatz

Malte Dominik Krüger

Es gibt einen Werbespot für die Kaffeemarke »Nespresso«[1]. Darin verlässt der Hollywood-Schauspieler George Clooney mit einer großen Einkaufstüte einen Nespresso-Shop. Plötzlich droht ihn, ein vom Himmel herabfallendes Klavier zu erschlagen. Im nächsten Moment steht er im Himmel vor Gott, gespielt von John Malkovich. Und die beiden machen einen Deal: Gegen die Nespresso-Tüte bekommt George Clooney sein Leben zurück. Gott nimmt die Kaffeekapseln und schenkt George Clooney dafür das Leben. Danach schafft es George Clooney, der wieder auf der Erde ist, dem herabfallenden Klavier auszuweichen. Er lebt weiter – »Nespresso« und Gott sei Dank. Gegen diesen Werbespot wurde im Internet energisch protestiert. Denn dieser Kaffee ist nicht fair gehandelt.[2] Interessant ist aber auch, wer nicht protestiert hat. Dies sind die großen Kirchen in Deutschland. Offenkundig ist es für sie kein Problem, dass man Gott in bewegten Bildern darstellt. Nun könnte man sagen, weil dieser Werbespot nicht ganz ernst gemeint ist, liegt das nahe. Doch selbstverständlich ist es nicht. Wie andere Schriftreligionen lehrt auch das Christentum, dass Gottes Offenbarung in einer Heiligen Schrift zu finden ist und war an diesem Punkt sehr empfindlich.[3] Dennoch wird es meine These sein: Gerade die Ambivalenz des Bildlichen erschließt uns heute das Protestantische neu. Und das lässt dann auch auf den Werbespot noch einen anderen Blick zu. Der damit verbundenen Antwort auf die in der Überschrift aufgeworfene Frage, warum man heute evangelisch sein sollte, wird sich in drei

---

[1] Vgl. dazu und zum Folgenden: https://www.youtube.com/watch?v=_6VORhi_RIO (abgerufen am 03.06.2018).

[2] Vgl. dazu: https://utopia.de/george-clooney-nespresso-nestle-74984/ (abgerufen am 03.06.2018).

[3] Vgl. REINHARD HOEPS (HG.), Handbuch der Bildtheologie I: Bild-Konflikte, Paderborn/München/Wien/Zürich 2007; ERICH GARHAMMER (HG.), BilderStreit. Theologie auf Augenhöhe, Würzburg 2007.

Teilen genähert.[4] Erstens soll es um die Krise des gegenwärtigen Protestantismus, zweitens um das Plädoyer für einen programmatischen Neuansatz und drittens um die Folgen dieses Neuansatzes für den in die Krise geratenen Protestantismus gehen. Für diese Überlegungen wird – jenseits unbestimmter Praxisgläubigkeit und (un-) heimlichem Theoriezwang – eine diagnostische Rationalität beansprucht, die auf interne Stimmigkeit und sinnvolle Anschlussplausibilitäten abzielt sowie ihre eigene Relativität konstruktiv miteinbezieht.[5]

I. Zur Krise des gegenwärtigen Protestantismus[6]

In seiner gut fünfhundertjährigen Geschichte hat der Protestantismus seine von Anfang an facettenreiche Erscheinungsweise erheblich potenziert und tut das weiterhin mit zunehmender Geschwindigkeit, auch wenn es in Europa mitunter anders wahrgenommen wird.[7] Während der von Europa ausgegangene Protestantismus gegenwärtig, und dies schon mit längerem Vorlauf, in Europa selbst institutionell schwindet, hat der Protestantismus weltweit insgesamt wachsende Mit-

---

[4] Dieser Beitrag fasst neu akzentuiert Einsichten meiner Habilitationsschrift zusammen und nimmt dabei auch andere Zusammenfassungen derselben auf: Malte Dominik Krüger, Das andere Bild Christi. Spätmoderner Protestantismus, Tübingen 2017; Ders., Theologische Bildhermeneutik als konsequenter Protestantismus. Ein aktueller Deutungsvorschlag, in: Michael Moxter (Hg.), Konstellationen und Transformationen reformatorischer Theologie, Leipzig 2018, 179-207; Markus Gabriel/Malte Dominik Krüger, Was ist Wirklichkeit? Neuer Realismus und Hermeneutische Theologie, Tübingen 2018; Ders., Musikalisch religiös. Der Hymnus als komplexe Verkörperung des Bildvermögens, in: Thomas Wabel/ Florian Höhne/Torben Stamer (Hg.), Öffentliche Theologie zwischen Klang und Sprache. Hymnen als eine Verkörperungsform von Religion, Leipzig 2017, 69-87; Malte Dominik Krüger, Natürlich glauben? Zum Problem natürlicher Theologie, in: Transzendenz und Rationalität. Festschrift für Elisabeth Gräb-Schmidt, 131-152; Ders., »Godfather«? Das religiöse Vaterbild aus systematisch-theologischer Sicht, in: Anne Käfer/Jörg Frey/Jens Herzer, Die Reden von Gott Vater und Gott Heiligem Geist als Glaubensaussagen (im Erscheinen).

[5] Vgl. zum Ansatz einer »diagnostischen Rationalität«: Malte Dominik Krüger, Göttliche Freiheit. Die Trinitätslehre in Schellings Spätphilosophie, Tübingen 2008, 300-312; Ders., Bild Christi (s. Anm. 4), XIIIf.

[6] Der folgende, erste Abschnitt dieses Beitrags ist einschließlich der Anmerkungen eine größtenteils wörtlich übernommene, teilweise überarbeitete und neu akzentuierte Zusammenfassung von: Krüger, Bild Christi (s. Anm. 4), 3-25. Dort finden sich zum Folgenden weitere Literatur- und Forschungshinweise.

[7] Vgl. Friedrich Wilhelm Graf, Der Protestantismus. Geschichte und Gegenwart, München ²2010, 20-23.

gliederzahlen und ansehnliche Wachstumsprognosen. Besonders die Pfingstbewegung spielt hier eine entscheidende Rolle.[8] Inzwischen ist der Protestantismus insbesondere im globalen Süden zuhause. Damit sind auch unterschiedliche Perspektiven verbunden: Während in Europa auch protestantische Kirchen als vermeintlich kaum wandelbare Einrichtungen inmitten rasanter Umformungsprozesse unter Zugzwang wahrgenommen werden, ist der Protestantismus außereuropäisch eine Wachstumsreligion mit enormen kulturellen Prägekräften.[9]

Da gleichzeitig das ortsspezifische, geschichtsreiche und kognitive Problembewusstsein des europäischen Protestantismus es nicht erlaubt, anderweitig offenbar erfolgreiche Ansätze vorbehaltlos zu kopieren, wird die Fremddiagnose laut[10]: Der europäische und auch der deutsche Protestantismus sind in einer Krise. Und dies ist noch vorsichtig formuliert: Innerhalb weniger Generationen, heißt es zuspitzender, ist nicht nur das Protestantische, sondern das Christliche in seiner kirchlich institutionalisierten Form insgesamt in Europa von etwas Selbstverständlichem zu etwas Musealem geworden, dessen Anziehungskraft sich kaum feststellen lässt, wenn man von einem sich verengenden und vereinsähnlich verhaltenden Kernmilieu absieht. Die kirchliche Sozialisation des Protestantischen sei faktisch weggebrochen und seine gesellschaftliche Geringschätzung durchaus greifbar. Säkularisierung und Privatisierung sind in dem

---

[8] Die Kräfteverteilung stellt sich interkonfessionell zu Beginn des dritten Jahrtausends n. Chr. so dar, dass der Katholizismus (1,1 Milliarden) und der Protestantismus (unter Einschluss der Pfingstler) ungefähr gleich groß sind (1 Milliarde), während die Orthodoxie deutlich kleiner ist (260 Millionen). Innerhalb des Protestantismus sind die mit Abstand größte Gruppierung die Pfingstler (600 Millionen) vor den Baptisten (110 Millionen). Darauf folgen ungefähr in der gleichen Größenordnung von Mitgliederzahlen zuerst die Reformierten (75 Millionen) und die – in ihrer Selbstzuschreibung zum Protestantismus freilich uneinigen – Anglikaner (75 Millionen), dann die Methodisten (über 70 Millionen) und schließlich die Lutheraner (knapp 70 Millionen, davon 38 Millionen in Europa). Es zeichnet sich der klare Trend ab, dass der Protestantismus wachsen wird. Er wird immer mehr zu einer außereuropäischen Religion und hat insbesondere in Lateinamerika hohe Zuwachsraten. Dagegen waren schon im Jahr 1996 lediglich noch 15 Prozent der Europäer protestantisch (vgl. zu den genauen Zahlen in verschiedenen Statistiken, der Gewichtung des Befunds, der Charakteristik der einzelnen Konfessionsfamilien und den damit verbundenen Deutungsmustern: GRAF (s. Anm. 7), 20-62).

[9] Vgl. GRAF (s. Anm. 7), 55.

[10] Vgl. dazu und zum Folgenden in diesem Unterabschnitt sowie den damit verbundenen Diskussionen: KLAUS-PETER JÖRNS, Notwendige Abschiede. Auf dem Weg zu einem glaubwürdigen Christentum, Gütersloh ³2006; WILHELM GRÄB, Sinnfragen. Transformationen des Religiösen in der modernen Kultur, Gütersloh 2006; ULRICH H.J. KÖRTNER, Reformatorische Theologie im 21. Jahrhundert, Zürich 2010; JOACHIM KUNSTMANN, Rückkehr der Religion. Glaube, Gott und Kirche neu verstehen, Gütersloh 2010; FRIEDRICH WILHELM GRAF (s. Anm. 7); RICHARD SCHRÖDER, Abschaffung der Religion? Wissenschaftlicher Fanatismus und die Folgen, Freiburg/Basel/Wien 2011.

Zusammenhang gängige Schlagworte, um diesen Bedeutungsverlust des kirchlichen Protestantismus im modernen Europa soziologisch zu benennen. Grundsätzlich ist im Blick auf den deutschsprachigen Bereich festzustellen: In einer funktional differenzierten und effizienzorientierten Gesellschaft ist der Protestantismus als Partikulargestalt des Christlichen wie jede Religion lediglich eine Option. Und offenkundig ist: Die Abstinenz von der Religion ist gesellschaftlich kein Problem. Zwar gehört dem kirchlich institutionalisierten Protestantismus in Deutschland immerhin noch ungefähr ein Drittel der Bevölkerung an. Doch absehbar wird der Protestantismus durch Austritte und Sterbefälle bei zugleich deutlich weniger Taufen und Eintritten numerisch kleiner und damit unwichtiger werden. Die religiöse Strahlkraft der protestantischen Konfessionskirchen in Deutschland nimmt insofern deutlich ab. Entsprechend sehen sie sich selbst unter dem Druck, nachvollziehbar den Anspruch der eigenen Tradition in der Gegenwart zu aktualisieren, und haben dazu institutionelle Reformanstrengungen unternommen, deren langfristigen Folgen noch nicht absehbar sind. Die Prozesse des Bedeutungsverlustes protestantischer Kirchlichkeit werden von theologischen Selbstkritiken begleitet, die freilich wiederum strittig sind. Bei diesen Selbstkritiken werden vor allem eine religiöse Gegenwartsblindheit, ein intellektueller Niedergang und eine strukturelle Zukunftsverweigerung beklagt. Im Kern geht es um eine Glaubwürdigkeitskrise, so lautet die Bestandsaufnahme. Gleichgültig, wie man den deutschsprachigen Protestantismus im Einzelnen einschätzt: In jedem Fall liegt es aufgrund tiefgreifender Umbrüche, weitgehender Abbrüche und pluralisierender Neuformationen nahe, danach zu fragen, wie sich hier das Protestantische verändert, was eigentlich das Protestantische ist und worin seine Zukunft liegen könnte. Dabei ist diese Bestimmung des Protestantischen zumindest indirekt von der Frage nach seiner Zukunftsfähigkeit dirigiert.

Aufschlussreich ist schon für die klassischen Konfessionskulturdiskurse des deutschsprachigen Protestantismus das Bewusstsein für eine lehrhafte Bestimmung des Protestantischen, die mit einer berechtigten Ausweitung der protestantischen Lebensform über die institutionelle Kirchlichkeit hinaus rechnet.[11] Damit ist nicht gemeint, dass es gleichsam von Anfang an einen Automatismus zur praktischen Selbstauflösung des institutionell Protestantischen gegeben hat, der nun im theologischen Nachgang theoretisch zu adeln wäre. Vielmehr ist ernst zu nehmen, dass der Begriff des Protestantismus lehrmäßig so bestimmt werden

---

[11] Vgl. dazu und zum Folgenden in diesem Unterabschnitt sowie den damit verbundenen Diskussionen: JÖRG DIERKEN, Selbstbewusstsein individueller Freiheit. Religionstheoretische Erkundungen in protestantischer Perspektive, Tübingen 2005, bes. 197–220. 259–280. 347–377; GRAF (s. Anm. 7) 62–119; CHRISTIAN ALBRECHT, Historische Kulturwissenschaft neuzeitlicher Christentumspraxis. Klassische Protestantismustheorien in ihrer Bedeutung für das Selbstverständnis der Praktischen Theologie, Tübingen 2000, bes. 1–37.

kann, dass er das artikuliert, was – in einem gewissen Einklang mit seinem begrifflichen Ursprung – über die kirchliche Lehre im engeren Sinn hinausgeht: Es geht um das kulturelle Selbstverständnis einer Frömmigkeit, die gerade aufgrund des Bewusstseins der allein Gott verdankten Rechtfertigung auf die kirchliche Vereinnahmung der Welt verzichtet und darin die genuin protestantische Freiheit dieser Welt erkennen kann. Denn mit der Entkopplung von jenseitigem Heil und diesseitigem Leben aufgrund des Glaubens an die allein gottgewirkte Rechtfertigung des Gottlosen wird das diesseitige Leben für eine Weltlichkeit frei, der ein beachtlicher Eigenwert zukommt. Der Gottesdienst im Alltag der Welt vollzieht sich demzufolge, wenn der weltliche Berufsstand des Menschen als dessen wahre Berufung durch Gott angenommen wird. So ist dem Protestantismus wesenhaft die Einsicht vertraut, dass zu seinem Selbstvollzug eine Einbindung in die Welt gehört, deren Dynamik ihrerseits der Freiheit des einzelnen Christen dient, auch wenn – oder: gerade weil – sie keine Sakralisierung der Welt bedeutet. Insofern ist es dem Protestantismus nicht nur um eine Bewahrung seiner kirchlich institutionalisierten Gestalt, sondern auch um die Entfaltung seiner kulturellen Erschließungskraft zu tun. Und weil die Bewegtheit dieser kulturellen Erschließungskraft nicht wiederum institutionell letztgültig fixiert werden kann, gehört zum Protestantischen eine differenzierte und differenzierende Freiheit, die sich selbst auch in dem entdecken kann, was nicht institutionell und unmittelbar protestantisch erscheint und sich gegebenenfalls selbst nicht als protestantisch versteht.

Angesichts des rechtfertigungstheologischen Grundmotivs der Freiheit bildeten sich spätestens im 19. Jahrhundert prinzipiell zwei unterschiedliche Möglichkeiten heraus, den Protestantismus zu bestimmen.[12] Sie sind bis heute der Sache nach im Spiel und müssen zwar nicht, können aber in Konkurrenz zueinander treten. Die Dialektik der Selbstzurücknahme protestantischer Kirchlichkeit wird hier verschieden akzentuiert. Im ersten Fall wird der Protestantismus stärker intern aufgrund seiner lehrmäßigen Besonderheiten bestimmt, die deren weltliche Selbstrelativierung einschließen. Im zweiten Fall wird der Protestantismus stärker extern aufgrund der phänomenologischen Folgen dieser lehrmäßigen Selbstrelativierung bestimmt. Etwas überspitzt bedeutet dies, dass im ersten Fall häufig die Schriftlehre als Formalprinzip und die Rechtfertigungslehre als Materialprinzip des protestantischen Freiheitsbewusstseins benannt werden; auch

---

[12] Vgl. dazu und zum Folgenden in diesem Unterabschnitt sowie den damit verbundenen Diskussionen: CHRISTINE AXT-PISCALAR, Der Grund des Glaubens. Eine theologiegeschichtliche Untersuchung zum Verhältnis von Glaube und Trinität in der Theologie Isaak August Dorners, Tübingen 1990, 7–27; ROCHUS LEONHARDT, Skeptizismus und Protestantismus. Der philosophische Ansatz Odo Marquards als Herausforderung an die evangelische Theologie, Tübingen 2003, 145–175. 206–212; ALBRECHT (s. Anm. 11), 23–37.

Hinweise auf die »Allein«-Formeln (*particulae exclusivae*) von *sola scriptura, sola gratia, sola fide* und *solus Christus* fehlen in diesem Zusammenhang selten. Im zweiten Fall richtet sich die Aufmerksamkeit auf das Freiheitsbewusstsein des Einzelnen, das man im Sinn einer aufgeklärten Religiosität mit dem unvertretbaren Selbstdenken und der moralischen Praxis verbunden weiß: Weil der Protestant sich angesichts seines Gottes anders als der Katholik viel mehr auf sich selbst verwiesen weiß, eignet seiner Frömmigkeit eine buchstäbliche Reflexivität des Individuellen, was sich auch theoretisch und praktisch zeigt. Insofern ist Protestantismus programmatisch mehr als die Bindung an eine Konfessionskirche, nämlich ein an das Individuum gebundenes Kulturkonzept. Gegen diese zweite Möglichkeit spricht: Man wird aus dem Protestantischen kein Prinzip der Freiheit gleichsam herausdestillieren können, das sich strikt gegenüber seiner kirchlichen Herkunft und damit auch der selbstkritischen Einschränkung kirchlicher Geltungsansprüche isolieren lässt. So wird man den Protestantismus ausdrücklich auf seine kirchliche Ursprungsgestalt beziehen, die sich selbst lehrmäßig in ihrer Gültigkeit relativiert und damit (selbst-) kritisch wird. Dies schließt Differenzen gegenüber den geschichtlichen Realisierungen protestantischer Kirchlichkeit ein, auch und gerade im Blick auf die anfängliche Gestalt. Mit anderen Worten: Eine selbstkritische Korrektur einseitiger Ausprägungen der zweiten, kulturphänomenologischen Bestimmung des Protestantismus führt zur ersten, lehrmäßigen Bestimmung desselben. Sie ist allerdings auch nicht ohne Gefahr. Ihre Gefahr besteht nun allerdings nicht in einer Unbestimmtheit, sondern darin, entweder im Doktrinalen zu erstarren oder im Doxographischen zu verbleiben oder beides auch noch zu kombinieren. In jeder dieser drei Umsetzungen wird verspielt, was die selbstkritische Zurücknahme des Protestantischen in seinen lehrmäßigen Besonderheiten ausmacht, nämlich seine freiheitliche Einbindung in die Dynamik der zeitgenössischen Kulturwelt. Vielversprechend erscheint daher ein Ausgang bei den lehrmäßigen Besonderheiten des Protestantismus, der sich sogleich kulturphänomenologisch für Manifestationen kultureller Freiheit (in) der Welt öffnet.

Im Hintergrund steht die Einsicht[13]: In Europa hat der Protestantismus seit der Aufklärung tiefgreifende Wandlungen erfahren und auch selbst forciert. So bildete sich parallel zur Konfessionalisierung des abendländischen Christentums

---

[13] Vgl. dazu und zum Folgenden in diesem Unterabschnitt sowie den damit verbundenen Diskussionen: ULRICH BARTH, Religion in der Moderne, Tübingen 2003, 30-50; CHRISTINE AXT-PISCALAR, Was ist Theologie? Klassische Entwürfe von Paulus bis zur Gegenwart, Tübingen 2013, 108-118. 179-199; DIERKEN (s. Anm. 11), 3-90; JAN ROHLS, Offenbarung, Vernunft und Religion. Ideengeschichte des Christentums I, Tübingen 2012, 33-134; HANS-JOACHIM HÖHN, Der fremde Gott. Glaube in postsäkularer Kultur, Würzburg 2008, 5-10. 13-84; GREGOR MARIA HOFF, Die neuen Atheismen. Eine notwendige Provokation, Regensburg 2009, 11-14. 44-138.

in der frühen Neuzeit – insbesondere in der Renaissance und im Humanismus – eine Konzentration auf den diesseitigen Menschen und seine Fähigkeit zur Weltbemächtigung heraus. In der Aufklärung gipfelten solche Einsichten und fingen im 17. Jahrhundert an, auf die protestantische Theologie zu wirken und sie zu verändern. Im Zusammenhang dieser Folgen spielen der englische Deismus, die deutsche Neologie, die kantische Philosophie und deren Verarbeitungen eine Rolle für die Neuausrichtung der protestantischen Theologie besonders seit dem 19. Jahrhundert. Hauptsächlich der Name von Friedrich Schleiermacher steht für ein entsprechendes Programm liberaler Theologie, das den Menschen in den Mittelpunkt rückt. Insbesondere der Religionsbegriff kann seitdem in das Zentrum theologischen Denkens treten. Hiermit ist nicht nur eine Relativierung des Konfessionellen, sondern auch die besonders kantisch inspirierte Skepsis an einem substantiellen Gottesbegriff berücksichtigt. Zudem erweist sich seit dem 19. Jahrhundert der Religionsbegriff auch in der Diskussion des historischen Bewusstseins über die Absolutheit des Christentums und der theologischen wie nichtreligiösen Religionskritik als ertragreich. Ein den europäischen Protestantismus bedrängendes Thema ist die klassische Religionskritik, die nichtreligiös ist und genetisch, psychologisch und materialistisch argumentiert. Daran ändert auch die in der Gegenwart oft angeführte Rede von einer postsäkularen Renaissance der Religion wenig. Denn zum einen wird hier entgegengesetzten Beteuerungen zum Trotz die Religion überflüssig, wenn sie als eine Ressource erscheint, die in das Nicht-Religiöse übersetzt werden kann; und zum anderen hält der sogenannte neue Atheismus gegen die Rede von der Renaissance der Religion unvermindert am Verdacht fest, Religion sei eine schädliche Projektion des Menschen.

Insofern steht die Rede vom Protestantismus mit ihrer positiven Verpflichtung auf den modernen Religionsbegriff bis heute unter dem Verdacht, für eine überflüssige oder sogar schädliche Illusion einzutreten, wie sie dem vermeintlich aufgeklärten Bewusstsein nicht (mehr) zuzumuten ist.[14] Diesem Projektionsverdacht gegenüber der Religion muss sich eine Rede vom Protestantismus stellen, und zwar haltbarerweise so, dass dieser Verdacht selbst theologisch gewürdigt wird. Andernfalls hätte man es mit dem kognitiv kaum nachvollziehbaren Versuch zu tun, mit der nichtreligiösen Religionskritik eine der wesentlichen Entwicklungen des modernen Religionsgeschichte Europas als abwegig hinzustellen. Ein Versuch der theologischen Würdigung ist eine dezidiert theologische Reli-

---

[14] Vgl. dazu und zum Folgenden in diesem Unterabschnitt sowie den damit verbundenen Diskussionen: GRÄB (s. Anm. 10), 29-39; DIERKEN (s. Anm. 11), 91-110; HANS-MARTIN BARTH, Glaube als Projektion. Zur Auseinandersetzung mit Ludwig Feuerbach, NZSTh 12 (1970), 363-382; FALK WAGNER, Christentum in der Moderne, hg. v. JÖRG DIERKEN/CHRISTIAN POLKE, Tübingen 2014, 55-91. 193-227. 259-280. 371- 413. 505-527.

gionskritik, wie sie die auf Martin Kähler zurückgehende Kerygmatheologie vorgenommen hat. Als ihre wichtigsten Repräsentanten gelten Karl Barth und Rudolf Bultmann. Ihre Theologie droht jedoch dann unglaubwürdig zu werden, wenn sie einen Zugang zu Gott jenseits seiner religiösen Symbolisierung nahelegt – oder sogar meint, die worthafte Verkündigung des Protestantismus nicht als religiöse Symbolisierung des Menschen verstehen zu müssen. Denn wenn Gott selbst rechenschaftsfähig jenseits menschlicher Symbolwelten zugänglich sein soll, dann muss dies religionstheoretisch ausgewiesen werden. Andernfalls bleibt es bei der Artikulation allenfalls intern nachvollziehbarer Absolutheitsansprüche, die zwar exkludierend, nicht aber exklusiv sind. Das heißt, diese Ansprüche schließen zwar andere aus, doch andere Religionsakteure können diese Absolutheitsansprüche für sich genauso gut erheben, ohne dass damit über das Recht derselben und der eigenen Absolutheitsansprüche verhandelt worden wäre. Man hätte es mit einer Form von Religion zu tun, die ihre eigenen Voraussetzungen theologisch ausblendet und sich damit unglaubwürdig macht.

Angesichts dessen überrascht es eigentlich nicht, dass sich innerhalb der Kerygmatheologie langfristig die eher Bultmann verpflichtete Seite mit ihrer Einsicht durchgesetzt hat, dass auch der Mensch für die christliche Religion bzw. den christlichen Gottesglauben wesentlich ist. Für ein entsprechendes Programm kann die Theologie Eberhard Jüngels stehen. Danach kommen die Anliegen von Bultmanns Entmythologisierungsprogramm und Barths Trinitätslehre in der Einsicht zusammen, dass Gott sich nicht vergegenständlichen lässt.[15] Bei Jüngel und in der hermeneutischen Theologie führt diese Einsicht zu einer Theologie der Metapher. Die Unfassbarkeit des Glaubens wird in der Ambivalenz der Sprachbildlichkeit festgemacht, die jeder religiösen und damit auch der christlichen Rede von Gott eignen soll.[16] Doch auch die liberale Gegenseite hat sich bewegt.

---

[15] Vgl. EBERHARD JÜNGEL, Gottes Sein ist im Werden. Verantwortliche Rede vom Sein Gottes bei Karl Barth. Eine Paraphrase, Tübingen ⁴1986. Vgl. zu einem Überblick über Jüngels Theologie: MALTE DOMINIK KRÜGER, »Eberhard Jüngel: Gott als Geheimnis der Welt«, in: REBEKKA A. KLEIN/CHRISTIAN POLKE/MARTIN WENDTE (HG.), Hauptwerke der Systematischen Theologie. Ein Studienbuch, Tübingen 2009, 303–319.

[16] Vgl. EBERHARD JÜNGEL, Metaphorische Wahrheit. Erwägungen zur theologischen Relevanz der Metapher als Beitrag zur Hermeneutik einer narrativen Theologie (1974), in: DERS., Entsprechungen: Gott – Wahrheit – Mensch. Theologische Erörterungen, München 1980, 103–157. Vgl. zu sich konstruktiv-kritisch an Jüngels Theologie anschließenden Konzepten beispielhaft die Überlegungen von Ingolf U. Dalferth, Michael Moxter und Philipp Stoellger: INGOLF U. DALFERTH, In Bildern denken. Die Sprache der Glaubenserfahrung, in: EvKomm 3 (1997), 165–167; DERS., Mit Bildern leben. Theologische und religionsphilosophische Perspektiven, in: GERHART V. GRAEVITZ/STEFAN RIEGER/FELIX THÜRLEMANN (HG.), Die Unvermeidlichkeit von Bildern, Tübingen 2001, 77–102; FRIEDHELM HARTENSTEIN/MICHAEL MOXTER, Hermeneutik des Bilderverbots. Exegetische und systema-

Sicher: Die seit den 1960er Jahren in den Gang gekommene und bis heute teilweise den Diskurs der – nicht nur: systematischen – Theologie beherrschende Schleiermacher-Renaissance ist vielschichtig. Doch wie etwa die in diesem Bereich einflussreiche Konzeption von Ulrich Barth zeigt, bringt man religionstheoretisch umsichtig wie vorsichtig die kantische Subjektivitätstheorie auf Distanz, von deren Plausibilität grundsätzlich Schleiermachers Theologie abhängt.[17] So möchte man heute kulturtheoretisch anschlussfähig zu sein und stellt aufgrund der Annahme, dass Menschen ihr Erleben letztlich sinntheoretisch deuten müssen insbesondere mit Paul Tillich einen wahrnehmungssensiblen Symbolbegriff in den Vordergrund.[18] Bevor ich zu meinem Vorschlag eines programmatischen Neuansatzes komme, den kerygmatheologischen Metaphernbegriff und den liberaltheologischen Symbolbegriff in einem kulturhermeneutischen Bildbegriff zu vermitteln, sei ein prominenter Versuch zumindest genannt, in gewisser Weise grundsätzlich die Debatte zwischen liberaler Theologie und Kerygmatheologie zu unterlaufen. Er ist schon etwas älter und stammt von Wolfhart Pannenberg. Letzterer votiert besonders im Anschluss an einen heilsgeschichtlich bzw. eschatologisch-proleptisch berichtigten Hegel dafür, den Geschichtsbegriff zum Zentrum evangelischer Theologie zu machen. Sicher: Auch wenn man Pannenberg nicht eindimensional als einen *Hegel redivivus* lesen sollte[19], so wird man doch wohl kaum seinen Rückgriff auf den Deutschen Idealismus leugnen wollen. Dieser programmatische Neuansatz von Pannenberg nötigt großen Respekt ab, wirft aber auch basale Anfragen auf. Letztere betreffen m.E. die kategoriale Relevanz von Deutung, Kontrafaktizität und Kontingenz. Dabei zeigt sich, dass diese

---

tisch-theologische Annäherungen, Leipzig 2016; PHILIPP STOELLGER, Metapher und Lebenswelt. Hans Blumenbergs Metaphorologie als Lebenswelthermeneutik und ihr religionsphänomenologischer Horizont, Tübingen 2000; DERS./ THOMAS KLIE (HG.), Präsenz im Entzug. Ambivalenzen des Bildes, Tübingen 2011. Vgl. zu einem Überblick über bild-, symbol- und metapherntheoretische Untersuchungen: KRÜGER, Bild Christi (s. Anm. 4), 85–141.

[17] Vgl. MICHAEL MOXTER, Vernunft innerhalb der Grenzen der Religion. Neuere Entwürfe der Religionsphilosophie, in: PhR 54 (2007), 3–30; JÖRG DIERKEN, Freiheit in Ganzheit. Zur Religions- und Protestantismustheorie Ulrich Barths, in: RODERICH BARTH/CLAUS-DIETER OSTHÖVENER/ARNULF VON SCHELIHA (HG.), Protestantismus zwischen Aufklärung und Moderne, Frankfurt a.M. 2005, 435–449. Vgl. zum Umfeld und zur Wirkung von Ulrich Barth auch die ihm gewidmeten Festschriften: RODERICH BARTH/CLAUS-DIETER OSTHÖVENER/ ARNULF VON SCHELIHA (HG.), Protestantismus zwischen Aufklärung und Moderne, Frankfurt a.M. 2005; RODERICH BARTH/ANDREAS KUBIK/ARNULF VON SCHELIHA (HG.), Erleben und Deuten. Dogmatische Reflexionen im Anschluss an Ulrich Barth, Tübingen 2015.

[18] Vgl. BARTH (s. Anm. 13), 89–126. 235–262. Vgl. zu dieser Deutung der Theologie von Ulrich Barth auch: MOXTER (s. Anm. 17), 4–20, bes. 10; DIERKEN (S. ANM. 17), 435–441.

[19] Vgl. MALTE DOMINIK KRÜGER, Schellings Spätphilosophie und Pannenbergs Geschichtstheologie. Thesen zu ihrem Verhältnis, in: GUNTHER WENZ (HG.), Vom wahrhaft Unendlichen. Metaphysik und Theologie bei Wolfhart Pannenberg, Göttingen 2016, 141–161.

Sachverhalte für Pannenbergs vermeintlich »realistischen« Entwurf wesentlich sind und ihn hintergründig unterlaufen.[20] Indirekt ist das nicht nur als Hinweis auf die Möglichkeit zu verstehen, bildhermeneutische Theologie und gedächtnistheoretische Geschichtstheologie zu verknüpfen. Vielmehr ist es auch als Hinweis zu verstehen, dass Neuansätze, wie sie in jeder theologischen Generation aktuell anstehen, besser und kontinuierlicher an dasjenige anknüpfen, was unmittelbar vorher verhandelt worden ist.[21] Dies schließt selbstverständlich nicht kreative Rückgriffe auf Theoriegestalten der ferneren Vergangenheit aus. Hierbei dürfte der Deutsche Idealismus sicher eine der besten Adressen sein, die man ansteuern kann. Dabei dürfte man auch die Zustimmung Pannenbergs haben.[22]

2. Zum Plädoyer für einen programmatische Neuansatz

Wie schon angedeutet wurde, ist dasjenige, was man – auch: evangelische – Religion nennen kann, nach meinem Dafürhalten im menschlichen Bildvermögen und damit in der menschlichen Einbildungskraft fundiert.[23] Letztere ist immer auch verkörpert und sozial verankert. Sie erscheint in der für Menschen spezifischen Fähigkeit, mit äußeren und inneren Bildern umgehen zu können. Insofern spreche ich von einer kulturhermeneutischen Theologie des Bildes bzw. einer bildhermeneutischen Theologie. Mit einem solchen programmatischen Neuansatz wird es möglich, neueste Entdeckungen der Anthropologie und Kulturwissenschaften aufzunehmen und konstruktiv-kritisch auf den Projektionsverdacht der neuzeitlichen Religionskritik zu reagieren. Der spätmoderne Protestantismus wird so als eine kritische Bildreligion verstanden. Imagination und Phantasie, die nachschaffende und poetische Einbildungskraft werden als Mittel wahrgenommen, ein anschauliches Gottes-Bild – und nicht bloß einen abstrakten

---

[20] Vgl. MALTE DOMINIK KRÜGER, Pannenberg als Gedächtnistheoretiker. Ein Interpretationsvorschlag (auch) zu seiner Ekklesiologie, in: DERS. (HG.), Kirche und Reich Gottes. Die Ekklesiologie Wolfhart Pannenbergs, Göttingen 2017, 181–202. Vgl. zur Realismus-Debatte: MARKUS GABRIEL/MALTE DOMINIK KRÜGER (s. Anm. 4); KRÜGER, Göttliche Freiheit (s. Anm. 5), 296–299.

[21] Vgl. zu diesem Muster, eine Verfallsgeschichte – gern unter dem *Label* einer abzulehnenden »Natürlichen Theologie« – zu konstruieren, der man dann die i.d.R. eigene theologische Gegenwart entgegensetzt: HANS-JOACHIM BIRKNER, Natürliche Theologie und Offenbarungstheologie. Ein theologiegeschichtlicher Überblick, in: NZSTh 3 (1961), 279–295; CHRISTOPH KOCK, Natürliche Theologie. Ein evangelischer Streitbegriff, Neukirchen-Vluyn 2001, 1–102.

[22] Vgl. exemplarisch: MALTE DOMINIK KRÜGER, Göttliche Freiheit. Die Trinitätslehre in Schellings Spätphilosophie, Tübingen 2008.

[23] Vgl. dazu und zum Folgenden: DERS., Bild Christi (s. Anm. 4), bes. 471–541.

Gottesgedanken – zu realisieren. Die Ambivalenz wird so zu etwas Positivem, was Religion auszeichnet, und insofern kann man m.E. auch Religion als Ambivalenzmanagement begreifen.[24] Auf diese Aspekte soll im dritten Teil dieses Beitrags eingegangen werden, in diesem zweiten Teil sollen nun sieben Argumente für eine bildhermeneutische Theologie genannt werden.[25]

An *erster Stelle* steht ein *vermittlungstheologisches Argument*: Man muss nicht künstlich eine Einheit zwischen metaphorologischer Kerygmatheologie bzw. hermeneutischer Wort-Gottes-Theologie einerseits und symboltheoretischem Neuprotestantismus bzw. liberaltheologischer Subjektivitätstheorie andererseits herstellen, auch wenn außerhalb des Binnenbereichs der akademischen Theologie die *rabies theologorum* zunehmend auf Desinteresse stößt. Vielmehr geht es darum, eine ursprüngliche Einheit der protestantischen Theologie unserer Zeit aufzudecken, die nicht nur, aber exemplarisch auch in einer bildhermeneutischen Theologie zum Ausdruck kommen kann. Ihre Einsicht besagt: Hinter dem Metaphern- und Symbolbegriff kann der Bildbegriff stehen. Die sprachbildliche und symboltheoretische Dimension religiöser Wirklichkeitswahrnehmung lassen sich im Rahmen einer kulturhermeneutischen Bildtheorie vermittlungstheologisch berücksichtigen. Letztere steht allerdings formal dem symboltheoretischen Ansatz deutlich näher, wie sie material auch klar an Problemen theologischer Gegenständlichkeit orientiert ist, die in der Regel in der Kerygmatheologie im Mittelpunkt stehen.[26]

Was ist gemeint, wenn man den Blick auf die schon genannten Konzeptionen von Jüngel und Tillich richtet? Jüngels metaphorologische Theologie der Christusoffenbarung ist wesentlich durch zweierlei gekennzeichnet. Erstens muss jeder Satz über den sich in Jesus Christus offenbarenden Gott so formuliert werden können, dass er auch für konfessionslos glückliche Menschen einen Sinn macht. Theologische Sätze müssen folglich so gesagt werden können, dass man die Wörter »Gott«, »Offenbarung« und »Christus« streicht, ohne dass diese Sätze sinnlos und bloße Tautologien säkularer Einsichten werden, auch wenn sie dadurch ihre christliche Bestimmtheit verlieren.[27] Und zweitens kann der offenbarende Gott

---

[24] Vgl. zur Sache jetzt auch: MICHAEL KLESSMANN, Ambivalenz und Glaube. Warum sich in der Gegenwart Glaubensgewissheit zu Glaubensambivalenz wandeln muss, Stuttgart 2018; THOMAS BAUER, Die Vereindeutigung der Welt. Über den Verlust an Mehrdeutigkeit und Vielfalt, Ditzingen 2018.
[25] Vgl. dazu, auch wörtlich und zusammengefasst: GABRIEL/KRÜGER (s. Anm. 4), 44–49.
[26] Vgl. zur Sache, zum Detail und zur Forschungsliteratur: KRÜGER, Bild Christi (s. Anm. 4), 22–24. 132–139. 313–468, bes. 329–361 u. 466, 538–541.
[27] Vgl. EBERHARD JÜNGEL, Extra Christum nulla salus – als Grundsatz natürlicher Theologie? Evangelische Erwägungen zur »Anonymität« des Christenmenschen, in: DERS. (s. Anm. 16), 178–192, bes. 189f.; vgl. zu dieser Position schon: RUDOLF BULTMANN, Das Problem der »natürlichen Theologie«, in: Glauben und Verstehen I, Tübingen 1961, 294–312, bes. 297f.

und seine Wahrheit in ihrer die Welt übertreffenden Wohltat nur sprachbildlich ausgesagt werden. Damit kommt nicht nur eine christologische Gleichnishermeneutik zum Zug, deren Pointe darin besteht, dass aus dem Gleichniserzähler mit der Auferstehung das Gleichnis Gottes wird. Vielmehr rückt auch eine Besinnung auf die bildliche Eigenart menschlicher Sprache insgesamt in den Fokus.[28] Zieht man beide Einsichten zusammen, ergibt sich meines Erachtens: In der Bildlichkeit der Sprache wird Gottes Wahrheit nicht nur sagbar, sondern in der Sprachbildlichkeit liegt für den evangelischen Glauben der Anknüpfungspunkt. Letzterer muss sich dann aber auch *remoto Deo* aufzeigen lassen.[29] Und das kann man auch. Hierzu bietet eine Bildtheorie, welche die Bildlichkeit der Sprache aus dem Umgang mit Bildern und Zeichen herleitet, gute Ansätze.[30] Dies gilt auch im Blick auf Tillichs Begriff des Symbols, der in der evangelischen Theologie des 20. Jahrhunderts zu den häufig diskutierten Themen gehört. Darum sei nur an drei elementare Grundzüge erinnert. Erstens ist grundsätzlich der negationstheoretische Index von Tillichs Glaubensverständnis in Rechnung zu stellen, wenn Glaube als unbedingtes Ergriffensein nicht am existentiellen Zweifel vorbei möglich ist. Zweitens artikuliert sich der Glaube als christliche Symbolsprache. Und diese Symbole sind untrennbar mit dem menschlichen Bewusstsein verbunden und haben indirekt an demjenigen teil, was sie darstellen, indem sie in der (negationstheoretischen) Selbstdurchstreichung das Dargestellte erscheinen lassen. Und drittens kann über Gott, über den nichtsymbolisch nur gesagt werden kann, dass er als der Grund des Seins der Fluchtpunkt unserer Wirklichkeit ist, ansonsten nur symbolisch gesprochen werden. Würde man hingegen von Gott theistisch so reden, dass er zu einem Objekt in oder neben unserer Wirklichkeit würde, hätte man ihn in seiner Dynamik und als Grund des Seins verfehlt. Darum kann von Gott, und zwar um der Gottheit Gottes willen, nicht einmal gesagt werden, dass er existiert. Vielmehr ist es nur möglich, symbolisch über Gott zu kommunizieren, und zwar in symboltheoretischer Selbsteinklammerung.[31] Genau

---

[28] Vgl. JÜNGEL (s. Anm. 16), bes. 153–157; DERS., Gott als Geheimnis der Welt. Zur Begründung der Theologie des Gekreuzigten im Streit zwischen Theismus und Atheismus, Tübingen ⁴1982, 203–408, bes. 383–408.

[29] Vgl. zur Sache auch: MARKUS BUNTFUB, Tradition und Innovation. Die Funktion der Metapher in der theologischen Theoriesprache, Berlin/New York 1997, 166–170.

[30] Vgl. zum Forschungsüberblick und zum eigenen Deutungsvorschlag: KRÜGER, Bild Christi (s. Anm. 4), 85–141. 471–541.

[31] Vgl. PAUL TILLICH, Symbol und Wirklichkeit, Göttingen ²1966, 3–28; DERS., Systematische Theologie I, Berlin/New York 1987, 247–332, bes. 273–280. Dass Gott sich der Eindeutigkeit der Existenz entzieht, betont auch Dietrich Bonhoeffer, wenn er festhält: »Einen Gott, den es gibt, gibt es nicht« (DIETRICH BONHOEFFER, Akt und Sein, Transzendentalphilosophie und Ontologie in der systematischen Theologie, München ²1956, 94). Inwieweit es

diese drei Grundzüge – negationstheoretische Grundausrichtung, symboltheoretischer Teilhabegedanke und nichttheistischer Gottesbegriff – wird eine bildhermeneutische Theologie aufnehmen. Sie wird allerdings aufgrund des innertheologischen Vermittlungspotentials zwischen liberaler und hermeneutischer Theologie und der außertheologischen Anschlussfähigkeit an die aktuellen Kulturwissenschaften und die traditionelle Philosophie dafür nicht den Symbol-, sondern den Bildbegriff verwenden. Hinzu kommt: Da der Symbolbegriff aktuell in der wirkmächtigen sprachanalytischen Philosophie grundsätzlich eher mit dem Zeichenbegriff gleichgesetzt wird, ist der Bildbegriff dem Zeichenbegriff vorzuziehen.[32] Genaueres zum Bildbegriff wird sogleich zu sagen sein.[33]

An *zweiter Stelle* steht ein *traditionsgeschichtliches Argument:* Sowohl die Theologie des mitunter gern als Vater des Altprotestantismus bezeichneten Martin Luther als auch die Theologie des mitunter gern als Vater des Neuprotestantismus bezeichneten Friedrich Schleiermacher kann – nicht: muss! – man bildtheoretisch deuten. Über Luther und Schleiermacher hinaus könnte man noch weitere prominente Theologen des Protestantismus nennen.[34] Doch hier sei nur auf Luther und Schleiermacher eingegangen.

Das Verständnis von Luthers vielschichtiger und situationsgebundener Theologie ist stets mit der jeweils zeitgenössischen Theologie und ihren (Eigen-) Perspektiven verbunden gewesen.[35] Nicht anders ist es heute. Dies entlastet freilich keineswegs von der Aufgabe, sich Gedanken über das organisierende Zentrum von Luthers Theologie machen zu müssen, sondern spornt im Horizont vergangener, aktueller und künftiger (Selbst-) Korrekturen gerade dazu an. Hierbei

---

Bonhoeffer gelingt, dies in eine Form stimmiger Theologie zu integrieren, bedürfte der Diskussion.

[32] Vgl. zum (sprach-) analytischen Zeichen- bzw. Symbolbegriff: KRÜGER, Bild Christi (s. Anm. 4), 329–361.

[33] Vgl. hier Teil 3.

[34] So kann man auf Isaak August Dorner, Richard Rothe, Albrecht Ritschl, Wilhelm Herrmann, Martin Kähler oder auch Dietrich Bonhoeffer hinweisen (vgl. mit zahlreichen Belegen und weiterführenden Literaturhinweisen: CHRISTIAN DANZ, Grundprobleme der Christologie, Tübingen 2013, 118–141, bes. 119f. 129–141; ULRICH BARTH, Hermeneutik der Evangelien als Prolegomena zur Christologie, in: CHRISTIAN DANZ/MICHAEL MURRMANN-KAHL (HG.), Zwischen historischem Jesus und dogmatischem Christus. Zum Stand der Christologie im 21. Jahrhundert, Tübingen ²2011, 275–305; JÖRG LAUSTER, Prinzip und Methode. Die Transformation des protestantischen Schriftprinzips durch die historische Kritik von Schleiermacher bis zur Gegenwart, Tübingen 2004, 49–65. 82–93. 143–163. 186–195. 210–239; DIETRICH BONHOEFFER, Das Bild Christi, in: DERS., Nachfolge, München 1982, 275–282).

[35] Vgl. zum Überblick über die Geschichte der Luther-Deutung: BERNHARD LOHSE, Martin Luther. Leben und Werk, München ²1983, 210–248.

kann auch eine bildhermeneutische Deutung von Luthers Theologie in den Vordergrund treten.[36] Sie wird prominent in unterschiedlichen Lesarten mit unterschiedlichen Akzenten vertreten.[37] Man kann das grundsätzlich folgendermaßen

---

[36] Gegenwärtig wird als Thema von Luthers Theologie gern – und im Einklang mit einer Selbstauskunft Luthers (vgl. WA 40/2, 327f.) – der sündige Mensch und der rechtfertigende Gott angegeben (vgl. z.B. OSWALD BAYER, Theologie, Gütersloh 1994, 36-42). Dazu passt es, dass man die Struktur von Luthers Theologie als Schriftauslegung, Unterscheidungslehre und Erfahrungswissenschaft begreifen kann (vgl. ALBRECHT BEUTEL, Strukturen, in: DERS. (HG.), Luther Handbuch, a.a.O., 444-459). Insbesondere Wort, Glaube und Erfahrung rücken so thematisch in den Vordergrund. Was die Bestimmung ihres Verhältnisses bei Luther im Blick auf das darin greifbare bzw. dahinter liegende Zentrum seiner Theologie bedeutet, scheint man unterschiedlich beantworten zu können. Neben dem aktuell einschlägigen und auch systematisch relevanten Disput der Kirchengeschichte, ob – zugespitzt gesagt – Luthers Theologie aufgrund ihrer mystischen Verankerung eher ins Mittelalter (Volker Leppin) oder aufgrund ihrer reformatorischen Ausrichtung eher in die Neuzeit (Thomas Kaufmann) gehört (vgl. VOLKER LEPPIN, Die fremde Reformation. Luthers mystische Wurzeln, München 2016; THOMAS KAUFMANN, Martin Luther, München ²2010), scheint es aus systematischer Sicht mindestens sieben Deutungsvorschläge zu geben. So kann Luthers Theologie kulturwissenschaftlich-differenzhermeneutisch (Dietrich Korsch), offenbarungstheologisch-sprachperformativ (Oswald Bayer), passivitätstheoretisch-metaphorologisch (Philipp Stoellger), gegenwartsbezogen-seelsorgerlich (Hans-Martin Barth), christologisch-deutungstheoretisch (Christian Danz) oder auch katholisch-ökumenisch (Walter Kasper) verstanden werden (vgl. DIETRICH KORSCH, Martin Luther zur Einführung, Hamburg 1997; OSWALD BAYER, Martin Luthers Theologie. Eine Vergegenwärtigung, Tübingen 2003; HANS-MARTIN BARTH, Die Theologie Martin Luthers. Eine kritische Würdigung, Gütersloh 2009; DERS.; Wort und Bild, in: KuD 35 (1989), 34-53; PHILIPP STOELLGER, Passivität aus Passion. Zur Problemgeschichte einer »categoria non grata«, Tübingen 2010, bes. 214-308; CHRISTIAN DANZ, Einführung in die Theologie Martin Luthers, Darmstadt 2013; WALTER KASPER, Martin Luther. Eine ökumenische Perspektive, Ostfildern 2016). Daneben besteht ein siebter Deutungsvorschlag darin, Luthers Theologie bildhermeneutisch zu interpretieren.

[37] Vgl. bes. die Beiträge: JOHANN ANSELM STEIGER, Die communicatio idiomatum als Achse und Motor der Theologie Luthers. Der »fröhliche Wechsel« als hermeneutischer Schlüssel zu Abendmahlslehre, Anthropologie, Seelsorge, Naturtheologie, Rhetorik und Humor, in: NZSth 38 (1996), 1-28; ULRICH BARTH, Hermeneutik der Evangelien als Prolegomena zur Christologie, in: CHRISTIAN DANZ/MICHAEL MURRMANN-KAHL (HG.), Zwischen historischem Jesus und dogmatischem Christus. Zum Stand der Christologie im 21. Jahrhundert, Tübingen ²2011, 275-305; FRIEDHELM HARTENSTEIN/MICHAEL MOXTER, Hermeneutik des Bilderverbots. Exegetische und systematisch-theologische Annäherungen, Leipzig 2016, bes. 251-260. 287-292. 309-315. Vgl. aber auch darüber hinaus noch folgende Interpretationen: JAN ROHLS, »... unser Knie beugen wir doch nicht mehr«. Bilderverbot und bildende Kunst im Zeitalter der Reformation, in: ZThK 81 (1984), 322-351, bes. 325f.; OSWALD BAYER, Martin Luthers Theologie, Tübingen ²2004, bes. 158f.; CLAUS BACHMANN, Vom unsichtbaren zum gekreuzigten Gott. Die Karriere des biblischen Bilderverbots im Protestantismus, in: NZSth 47 (2005), 1-34, bes. 13; THOMAS WABEL, Weisen der Verkörperung in der christlichen Schmerztradition und die Frage der Resilienz, in: CORNELIA RICHTER

verstehen. Zentral für Luthers Theologie ist die Zuspitzung der altkirchlich vermittelten Idiomenkommunikation, die ihrerseits die chalcedonensische Zwei-Naturen-Lehre deutet. Luther radikalisiert demnach die Aussage, dass göttliche und menschliche Natur in Christus differenziert zusammengehören dahingehend, dass zwischen ihren Wesenseigenschaften (»idiomata« bzw. »propria«) ein Austausch bzw. eine Durchdringung (»Perichorese«) stattfindet.[38] Damit grenzt sich Luther faktisch von altkirchlichen, scholastischen und reformierten Relativierungen ab.[39] Die Idiomenkommunikation bestimmt bei Luther auch die Soteriologie, so dass es zwischen Gott und Menschen zu einem »fröhlichen Wechsel« kommt. Dabei liegt die Pointe darin, dass der Glaube sich den Zuspruch Gottes aneignet und so selbst zum Ort desselben wird. Dieser Zuspruch erfolgt in dem gepredigten Gotteswort, das in der Aneignung des Glaubens an sein Ziel kommt. Und diese Aneignung ist nichts anderes als dasjenige, was Luther als »Sich-Einbilden«[40] bezeichnet und nicht nur ein sprachliches, sondern immer auch visuelles Geschehen ist. Hierbei betont Luther das Szenische des Wortes, dessen Einbildung das menschliche Herz erreicht.[41] Anders gesagt: Luther kann die visuelle Bildlichkeit des »Sich-Einbildens« des Glaubens in den Mittelpunkt rücken. Demnach zielt das gepredigte Gotteswort über das Hören auf die - an die visuelle und affektive Wahrnehmung verwiesene - Einbildungskraft des menschlichen Herzens ab. In ihr kommt durch die Aneignung der evangelische Glaube in seine Wahrheit, die an der Anschaulichkeit und Plastizität des auf Jesus Christus beruhenden Gottesbildes hängt.[42] Hier ist Gott in seiner Verborgenheit präsent. Diese Dialektik von Verbergung und Offenbarung darf nicht mit der Alternative von Unsichtbarkeit und Sichtbarkeit verwechselt werden. Es ist ein Clou von Luthers Theologie, das menschliche Herzen heilsam auszurichten und die Alternative von Geistigem und Leiblichen zu unterlaufen.[43]

Ähnlich wie man Luthers Theologie bildhermeneutisch auslegen kann, vermag man im Fall von Schleiermachers Denken verfahren. Damit ist nicht nur an

---

(HG.), Ohnmacht und Angst aushalten. Kritik der Resilienz in Theologie und Philosophie, Stuttgart 2017, 91–106, bes. 91f. 97–100.

[38] Vgl. STEIGER (s. Anm. 37), bes. 1–5.

[39] Vgl. STEIGER (s. Anm. 37), 2-4. 27f.

[40] Vgl. WA 29,650; WA 32,251; StA 1,236; WA 6,131. Neben diesen von Steiger genannten Stellen kann man noch andere Stellen bei Luther nennen (vgl. dazu auch: BARTH (s. Anm. 37), 294-298; WABEL (s. Anm. 37) 91f. 97-100; vgl. zur umfassenden Zusammenstellung von einschlägigen Luther-Stellen: HERMANN STEINLEIN, Luthers Anlage zur Bildhaftigkeit, in: Luther-Jahrbuch 22 (1940), 9-45).

[41] Vgl. STEIGER (s. Anm. 37), 5-11.

[42] Vgl. BARTH (s. Anm. 37), 290-305.

[43] Vgl. HARTENSTEIN/MOXTER (s. Anm. 37), 183-345, bes. 246-260. 287-292. 309-315.

eine Reihe jüngerer Beiträge aus der Schleiermacher-Forschung mit unverkennbar bildtheoretischer Stoßrichtung[44], sondern auch an arrivierte Entwürfe zu denken.[45] Man kann das grundsätzlich folgendermaßen verstehen. So sehr mit dem Zurücktreten des Anschauungsbegriffs, der noch in der Erstauflage von Schleiermachers »Reden« zentral ist, das bildtheoretische Potential zugunsten des Gefühlbegriffs relativiert wird, auch wenn der Bildbegriff dann in der »Dialektik« seinen eigenen Ort bekommt, so wenig kommt Schleiermachers zentraler Bildungsbegriff ohne bildtheoretische Potentiale aus.[46] Religiöse und allgemeine Bildung werden von Schleiermacher – auch inspiriert vom Urbild-Abbild-Denken Platons, den Schleiermacher übersetzt hat – bildtheoretisch begriffen, wenn darunter die Erhellung des semantischen Kontextes von »Bild«, »Bildung« und »bilden« zu verstehen ist.[47] Genauer gesagt: Schleiermacher versteht vor dem Hintergrund des Imago-Dei-Begriffs der theologischen Tradition und unter transzendentalphilosophischen Vorzeichen die Bildung als Vollzug des Verhältnisses von Gott, Welt und Mensch.[48] Dabei bringt Schleiermacher die alte Einsicht von Gottfried Wilhelm Leibniz modifiziert wieder neu zur Geltung, dass Gottesebenbildlichkeit und Eigenständigkeit im Menschen zusammenfallen. Letztlich wird so auch die

---

[44] In einer systematisch-theologischen Dissertation ist davon die Rede, dass der frühe Schleiermacher mit dem Anschauungsbegriff auf ein »deutungsoffenes Bildbewusstsein« (CHRISTIAN KÖNIG, Unendlich gebildet. Schleiermachers kritischer Religionsbegriff und seine inklusivistische Religionstheologie anhand der Erstauflage der Reden, Tübingen 2016, 254) und eine bildtheoretische Subjektivitätsthese im Horizont des Religiösen (vgl. a.a.O., 296) abzielt. In einer anderen Dissertation wird Schleiermachers Bildverständnis – eingebettet in seinen Bezug auf Vernunft und Phantasie sowie Anschauung und Darstellung – offenbar als Zentrum seines Denkens erwogen (vgl. MARKUS FIRCHOW, Das freie Spiel der Bilder. Vernunft und Fantasie in Schleiermachers Konzeption lebendiger Anschauung und Darstellung (bisher noch nicht erschienene Dissertation)). Und eine überwiegend an historischen Konstellationen orientierte Dissertation rückt Schleiermachers Anschauungsbegriff an Spinozas scientia intuitiva heran. Demnach ist die religiöse Anschauung bei Schleiermacher eine sinnlich vermittelte Vorstellung und so die Darstellung des Universums (vgl. CHRISTOF ELLSIEPEN, Anschauung des Universums und Scientia Intuitiva. Die spinozistischen Grundlagen von Schleiermachers früher Religionstheorie, Berlin/New York 2006, 375f.).

[45] Vgl. URSULA FROST, Einigung des geistigen Lebens. Zur Theorie religiöser und allgemeiner Bildung bei Friedrich Schleiermacher, Paderborn 1991; JOACHIM KUNSTMANN, Religion und Bildung. Zur ästhetischen Signatur religiöser Bildungsprozesse, Gütersloh 2002. Vgl. zu der folgenden Aufnahme der Thesen von Frost auch: MICHAEL MOXTER, Neuzeitliche Umformungen der Theologie. Philosophische Aspekte in der neueren Schleiermacherliteratur, in: PhR 41 (1994), 133–158, 153f.

[46] Vgl. FROST (s. Anm. 45), 161–278.

[47] Vgl. FROST (s. Anm. 45), 32–66. 124–199.

[48] Vgl. FROST (s. Anm. 45), 28f. 295f.

Einheit von Denken und Wollen begreifbar.[49] Diese Einheit des geistigen Lebens zeigt sich im Weltverhältnis in polaren Konstellationen und betrifft das grundsätzliche Verständnis von Gott, Welt und Selbst.[50] Dieser von Schleiermacher grundlegend aufgedeckte und geltungstheoretisch gewendete Zusammenhang von Bild, Bildung und Religion steht seinerseits in einer Tradition der klassischen Bildungstheorien seit Meister Eckhart sowie Martin Luther[51] und kann auch aktuell unter intensiver Aufnahme von Schleiermachers Einsichten vertreten werden. In dem letzteren Fall avanciert die Bildlichkeit ausdrücklich zur Grundkategorie des religiösen Lebens und führt zu einem wahrnehmungstheoretischen wie ästhetischen Verständnis von Vernunft und Bildung.[52] Danach ist Religion immer an bildhafte Erfahrungen des menschlichen Subjektes zurückgebunden, dessen Vernunft nicht kognitiv verkürzt werden darf, sondern seinerseits immer schon auf Wahrnehmungen und Gefühlen beruht. Mit Schleiermacher kann in dieser Perspektive die Verbundenheit von Kunst und Religion betont werden.[53]

An *dritter Stelle* steht ein *schrifttheologisches Argument*:[54] Die Frage nach der Schriftlehre im Protestantismus lässt sich kaum erschöpfend beantworten. Sie ist insofern eine immer wieder neue Herausforderung für doxographische Tiefenbohrungen.[55] In kategorialer Hinsicht sind allerdings wesentliche Fluchtlinien auszumachen.[56] Für das altprotestantische Verständnis, das sich auf Luther berufen zu können glaubt, war die Bibel ein letztlich von Gott diktiertes Buch, das fehlerfrei die wahre Gotteserkenntnis verbürgte und ermöglichte. Es ist nach dieser Lesart der Sprachlichkeit, genauer gesagt: der schriftlichen Sprachlichkeit, und nicht der Bildlichkeit verpflichtet. Mit der Lehre von der so genannten Verbalinspiration reagierte man allerdings faktisch auf eine Problematik, wie sie schon in Luthers Lehre von der doppelten Schriftklarheit angelegt war, wenn die Bibel im Sinn äußerer Klarheit über ihre Wahrnehmung evident zum Rechtferti-

---

[49] Vgl. FROST (s. Anm. 45), 47-51. 158-160. 188-199.
[50] Vgl. FROST (s. Anm. 45), 121-123.
[51] Vgl. FROST (s. Anm. 45), 32-66, bes. 32-36.
[52] Vgl. JOACHIM KUNSTMANN, Religion und Bildung. Zur ästhetischen Signatur religiöser Bildungsprozesse, Gütersloh 2002, 13-61. 123-227. 289-344.
[53] Vgl. KUNSTMANN (s. Anm. 52), 50-58. 289-309. 323-334.
[54] Dieses dritte Argument folgt wörtlich Ausführungen eines Teilabschnitts aus: MALTE DOMINIK KRÜGER, Theologische Bildhermeneutik als konsequenter Protestantismus, s. Anm. 4, 183f. Diese Ausführungen beruhen wiederum auf: KRÜGER, Bild Christi (s. Anm. 4), 25-40.
[55] Vgl. nur das entfaltete (Forschungs-) Panorama der Deutungen bei: MANFRED OEMING, Biblische Hermeneutik. Eine Einführung, Darmstadt 1998; JAN ROHLS, Schrift, Tradition und Bekenntnis. Ideengeschichte des Christentums II, Tübingen 2013.
[56] Vgl. dazu und zum Folgenden: KRÜGER, Bild Christi (s. Anm. 4), 25-40.

gungsglauben führen sollte und zugleich im Sinn innerer Klarheit zur existentiellen Aneignung zusätzlich des Heiligen Geistes bedurfte. Auch die Vorstellung von der Selbstbeglaubigung des Heiligen Geistes im Inneren des Menschen half an dieser Stelle nur bedingt weiter. Denn auch sie relativierte die Selbstevidenz der äußeren Schrift und hatte zudem etwas Zirkuläres, das zu ihrer Absicht, den Glauben klar zu verankern, in einer gewissen Spannung stand. Die Entkopplung von Bibelauslegung und Rechtfertigungsglauben verschärfte sich in der Aufklärung noch weiter, wenn Ungereimtheiten und Unstimmigkeiten in der Bibel sich nicht mehr übergehen ließen. Die Bibel wurde nunmehr als geschichtliches Glaubenszeugnis von Menschen erkannt, das zu Nachfragen einlud.[57] Seitdem bemüht sich die protestantische Theologie, ihr Bibelverständnis glaubwürdig zu fassen. Insofern ist die Krise der Schriftlehre ein Kennzeichen des Protestantismus in der (Spät-) Moderne, ohne dass eine schlüssige Lösung in Sicht wäre, wenn sie denn überhaupt noch von allen gesucht wird. Die entsprechenden Theorieangebote fallen teilweise sehr unterschiedlich aus. Vom Vorschlag, das Schriftprinzip – im Namen einer aufgeklärten Religiosität – ehrlicherweise fallen zu lassen, bis zum Versuch, das Schriftprinzip – im Namen eines postmodernen Dezisionismus – zumindest dem altprotestantischen »Sound« wiederanzunähern, gibt es recht viel.[58] Doch wie immer man votiert, diese Versuche hängen durchgängig basal mit den drei Einschnitten der nachaufklärerischen Schriftlehre zusammen.[59] Das ist erstens der Einschnitt der besonders im 19. Jahrhundert gängigen liberalen Theologie, wie sie exemplarisch Richard Rothe vertritt. Das ist zweitens der Einschnitt der im 19./20. Jahrhundert einflussreichen kerygmatischen Theologie, wie sie exemplarisch Martin Kähler vertritt. Und das ist drittens der Einschnitt einer besonders seit den 1960/70er Jahren auf anthropologische Anschlussfähigkeit ausgerichteten Theologie, wie sie gegenwärtig exemplarisch Klaas Huizing vertritt. Interessanterweise können Rothe, Kähler und Huizing den Bildbegriff gebrauchen, um zwischen der in der Bibel bezeugten Wirkmacht Gottes und deren gläubiger Annahme durch den Menschen zu vermitteln.[60] Im Einzelnen ist das

---

[57] Vgl. zu der im Einzelnen historisch komplexen Entwicklung: LEONHARDT (s. Anm. 12), 143–232, bes. 176–232.

[58] Vgl. LEONHARDT (s. Anm. 12), 225–275. Vgl. JÖRG LAUSTER, Prinzip und Methode. Die Transformation des protestantischen Schriftprinzips durch die historische Kritik von Schleiermacher bis zur Gegenwart, Tübingen 2004, 143–439.

[59] Vgl. dazu und zum Folgenden auch: LAUSTER (s. Anm. 58), 440–447. 401–408.

[60] Damit ist nicht bestritten, dass man das Narrativ der protestantischen Schriftlehre auch ganz anders akzentuieren könnte, wie man auch die drei genannten Einschnitte nicht notwendigerweise bildtheoretisch interpretieren muss. Im Sinn der anfangs genannten diagnostischen Rationalität geht es hier um ein plausibles, anschlussfähiges Verständnis, das selbstverständlich zu Rückfragen herausfordern kann, wie sie allerdings auch alternative Deutungen provozieren.

sehr verschieden. Doch es gibt eine gemeinsame Idee unter dem »Label« des Bildes: In der Bibel ist sozusagen ein Eindruck (»Bild«) des Wirkens Jesu von Nazareth eingespeichert, der beim Verstehen der Bibel sinnvoll und sinnesaffin so abgerufen werden kann, dass der (Rechtfertigungs-) Glaube immer wieder (neu) entsteht. In dem Sinn kann man m.E. von einer bildtheoretischen Zuspitzung protestantischer Schriftlehre sprechen. Nicht mehr der Bibelbuchstabe ist verbalinspiriert, sondern in, mit und unter ihm wird ein Bild im Sinn einer Wirkung greifbar, das sich auf die Gestalt des Nazareners zurückbezieht.

An *vierter Stelle* steht ein *rechtfertigungstheologisches Argument:*[61] Es gibt nicht nur eine bildtheoretische Zuspitzung der protestantischen Schriftlehre, sondern auch der protestantischen Rechtfertigungslehre. In ihrer klassischen Gestalt ist diese bildtheoretische Zuspitzung der Rechtfertigungslehre negativ, wenn letztere auf den Spuren des monotheistischen Bilderverbots die unanschauliche Alleinwirksamkeit Gottes fokussiert. Doch diese Fokussierung wurde spätestens dann zumindest sinnesaffin und plastisch, wenn der Rechtfertigungsglaube – allen Vorbehalten gegenüber einer Vergegenständlichung zum Trotz – in seiner Sozialgestalt eine anschauliche und beschreibbare Umsetzung einschließen musste. Die entsprechenden Deutungsmodelle des *ordo salutis* und *syllogismus practicus* provozieren nicht nur die Gewissheitsproblematik, die der Rechtfertigungsglaube eigentlich ausschließen wollte. Vielmehr verwiesen sie schon auf etwas Neues, nämlich die anthropologische Wende der Neuzeit. Zugespitzt ist dies letztlich insbesondere die Frage, ob nach dem Zusammenbruch des altprotestantischen Schriftprinzips der auf die existentielle Aneignung abzielende Rechtfertigungsglaube nicht haltlos wird. Wenn die verbalinspirierte Schrift als glaubensbegründendes Fundament nicht mehr zu halten ist, hat es dann der (Rechtfertigungs-) Glaube nicht am Ende mit sich selbst zu tun? Dass man so denken kann, zeigt die neuzeitliche Religionskritik mit ihrem Projektionsvorwurf, wonach der wahre Produzent der Religion der Mensch ist, während Gott zum Objekt wird, das für die Menschwerdung des Menschen hinderlich ist. Es hat eine Weile gedauert, bis die protestantische Theologie darauf bildtheoretisch produktiv reagiert hat. Das hat sie dann aber getan, und zwar insbesondere in der Theologie von Tillich. So zieht Tillich den schon für seinen Lehrer Kähler attraktiven Bildbegriff heran, um der neuzeitlichen Skepsis zu begegnen, wonach Jesus

---

[61] Dieses vierte Argument folgt auch wörtlich Ausführungen eines Teilabschnitts aus: KRÜGER, Theologische Bildhermeneutik (s. Anm. 4), 185-187; DERS., Bild Christi (s. Anm. 6), 41–55, bes. 51f.

womöglich eine fiktive Projektion ist.[62] Demgegenüber betont Tillich die unmittelbare Selbstgewissheit des Glaubens, an einem Leben teilzuhaben, das unter den Bedingungen der Existenz dessen Widersprüchlichkeiten essentiell überwunden hat. Von dem (Gesamt-) Bild Christi, dessen Einzelzüge je für sich fraglich sein mögen, geht eine verwandelnde Kraft aus. Und sie hat an dem Leben dessen teil, aus dem heraus das Bild entstanden ist. Das Bild geht also auf die Person Jesu zurück, und zwar im Sinn einer *analogia imaginis*: Das Christusbild ist als eine Art expressionistisches Porträt zu verstehen, das die innere Realität des Dargestellten ausdrückt.[63] Die rechtfertigungstheologische Pointe dieser christologischen Aufnahme des religionskritischen Projektionsverdachts wird deutlich, wenn Tillich darin das protestantische Prinzip entdeckt. Demnach besteht der Kern des Protestantischen in dem Prinzip, dass nichts Bedingtes zum Unbedingten, nichts Zeitliches zum Ewigen überhöht werden darf. Das entsprechende »Gericht« erfolgt im radikalen Zweifel, dessen Negativität eine gegenläufige Konstruktivität verrät: Die Rechtfertigung des Gottlosen im Glauben gilt nicht nur dem Sünder, sondern auch dem, der an Gott zweifelt und ihn verneint. Genau an diesem Punkt setzt die Rechtfertigung ein, wenn der Zweifler einsieht, dass das, was er sucht, von ihm in Wahrheit schon vorausgesetzt wird. Der radikale Zweifel hat eine Unbedingtheitsdimension: Im radikalen Zweifel erscheint das Unbedingte im Bedingten. Denn dem radikalen Zweifel wohnt eine zuständlich zu fassende Unbedingtheitsdimension inne, die in ausdrücklicher Selbstanwendung zur Gewissheit wird: Dass er zweifelt, kann der Zweifel nicht bezweifeln. Insofern ist er in der Unbedingtheit mit der Gewissheit verwoben, um der es der Rechtfertigungslehre zu tun ist, wie umgekehrt deren Gewissheit an den Zweifel zurückgebunden ist. Insofern handelt die Rechtfertigung von der Sinnfindung im Sinnlosen, die unumgänglich ist, weil eine Verneinung von Sinn denselben schon beansprucht.[64] So kann man bildtheoretisch den Rechtfertigungsglauben als kontrafaktische Selbstdeutung einer menschlich unumgänglichen Unbedingtheitsdimension verstehen.

An *fünfter Stelle* steht ein *zeitdiagnostisches Argument*:[65] Wenn die Selbstzurücknahme der aus der Schriftlehre folgenden Rechtfertigungslehre zugunsten der kulturellen Gegenwartsdynamik das Protestantische ausmachen soll, dann

---

[62] Vgl. dazu und zum Folgenden, auch wörtlich: KRÜGER, Bild Christi (s. Anm. 4), 50–55. Vgl. PAUL TILLICH, Systematische Theologie II, Berlin/New York ⁸1987, 107–129, bes. 109. 113. 123–128.

[63] Vgl. TILLICH (s. Anm 62), 123–128.

[64] Vgl. PAUL TILLICH, Rechtfertigung und Zweifel (1924), Gesammelte Werke VIII, Stuttgart 1970, 85–100.

[65] Dieses fünfte Argument folgt wörtlich Ausführungen eines Teilabschnitts aus: KRÜGER, Theologische Bildhermeneutik (s. Anm. 4), 187–189. Diese Ausführungen beruhen wiederum auf: KRÜGER, Bild Christi (s. Anm. 4), 18–25.195–197. 213–231.

ist zu erwarten, dass in diesem Anderen seiner selbst der Protestantismus sich erkennen kann.[66] Versteht er sich vor dem Hintergrund seiner bildtheoretischen Zuspitzungen, dann leuchtet dies in der Tat ein. Denn die Gegenwartskultur erscheint eminent bildlich formiert, wie es schon das Schlagwort von der »Bilderflut« anzeigt. Zwar gab es in den frühesten Zeiten der Menschheit schon Bilder. Doch heute sind alle Bereiche des Lebens von Bildern geprägt. Dies sind Bilder *im* Kopf und *außerhalb* des Kopfes: Virtualität und Einbildungskraft drängen in einem bisher unbekannten Maß nach vorn; und der sich wie eine zweite Membran um den Erdball legende Datenstrom der digitalen Medien hält ständig Bilder bereit. Argumente werden durch Bilder ersetzt, Informationen visualisiert und vielfach dirigieren Bildschirme, die nicht zufällig so heißen, den öffentlichen und privaten Raum. Leben im Zeitalter des Bildes – das heißt auch: Leben im Zeiten der Inszenierung und des Spektakels, der Überwachung und Medialität. Und nicht nur lebensweltlich, sondern auch wissenschaftlich vermag das Bildliche in den Mittelpunkt zu rücken. Insbesondere die neuzeitlichen Naturwissenschaften stellen sich hermeneutisch als eine Bildleistung dar, wenn sie etwas verbildlichen, das sich aufgrund seiner Winzigkeit oder Entfernung nicht von selbst dem Auge erschließt. Entsprechend kann man kulturwissenschaftlich seit dem Jahr 1994 von einem *iconic turn* sprechen, einer Wende zum Bild, die keineswegs nur das Bild an der Wand – und dann womöglich auch nur das der europäischen »Hochkunst« – meint, sondern mit dem Bildbegriff im Blick hat, was sich aufgrund seiner Verschränkung von Sinn und Sinnlichkeit gerade auch dem Begrifflichen entzieht.[67] Auch mediengenealogisch lässt sich dieses zeitdiagnostische Argument stützen.[68] Danach ist der Bildgebrauch in eine Genealogie von Medienumbrüchen einzuzeichnen, welche die menschliche Kultur formieren. So folgt auf den ersten Übergang vom Gedächtnis des Körpers zu dem der Schrift und auf den zweiten Übergang von der Kultur der Handschriften zur Kultur der Druckschriften der dritte Übergang vom Buchdruck zum Bildschirm. Wichtig ist dabei die Einsicht: Die Rede von der Wende zum Bild darf – gegen bestimmte Tendenzen bei manchem ihrer Vertreter – nicht im Sinn einer Ablösung begriffen werden, wonach das Bild die Sprache als kulturelle Leitvorstellung ersetzen würde. Denn die Relativierung der Sprache auf das Bild ist auch eine

---

[66] Vgl. dazu und zum Folgenden: KRÜGER, Bild Christi (s. Anm. 4), 56–84. 244–309.
[67] Vgl. GOTTFRIED BOEHM, Die Wiederkehr der Bilder, in: DERS. (HG.), Was ist ein Bild? München ⁴2006, 11–38. Boehm ist nicht der erste, der eine Wende zum Bild ausruft. Vielmehr ist seine Begriffsprägung im relativ komplexen *Setting* weiterer *turns* und Diskurse zu kontextualisieren (vgl. dazu ausführlich: KRÜGER, Bild Christi, s. Anm. 4, 244–298).
[68] Vgl. MARSHALL MCLUHAN, The Gutenberg Galaxy: The Making of Typographic Man, London 1962.

Relativierung des Bildes auf die Sprache. Das Bild liegt dabei der Sprache zugrunde, die als Erkenntnismittel komplexer und universaler als das Bild ist.[69]

An *sechster Stelle* steht ein *kulturanthropologisches Argument*:[70] Es kann sich insbesondere evolutions- und kulturanthropologische Einsichten berufen.[71] Danach beginnt die menschliche Kultur gewissermaßen mit dem Zeigefinger, also dem sichtbaren, öffentlichen Zeigen, das von sich selbst auf etwas Anderes verweist. Das Besondere der menschlichen Kommunikation liegt darin, auf etwas Abwesendes zu verweisen und es darin – gleichsam im Negativ – festzuhalten. Und dies ist in einem besonderen Umgang von Menschen mit Sichtbarkeit, Gesten und Symbolen vorgeprägt. Der Clou ist: Es ist die ins Lautsprachliche übertragene und konstruktive Kraft der Negation der ikonischen Geste, etwas zeitlich und räumlich Abwesendes anwesend zu machen, welche die menschliche Sprache und das menschliche Ich- und Wir-Bewusstsein hervorbringt. Diese menschheitsspezifische Fähigkeit, etwas verneinen und darin festhalten zu können, wird im Bildvermögen des Menschen anschaulich und so zur Grundlage des menschlichen Aussagesatzes, der die raumzeitliche Situation des Hier und Jetzt überschreitet und im Wechselspiel mit intersubjektiven Rückfragen zur Ausbildung bewusster Subjektivität führt. Anders gesagt: Die hochkomplexen Fähigkeiten, dass wir sprechen, lesen und denken können, bleiben auf unser Bildvermögen angewiesen. In der Sprache merkt man das an ihrer Bildlichkeit. Schon in der Spätphilosophie Schellings findet man die Einsicht angedeutet: Unsere ganze Sprache ist grundsätzlich verblasste Bildsprache, also Metaphorik. Über Martin Heidegger, Hans Blumenberg und andere ist, wie m.E. philosophiehistorisch gezeigt werden kann[72], diese Einsicht gängig geworden. Und auch in der Vernunft scheint das Bildvermögen durch. So sprechen wir etwa von »Weltbildern« oder »Weltanschauungen«, die sich nicht allein vernünftig erklären lassen. Anders gesagt: Die im Bildvermögen anschauliche Negationsfähigkeit markiert die Schnittstelle zwischen Natur und Kultur. Mit seinem das Hier und Jetzt distanzierenden Bildvermögen unterliegt der

---

[69] Vgl. KRÜGER, Bild Christi (s. Anm. 4), 195–243.

[70] Dieses sechste Argument folgt wörtlich Ausführungen eines Teilabschnitts aus: MALTE DOMINIK KRÜGER, Religion und Religionen. Bildtheoretischer Zugang und Schleiermachers Erbe, in: JÖRG DIERKEN/ARNULF VON SCHELIHA/SARAH SCHMIDT (HG.), Reformation und Moderne. Pluralität – Subjektivität – Kritik. Diese Ausführungen beruhen wiederum auf: KRÜGER, Bild Christi (s. Anm. 4), 151–194.

[71] Vgl. MICHAEL TOMASELLO, Die Ursprünge der menschlichen Kommunikation, Frankfurt a.M. 2009; JÜRGEN HABERMAS, Es beginnt mit dem Zeigefinger, in: DIE ZEIT 51, 2009, 45; REINHARD BRANDT, Können Tiere denken? Ein Beitrag zur Tierphilosophie, Frankfurt a.M. 2009.

[72] Vgl. DIRK MENDE, Metapher – Zwischen Metaphysik und Archäologie. Schelling, Heidegger, Derrida, Blumenberg, München 2013.

Mensch nicht mehr dem tierischen Reiz-Reaktions-Schema, sondern verhält sich zu seiner Umwelt wie zu sich selbst. Dies scheint die elementare Form von Freiheit zu sein, die sich im Sprachvermögen und Vernunftvermögen erheblich steigern kann, gleichwohl aber an das Bildvermögen zurückgebunden bleibt. Diese Negationsfähigkeit ist vermutlich in der Trennung von Dasein und Sosein im Sehen und in der von sich selbst wegweisenden Zeigegeste vorgebildet.

An *siebter Stelle* steht ein *philosophiegeschichtliches Argument*: Der Bildbegriff ist nicht so speziell, wie man vielleicht auf den buchstäblich ersten Blick meinen könnte, wenn man sich auch nur schlagwortartig seine Bedeutung in drei entscheidenden und theologisch bedeutsamen Epochen der abendländischen Philosophie vor Augen führt, nämlich in der Griechischen Klassik, dem Deutschen Idealismus und der Analytischen Sprachphilosophie: Sowohl Platons Urbild-Abbild-Philosophie als auch die Hochschätzung der Einbildungskraft bei Fichte als auch der Bildbegriff bei Ludwig Wittgenstein sprechen hier eine deutliche Sprache. Viele weitere Protagonisten und Konzepte könnte man noch – von der Antike bis in die unmittelbare Gegenwart – hinzufügen.[73] Die vielleicht wichtigste Schlüsselstellung dürfte der Bildbegriff in der Spätphilosophie Fichtes erhalten haben, die in Nachbarschaft zu Schellings Spätphilosophie, die Probleme der kantischen und hochidealistischen Philosophie reflektiert und dabei unserer Spätmoderne keineswegs unterlegen ist.[74] Hierbei treten sowohl die Vermutung, dass faktisch schon bei Kant die Einbildungskraft die gemeinsame Wurzel von Sinnlichkeit und den Verstand ist, als auch die Einsicht in die Selbstbegrenzung der menschlichen Vernunft in den Vordergrund. Entsprechend gibt es Deutungen, die eine Linie von Kants Transzendentalphilosophie zu Fichtes Spätphilosophie ziehen können.[75]

---

[73] Vgl. dazu mit weiterführender Literatur: SIMONE NEUBER/ROMAN VERESSOV (HG.), Das Bild als Denkfigur. Funktionen des Bildbegriffs in der Geschichte der Philosophie, München 2010; JOHANNES GRAVE/ARNO SCHUBBACH (HG.), Denken mit dem Bild. Philosophische Einsätze des Bildbegriffs von Platon bis Hegel, München 2010. Bildtheoretisch interessant sind danach beispielsweise auch Augustinus, Meister Eckhart, Nikolaus von Kues, Kant, Edmund Husserl, Ernst Cassirer, Walter Benjamin, Martin Heidegger, Theodor W. Adorno, Jean-Paul Sartre und Maurice Merleau-Ponty.

[74] Vgl. zur Sache und Diskussion mit weiteren Literaturhinweisen: WOLFGANG JANKE, Die dreifache Vollendung des Deutschen Idealismus. Schelling, Hegel und Fichtes ungeschriebene Lehre, Amsterdam/New York 2009.

[75] Am eindeutigsten ist hier die Studie »Idealismus als Bildtheorie« (1979) von Peter Reisinger (vgl. dazu und zum Folgenden: PETER REISINGER, Idealismus als Bildtheorie. Untersuchung zur Grundlegung einer Zeichenphilosophie, Stuttgart 1979, 11–163; vgl. zur folgenden Zusammenfassung auch wörtlich: KRÜGER, Bild Christi (s. Anm. 4), 429–433). Reisinger zielt auf eine Wiedergewinnung von Fichtes spätphilosophischem Bildbegriff ab, für den die Negation wesentlich ist, und meint damit, die kantische Philosophie folgerichtig zu Ende gedacht zu haben. Danach läuft Kants kopernikanische Wende darauf

3. Zu den Folgen des programmatischen Neuansatzes[76]

Welche Folgen das Bisherige für den Protestantismus hat, kann man anhand von vier Unterpunkten thematisieren, die für eine bildhermeneutische Theologie wesentlich sind. Das ist erstens die Frage nach dem Bild, zweitens die Frage nach der Religion, drittens die Frage nach dem Protestantismus und viertens die Frage nach dessen Mehrwert aufgrund einer bildhermeneutischen Deutung.

Beginnen wir mit dem ersten Unterpunkt, nämlich der Frage nach dem Bild. Man kann prinzipiell vier Theoriefamilien des Bildes unterscheiden. Sie kann

---

hinaus, das ontologische Denken durch eine Bildtheorie zu ersetzen. Anstelle einer vermeintlich bewusstseinsunabhängigen Objektivität tritt eine bewusstseinsbezogene Repräsentanz, und zwar als Erscheinung innerhalb des Bewusstseins (vgl. REISINGER, a.a.O., 64–115). Die Möglichkeit der ursprünglichen Verknüpfung im Bewusstsein durch den Schematismus der Kategorien muss in der objektlosen Subjektivität liegen, die als Meta-Ich sowohl Spontaneität als Rezeptivität umfasst. Damit wird eine Selbstaffektion denkbar, welche Bedingung der Möglichkeit von Objektivität darstellt. Auch wenn man sich in der tradierten Kant-Auslegung dagegen sträuben mag, so Reisinger, kommt man so zu der Einsicht: Der für die kantische Philosophie zentrale Gedanke besteht darin, dass das Bewusstsein von Objektivität nichts anderes als die Selbstanschauung des Bewusstseins ist. Durch die Selbstaffektion wird das Objekt im Wissen konstituiert, indem fremdaffektive Daten als gegeben vorgestellt werden. Damit ist der Idealismus als Zeichentheorie geboren, so Reisinger, der zu der Philosophie Fichtes führt, die sich in ihrer Spätphase ausdrücklich selbst als Bildtheorie erfasst. Fichte setzt den menschlichen Verstand als die Erscheinung des absoluten Seins vom absoluten Sein Gottes ab (vgl. a.a.O., 116–151). Hierbei ergibt sich nach Reisinger für Fichte das folgende Bild. Setzt man heuristisch ein empirisches Moment der Erscheinung voraus, das von dem Bewusstsein unabhängig ist, so ist das mit einer selbstdurchsichtigen Selbstverständigung des Menschen unvereinbar. Möchte man nicht eine unerklärbare Voraussetzung annehmen, muss diese aus dem Bewusstsein erklärt werden. Dies ist möglich, wenn diese Voraussetzung als das Gesetzte des Bewusstseins erfasst wird, das sich darin zugleich selbst verneint. Diese Struktur beschreibt Fichtes Spätphilosophie als ein Sehen: Das Gesetzte erscheint als die im Sehen gebildete Ansicht. Sie ist das Bild, insofern es vom Sehen abgesetzt ist. Das Sehen selbst als Prinzip der Bildlichkeit kann nicht gesehen werden. Dieses Nicht-Sehen als Bedingung des Sehens fällt ins Denken. Insofern wird auch das Gesehene letztlich gedacht, und zwar aus einem unsichtbaren Grund. In dem gedachten Nicht-Sehen ist das unsichtbare Sehen erfasst, das keine bloße Setzung des Denkens darstellt, sondern die metatheoretische Konstruktion von Produkt und Nicht-Produkt geltend macht. Damit ist die Ablösung der Ontologie nach Reisinger in einer Weise vorangetrieben, die Fichtes Spätphilosophie zu einem Schlüssel zur Moderne werden lässt. In ihrem Mittelpunkt, jedenfalls was Malerei und Lyrik angeht, kann die Entgegenständlichung stehen (vgl. a.a.O., 152–163).

[76] Dieser dritte Abschnitt einschließlich der Anmerkungen stellt eine überarbeitete Fassung eines Abschnitts dar aus: KRÜGER, Theologische Bildhermeneutik (s. Anm. 4), 182–207.

man m. E. zudem im Sinn einer aufstufenden Sequenzierung begreifen.[77] Die erste Theoriefamilie ist die zeichentheoretische Bildtheorie, hinter der eine Selbstkorrektur der (Sprach-) Analytischen Philosophie steht.[78] Ihre Überzeugung lautet: Das Bild ist ein Zeichen, das – wie alle Zeichen – aus der menschlichen Konvention zu begreifen ist. Es ist also nicht die Ähnlichkeit zwischen dem Abgebildeten und seiner Darstellung entscheidend. Vielmehr ist die Pragmatik des bildlichen Zeichens ausschlaggebend. Um darüber hinaus bildliche von anderen Zeichen unterscheiden zu können, gibt man als Differenzkriterien die syntaktische und semantische Dichte bildlicher Zeichen an: Anders als Sprachzeichen bestehen Bilder folglich nicht aus alphabetisch wohldifferenzierten Zeichen, sondern aus ineinander untrennbar übergehenden Formen und Farben, und dies ist bedeutsam. Dieser Ansatz ist als Entwurf von Rang gewürdigt worden und als Fundament der gegenwärtig diskutablen Bildtheorie. Die Kritik an diesem Entwurf bezieht sich darauf, dass Bilder zu nah an die Sprache gerückt werden. Anders als Zeichen, bei denen etwas konventionell *für* etwas steht, sind Bilder Phänomene, bei denen etwas *als* etwas präsent wird, lautet dann die Kritik, so dass die sinnliche Verkörperung des Bildes verfehlt wird. Schlichter formuliert: Vor dem Verstehen der Bilder, wodurch die Bilder wesentlich erst zu Bildern werden, kommt das Sehen von Bildern, die als solche wahrgenommen werden.

Genau an diesem Punkt knüpft der Sache nach die zweite einflussreiche Theoriefamilie des Bildes an. Das ist die wahrnehmungstheoretische bzw. phänomenologische Bildtheorie.[79] Ihre Überzeugung lautet: Bilder sind etwas, was rein sichtbar ist. Man kann etwa einen gemalten Hund nicht hören oder streicheln, man kann ihn nur sehen. Bilder sind also vorrangig zum Sehen da. Sie verkörpern eine eigene Form der Vergegenwärtigung, die sprachlich – und auch sprachanalog – nicht eingeholt werden kann. Das begründet die mitunter eigene Aura von Bildern, dass sie über das Sehen einerseits der Wahrnehmungsordnung angehören und dieselbe als rein Sichtbares zugleich unterbrechen. Darum können Bil-

---

[77] Vgl. dazu und zum Folgenden ausführlich: KRÜGER, Bild Christi (s. Anm. 4), 313–468.
[78] Vgl. dazu und zum Folgenden: NELSON GOODMAN, Languages of Art. An Approach to a Theory of Symbols, Indianapolis 1968; OLIVER R. SCHOLZ, Bild, Darstellung, Zeichen. Philosophische Theorien bildlicher Darstellung, Frankfurt a.M. ³2009; KLAUS SACHS-HOMBACH, Das Bild als kommunikatives Medium. Elemente einer allgemeinen Bildwissenschaft, Köln ²2006. Vgl. dazu und zu der geschilderten Kritik aus dem Diskurs: KRÜGER, Bild Christi (s. Anm. 4), 329–361.
[79] Vgl. dazu und zum Folgenden: MAURICE MERLEAU-PONTY, L'Œil et l'esprit, Paris 1961; DERS., Le Visible et l'invisible, Paris 1964; LAMBERT WIESING, Die Sichtbarkeit des Bildes. Geschichte und Perspektiven der formalen Ästhetik, Frankfurt a.M. ²2008; GOTTFRIED BOEHM, Wie Bilder Sinn erzeugen. Die Macht des Zeigens, Berlin ³2010. Vgl. dazu und zu der geschilderten Kritik aus dem Diskurs: KRÜGER, Bild Christi (s. Anm. 4), 362–397.

der zu einer reflektierten Ursprungserfahrung werden, in der man des Entstehens von Welt, von Gestalt und Fassbarkeit ansichtig wird. Die Kritik an dieser phänomenologischen Theoriefamilie des Bildes entzündet sich an deren animistischen Tendenzen, wenn Bildern ein auratisches Eigenleben zukommt, das rechenschaftsfähig kaum mehr nachvollziehbar sein soll und zugleich den Menschen einseitig zum Objekt macht.

Dagegen richtet sich der Sache nach gewissermaßen die dritte Theoriefamilie des Bildes, welche die Realisierung von äußeren Bildern wesentlich auf die innere Einbildungskraft des Menschen bezogen weiß.[80] Diese Theoriefamilie verbindet sachlich in bestimmter Hinsicht die analytische und phänomenologische Bildtheorie. Demnach ist ein (äußeres) Bild ein wahrnehmungsnahes Zeichen, das einen sinnlichen Sinn verkörpert, der in und durch die Einbildungskraft zur Präsenz von etwas Abwesendem wird. Es ist vor allem ein Punkt, der an diesen interessanten Konzepten kritisiert wird. So muss das in der Einbildungskraft, im Imaginären präsent Entzogene als solches durchschaut und insofern verneint sein. Andernfalls würden zum Beispiel auf Bildern erscheinende Einhörner für echt gehalten. Das Bild bedarf folglich der Negation der Einbildungskraft, also ihrer Selbsteinklammerung. Soll etwas ein Bild sein, dann muss man in seiner Darstellung etwas erkennen können, das fassbar und zugleich entzogen ist.

Dies kann zur vierten, der negationstheoretischen Theoriefamilie überleiten. Diese negationstheoretische Lesart ist zwar die jüngste im gegenwärtigen Diskurs, kann sich aber mit Platon und der Spätphilosophie Fichtes auf die ältesten Traditionen berufen.[81] Diese Theoriefamilie schlägt vor, das Bild als konkrete Verneinung zu bestimmen. Ein Bild stellt genau dasjenige nicht dar, was es abbildet; zum Beispiel ist das abgebildete Brandenburger Tor nicht das reale Brandenburger Tor. Doch es ist genau das Brandenburger Tor nicht – und nicht

---

[80] Vgl. dazu und zum Folgenden: HANS JONAS, Organismus und Freiheit. Ansätze zu einer philosophischen Anthropologie, Göttingen 1973; DERS., Philosophische Untersuchungen und metaphysische Vermutungen, Frankfurt a.M./Leipzig 1992; FERDINAND FELLMANN, Innere Bilder im Licht des imagic turn, in: KLAUS SACHS-HOMBACH (HG.), Bilder im Geiste. Zur kognitiven und erkenntnistheoretischen Funktion piktorialer Repräsentationen, Amsterdam/Atlanta 1995, 21–38; DERS., Von den Bildern der Wirklichkeit zur Wirklichkeit der Bilder, in: KLAUS SACHS-HOMBACH/KLAUS REHKÄMPER (HG.), Bild – Bildwahrnehmung – Bildverarbeitung. Interdisziplinäre Beiträge zur Bildwissenschaft, Wiesbaden 1998, 187–195; HANS BELTING, Bild-Anthropologie. Entwürfe für eine Bildwissenschaft, München 2001. Vgl. dazu und zu der geschilderten Kritik aus dem Diskurs: KRÜGER, Bild Christi (s. Anm. 4), 398–428.

[81] Vgl. dazu und zum Folgenden: REISINGER (s. Anm. 75); REINHARD BRANDT, Die Wirklichkeit des Bildes. Sehen und Erkennen – Vom Spiegel zum Kunstbild, München/ Wien 1999; CHRISTOPH ASMUTH, Bilder über Bilder, Bilder ohne Bilder. Eine neue Theorie der Bildlichkeit, Darmstadt 2011. Vgl. dazu und zu der geschilderten Kritik aus dem Diskurs: KRÜGER (s. Anm. 6), 429–454.

etwa der Kölner Dom. Dieses Bildverständnis ist übrigens nicht darauf fixiert, dass das Abgebildete neben dem Bild (tatsächlich) existieren muss. Vielmehr kann sich das Bild auf etwas beziehen, was nur in der Abbildung existiert – wie etwa Einhörner. Da man Negationen selbst nicht sehen kann, schließt das negationstheoretische Bildverständnis die Einsicht ein: Bilder muss man nicht nur sehen können, sondern man muss dabei auch Negationen realisieren können, wenn man sie als Bilder realisieren können soll. Damit wird die Einbildungskraft in ihrer negativen Selbstbezüglichkeit bzw. Selbsteinklammerung zum Dreh- und Angelpunkt des Bildverständnisses. Die Kritik an diesem Bildverständnis lautet, dass es zu kognitiv bzw. abstrakt ist und dabei gerade abstrakte Bilder ausschließt, die nichts Gegenständliches darstellen. Diese Kritik ist zwar nachvollziehbar, lässt sich aber auch relativieren. Denn erstens kann man offenbar abstrakte Bilder nur als Bilder erkennen, wenn man mit der Tradition gegenständlicher Bildern vertraut ist. Und zweitens ist zu überlegen, ob abstrakte Bilder nicht Abstraktionen konkreter Verneinungen in ihrer Selbstbezüglichkeit sichtbar machen.

Wenn man skizzierten Diskurs mit seinen vier Theoriefamilien bzw. -gestalten im Sinn einer aufstufenden Sequenzierung versteht, die sich problemgeschichtlich und konstruktiv anreichert, dann kann sich als Fazit ergeben: Das (äußere) Bild ist ein wahrnehmungsnahes Zeichen, das zu seiner Verwirklichung auf die (menschliche) Einbildungskraft angewiesen ist, die sich dabei gleichsam selbst durchstreicht bzw. einklammert.[82]

Damit kommen wir zum zweiten Unterpunkt: Welche Verbindung besteht zwischen der skizzierten Bildlichkeit des Menschen und seiner Religion?[83] Ist das Bildvermögen für den Menschen grundlegend, weil er sich damit vom Reiz-Reaktions-Schema distanziert und so Freiheit erfährt, dann kann dies auch religionstheoretisch wesentlich sein. Dann ist es m.E. eine wahrnehmungstheoretische Fundierung von Religion angebracht, die mit dem Projektionsverdacht der neuzeitlichen Religionskritik kritisch und konstruktiv umgehen kann. Anders gesagt: Das von Kant herausgestellte Bedürfnis des Menschen, immer weiter fragen und verstehen zu wollen („transzendentales Ideal"), das in der Regel nach dem Selbstverständlichkeitsverlust der Religion in der europäischen Moderne als Anker für die Gottesfrage gilt, stellt sich nicht erst auf der komplexen Stufe der Vernunft ein. Es lässt sich vielmehr schon in der sichtbaren Wahrnehmung aufweisen, die im Bildvermögen eigens und sublimiert zur Darstellung kommt, wenn der Mensch sich in einem Horizont wahrnimmt und

---

[82] Vgl. diese Einsicht entfaltet und geordnet nach ihrer subjektiven, objektiven und intersubjektiven Dimension: KRÜGER, Bild Christi (s. Anm. 4), 455–468.
[83] Vgl. dazu und zum Folgenden dieses Unterpunktes: KRÜGER, Bild Christi (s. Anm. 4), 471–488.

deutet, der nicht endet und insofern unbedingt ist, also jede Bedingtheit zu überschreiten verspricht. Das heißt dann für den Projektionsverdacht: Er ist nicht einfach im Unrecht. Religion ist eine Projektion des Menschen und jedes auch so genannte Gottesbild – ob nun äußerer oder innerer Art – ist ein Produkt des Menschen. Doch diese Projektion und Produktion beruht auf dem Bildvermögen des Menschen, der gar nicht anders kann, als dies immer wieder vergegenständlicht zu symbolisieren. Das muss der Mensch wiederum nicht ausdrücklich religiös vollziehen, doch es ist durchaus naheliegend.[84] Denn das Bildvermögen selbst hat aufgrund seines freiheitseröffnenden Überschreitens die Tendenz zu immer weiterer Orientierung; und die Religionen bieten genau dafür den Raum der Symbolisierung, um mit diesen Dynamiken und Manifestationen umzugehen, und zwar so dass Sinn und Sinnlichkeit zusammen sind. Damit wird auch die konstruktive Seite der Einbildung des Unbedingten deutlich. So schafft zwar der Mensch sein Gottesbild, aber genau darin bezieht er sich auf eine Dimension des Unbedingten, die ihn, den Menschen, in seinem religiösen Selbstverständnis übertrifft.

Wenn Religion die Selbstwahrnehmung und Deutung des Menschen im Horizont des Unbedingten ist, dann kann Religion m.E. aufgrund der vier Eigenarten des Bildes näher charakterisiert werden. So kann man aufgrund des zeichen-

---

[84] Der Mensch muss die seinem Bildvermögen eingeschriebene Anlage zur Religion nicht explizit religiös realisieren. So kann der Mensch die Unbedingtheitsdimension auch, mitunter unerkannt, in den Vermögen der Sprache oder Vernunft, die komplexer als das Bildvermögen sind, verorten – oder sogar in den Kulturgestalten wie Gesellschaft, Politik, Ökonomie etc. finden, die wiederum auf dem menschlichen Miteinander aufbauen. Dann ist »Gott« nicht ungegenständlicher Fluchtpunkt des menschlichen Bildvermögens, das sich in den Horizont des Unbedingten eingestellt sieht, sondern erscheint eher als Wort, als Vernunft (oder diese beide verbindend: als Logos), als Sozialität bzw. Liebe, als Macht von partizipatorischen Möglichkeiten oder zur Umgestaltung inhumaner Lebensverhältnisse; damit können sich u.U. auch individuell instrumentalisierende Auffassungen verbinden. Diese sublimeren Gestalten sind vor dem Hintergrund einer bildtheoretischen Deutung, die das Bild-, Sprach- und Vernunftvermögen nicht prinzipiell scheidet, verständlich – und insofern gut nachvollziehbar, allerdings gerade darin immer auch an das Bildvermögen im Horizont des Unbedingten zurückgebunden. Das Besondere des bildtheoretischen Religionsverständnisses besteht offenbar darin, religiöse Selbstdeutungen immer wieder relativ direkt in den Horizont des Unbedingten kritisch einweisen zu können. Letzteres ist, wenn die Religion in sublimeren Vermögen oder Kulturgestalten erscheint, aufgrund der damit einhergehendem feineren und verschlungeneren Manifestationsverhältnisse offenbar schwieriger möglich. Entscheidend ist aus der Sicht eines bildtheoretischen Religionsverständnisses: Das Unbedingte erscheint immer indirekt und integral für das Bewusstsein als Grund und Grenze desselben, so dass sich unmittelbare Gleichsetzungen von Endlichem und Unbedingtem verbieten (vgl. dazu, teilweise auch wörtlich: KRÜGER, Bild Christi, s. Anm. 4, 483–488).

theoretischen Bildbegriffs auf das menschliche Vermögen schließen, einen Zusammenhang von Aspekten zu symbolisieren, die unaufhebbar ineinander übergehen und als Ganzes erscheinen. Bezieht man dies auf den religiösen Horizont des Unbedingten, kann man Religion zuständlich als ein die Diskursivität unterlaufendes Innewerden (»Gefühl«) und gegenständlich als Realisierung einer singulären, alleinigen All-Einheit verstehen. Der wahrnehmungstheoretische Bildbegriff lässt auf das menschliche Vermögen schließen, mit der reinen Sichtbarkeit eine relative Unterbrechung unserer äußeren Wahrnehmungswelt realisieren zu können. Bezieht man dies auf den religiösen Horizont des Unbedingten, kann man Religion zuständlich als raumzeitliche Aussonderung (»Augen-blick«[85]) bzw. Ekstase und gegenständlich als Realisierung einer die Welt in ihrem Offenbarwerden unterbrechenden Gottheit verstehen. Aufgrund des imaginationstheoretischen Bildbegriffs kann man auf das menschliche Vermögen schließen, die Welt konstruktiv distanzieren zu können. Bezieht man dies auf den religiösen Horizont des Unbedingten, kann man Religion zuständlich als kontemplative

---

[85] Der Augen-Blick des Bildvermögens spricht m.E. dafür, dass man Raum und Zeit an diesem Punkt nicht gegeneinander ausspielen sollte. Das Zeiterleben scheint auf das Bildvermögen angewiesen, wenn sich das Zeitbewusstsein über das Erinnerungsvermögen aufbaut und das Letztere wesentlich szenisch, bildlich verfasst ist (vgl. auch: STEPHAN OTTO, Die Wiederholung und die Bilder. Zur Philosophie des Erinnerungsbewusstseins, Hamburg 2007, 195-370, bes. 325-370; ULRIKE KREGEL, Bild und Gedächtnis. Das Bild als Merkzeichen und Projektionsfläche des Vergangenen, Berlin 2009, 155-270, bes. 207-270; KRISTÓF NYÍRI, Zeit und Bild. Philosophische Studien zur Wirklichkeit des Bildes, Bielefeld 2012, 25-46; vgl. grundsätzlich zur Frage nach der Bildlichkeit der Erinnerung auch: HENRI BERGSON, Materie und Gedächtnis. Versuch über die Beziehung zwischen Körper und Geist, Hamburg 2015, 15-306, bes. 87-276; PAUL RICŒUR, Gedächtnis, Geschichte, Vergessen, Paderborn 2004, bes. 21-147; DERS., Geschichtsschreibung und Repräsentation der Vergangenheit, Münster/Hamburg/London 2002, 7-48; vgl. zum theologischen Zusammenhang von (sprach-) bildlicher Erinnerung und Glaube: KNUT WENZEL, Memoria Iesu Christi. Die interpretatorische, metaphorische und sakramentale Dimension des Eingedenkens, in: PAUL WETZEL/NOBERT RECK, Erinnern. Erkundungen zu einer theologischen Basiskategorie, Darmstadt 2003, 56-72; PAUL WETZEL, Erinnern unter dem Bildverbot? Theologische Überlegungen zur Kritik der Repräsentation, a.a.O., 73-101; BENJAMIN TAUBOLD, Der Kanon der Bilder. Das soziale Gedächtnis und seine mediale Konstitution, a.a.O., 102-117; JOHANN BAPTIST METZ, Memoria passionis. Ein provozierendes Gedächtnis in pluralistischer Gesellschaft, Freiburg/Basel/Wien [4]2011, 3-257, bes. 3-34. 215-257; EILERT HERMS, Die Sprache der Bilder und die Kirche des Wortes, in: RAINER BECK/RAINER VOLP/GISELA SCHIRBER (HG.), Die Kunst und die Kirchen. Der Streit um die Bilder heute, München 1984, 242-259). Dann wäre es m.E. zu erwägen, das Bildvermögen im Horizont der Vergangenheit als *Erinnerung*, im Horizont der Gegenwart als *Augenblick* und im Horizont der Zukunft als *Erwartung* zu bezeichnen (vgl. dazu: KRÜGER, Bild Christi, s. Anm 4, 464f. mit Anm. 16). Und so wie das Bildvermögen im Horizont des Unbedingten als *Religion* gedeutet werden kann, wie soeben skizziert wurde, so kann man es m.E. es im Horizont des Individuellen grundsätzlich als *Bildung* ansprechen (vgl. a.a.O., 482f.).

Erfahrung und gegenständlich als Realisierung eines sich selbst genügenden Unbedingten verstehen. Und der negationstheoretische Bildbegriff lässt auf das menschliche Vermögen schließen, sich in der Erschaffung einer Symbol- und Gegenwelt seiner Freiheit gewiss zu sein. Bezieht man dies auf den religiösen Horizont des Unbedingten, kann man Religion zuständlich als Erfahrung von Freiheit, die das Kreative, Gelöste und Spielerische einschließt, und gegenständlich als Realisierung eines Unbedingten verstehen, das selbst kreative Freiheit ist und sich im »ebenbildlichen«, symbolerschaffenden Menschen spiegelt. Insofern ist ein personales Gottesbild plausibel. Und wie beim Bildbegriff gibt es eine aufstufende Sequenzierung von der nicht-diskursiven Alleinheit über die aussondernde Unterbrechung bis hin zur kontemplativen Selbstgenügsamkeit und zur kreativen Freiheit. Dabei sind, wie beim Bildbegriff, die jeweils vorangegangenen Stufen nicht überflüssig, sondern werden vorausgesetzt und insofern miteinbezogen.[86]

Damit kommen wir zum dritten Unterpunkt, nämlich zur Frage: Wie ist das Christentum und besonders der Protestantismus bildtheoretisch zu verstehen? Auch das Christentum ist eine menschliche Religion. Von außen betrachtet ist es *eine* Religion unter Religionen, von innen betrachtet ist es *die* Religion der Religionen, ohne diese Sicht jedoch über die Binnenperspektive hinaus ausweisen zu können; auch andere Religionen könnten sich so selbst als *die* Religion der Religionen wahrnehmen. Dass das Christentum sich so begreifen kann, liegt daran, dass es intern zum Zentrum macht, was die Religion insgesamt profiliert, nämlich die bildtheoretische Verfassung, wenn Jesus von Nazareth als Bild Gottes erscheint. Dies ist allerdings vorbereitet, und zwar hermeneutisch und sachlich.[87]

Hermeneutisch ist mit dem Bezug auf eine geschichtliche Stiftergestalt, die unmittelbarer Bezugspunkt der religiösen Anschauung wird, die Einbildungskraft schon immer im Spiel, wie man im Anschluss an neuere geschichtstheoretische Überlegungen zeigen kann. Denn anders ist das Leben einer vergangenen Person – und deren durch den Zufall der Überlieferung reduzierte Anzahl von Quellen – kaum so vorstellbar, dass es historisch erzählt werden kann. Diese hermeneutische Hinsicht ist freilich nicht spezifisch religiös, sondern gilt von jeder vergangenen Person, um deren Erzählung es geht.

---

[86] Den vier verschiedenen Stufen des bildtheoretischen Religionsverständnisses lassen sich auch entsprechende Sozialgestalten von Religion zuordnen – von der Sondergruppe mit Alleinheitsanspruch über die Gestalt religiöser Vereinzelung und kontemplativer Selbstgenügsamkeit bis hin einer institutionalisierten Gruppenbildung im Zeichen von wechselseitiger, freier und relativer Anerkennung. Auch diese vier Sozialgestalten können im Sinn einer aufstufenden Sequenzierung begriffen werden, die sich grenzdialektisch jeweils aus Zuspitzungen der vorangehenden Gestalten ergibt und auch in der letzten, vierten Gestalt nicht zu verabsolutieren ist (vgl. dazu: KRÜGER, Bild Christi, s. Anm. 4, 481f.).
[87] Vgl. dazu und zum Folgenden: KRÜGER, Bild Christi (s. Anm. 4), 489–514, bes. 492–494.

Spezifisch religiös wird das Verständnis erst, wenn man die sachlichen Aspekten hinzuzieht.[88] So zeichnet sich der vorösterliche Jesus besonders durch seine Gleichnisse und ein entsprechendes Verhalten aus, wird österlich in sichtbaren und mit seiner Sprachlichkeit verknüpften Erscheinungen als Bild Gottes zugänglich und ist nachösterlich im Kultgedächtnis der entstehenden christlichen Religion in gewisser Hinsicht bildlich präsent. Letzteres zeigt sich im szenischen Charakter vieler Erzählungen des sich ausbildenden Kanons (der christlichen Bibel) und im bildträchtigen Charakter der Sakramentspraxis. Dabei bedeutet diese dreifache Unterscheidung Jesu keine Spaltung der Jesus-Gestalt, sondern steht für einen differenzierten Zugang, dessen Dreh- und Angelpunkt das österliche Geschehen ist, wenn mit der Auferstehung aus demjenigen, der in Sprachbildern bzw. Gleichnissen über Gott redet, selbst das (sprachliche) Bild Gottes wird. Dies geschieht in der Dynamik des biblischen Monotheismus und dessen unmittelbar mit dem biblischen Bilderverbot verwobenen Deutungsmuster, irdische Niederlagen als himmlische Siege wahrzunehmen.[89] Die Ausformung des

---

[88] Vgl. dazu und dem Folgenden: KRÜGER, Bild Christi (s. Anm. 4), 489–514, bes. 494–506. Dafür kann man sich in unterschiedlicher Hinsicht auf Einsichten einer Neutestamentlichen sowie Hermeneutischen Theologie und einer neueren Erfahrungstheologie berufen (vgl. beispielhaft zur Bedeutung der Gleichnis-Verkündigung Jesu und der Einsicht, dass Jesus mit Ostern für den christlichen Glauben definitiv zum Bild bzw. Gleichnis Gottes wird: EBERHARD JÜNGEL, Paulus und Jesus. Eine Untersuchung zur Präzisierung der Frage nach dem Ursprung der Christologie, Tübingen ⁷2001, 87–215. 263–300; DERS., Gott als Geheimnis, bes. 203–543; vgl. beispielhaft zum szenischen Charakter der christlichen Kultpraxis und ihres Kanons: EILERT HERMS, Sprache der Bilder, 242–259; vgl. zur neueren Diskussion nur: RUBEN ZIMMERMANN (HG.), Hermeneutik der Gleichnisse Jesu. Methodische Neuansätze zum Verstehen urchristlicher Parabeltexte, Tübingen 2008; JÜRGEN BECKER, Die Auferstehung Jesu Christi nach dem Neuen Testament. Ostererfahrung und Osterverständnis im Urchristentum, Tübingen 2007).

[89] Monotheismus, Bilderverbot und Ostern sind auf das Engste verbunden (vgl. dazu und auch mit weiteren Literaturangaben, als sie die folgende Skizze bietet: KRÜGER, Bild Christi, s. Anm. 4, 499–514). So wird das monotheistische Deutungsmuster, irdische Niederlagen als himmlische Siege wahrzunehmen, in der Krise des Exils entdeckt, auch wenn es vielleicht oder wahrscheinlich vorlaufend gewisse Entwicklungen gegeben haben mag (vgl. HARTENSTEIN/MOXTER, s. Anm. 102), 115–153, bes. 127f.; vgl. anders: MATTHIAS KÖCKERT, Vom Kultbild Jahwes zum Bilderverbot. Oder: Vom Nutzen der Religionsgeschichte für die Theologie, in: ZThK 106 (2009), 371–406, bes. 405f.). Angesichts der Alternative, JHWH als unterlegenen Gott abzutun oder den Sieg eines fremden Volkes als indirektes Instrument von JHWHs (tendenziell) universal angelegtem (Geschichts-) Handeln zu deuten, entscheidet sich das exilische »Israel« für die letztere Möglichkeit. So wird die eigene irdische Niederlage nicht zur Niederlage des eigenen himmlischen Gottes, sondern zum Ausweis von dessen umfassender Gestaltungsmacht, mit der er selbst die Fremdvölker beherrscht und damit faktisch deren in Kultbildern verehrte Götter nichtig aussehen lässt. Dieser Gott handelt »sub contrario«; religiös kommt also die Kontrafaktizität hier kategorial zum Zug (vgl. zu diesem monotheistischen

Monotheismus im Bilderverbot wandert dann im Sinn des Kontrafaktischen und der einklammernden Verneinung der Welt in das Jesus-Bild gewissermaßen selbst ein. Denn er, Jesus, klammert sich selbst im Kreuzestod und in der Dahingabe seines Lebens an den Vater so ein, dass er in dieser Selbstdurchstreichung zum Bild dieses himmlischen Vaters werden kann. Entsprechend sind die Ostererscheinungen Jesu bildlicher Art: Sie unterbrechen als wahrnehmungsnahe Zeichen die Wahrnehmung der Welt und beziehen die sich dabei einklammernde Einbildungskraft so ein, dass eine kontrafaktische Freiheit vorstellig wird. Dies ist ein Leben aus dem Tod.[90]

Deutungsmuster: GERD THEIßEN, Die Religion der ersten Christen. Eine Theorie des Urchristentums, Gütersloh ²2001, 71-75.). Sollte dabei auch noch die Ausbildung dieses monotheistischen Deutungsmusters mit dem Verlust eines JHWH-Bildes aus dem vorexilischen Jerusalemer Tempels verknüpft gewesen sein (vgl. KÖCKERT, s. Anm. 89, 371-406), was allerdings in der alttestamentlichen Wissenschaft (sehr) umstritten ist (vgl. dagegen etwa: HARTENSTEIN/MOXTER, s. Anm. 102, 58-66), hätte dies offenkundig eine bildtheoretische Pointe. Ein bildtheoretisches Verständnis ist allerdings nicht darauf angewiesen. In jedem Fall bleibt die am Exil festzumachende Ausprägung des Bilderverbots als Ausdruck des Monotheismus bestehen. In der sich formierenden christlichen Religion wird dies nochmals zugespitzt: Das Bild des gekreuzigten Jesus wird gegen den Augenschein zum Ausweis der Macht des Gottes, der in dieser irdischen Niederlage sich wiederum als himmlischer Sieger zeigt, wenn der Gekreuzigte als der Auferstandene den Seinen sichtbar gegenübertritt (vgl. GERD THEIßEN, a.a.O., 71-98) - und so das initiiert wird, was letztlich als Kirche erscheint. Insofern wandert das Bilderverbot gleichsam in die Christusgestalt ein, die in ihrer »Selbstdurchstreichung« bzw. Dahingabe am Kreuz indirekt zu dem Bild des Gottes werden kann, der sich direkt nicht zeigt (vgl. zum somit ikonoklastischen Bild des Gekreuzigten: JÜRGEN MOLTMANN, Der gekreuzigte Gott. Das Kreuz Christi als Grund und Kritik christlicher Theologie, München 1972, 78-83, bes. 82f). Dieser Zusammenhang von Monotheismus, Bilderverbot und Ostern hat die Pointe, mit einer »Wolke von Zeugen« (Hebr 12,1) Ostern als Grunddatum des christlichen Glaubens berücksichtigen zu können.

[90] Insofern hängen Bildvermögen, Metaphorik, Gleichnis, Auferstehung und Vision sowie Kanon zusammen, ohne einfach eins zu sein (vgl. dazu und zum Folgenden: KRÜGER, Bild Christi (s. Anm. 4), 151-522, bes. 508-510). Holzschnittartig kann man das oben Skizzierte in seiner Differenz so pointieren: Für den Menschen mit seiner negationstheoretischen Verfassung ist das Bildvermögen basal, wobei das äußere Bild als wahrnehmungsnahes Zeichen auf eine innere Bildlichkeit (Einbildungskraft) angewiesen ist, die sich selbst einklammert. Auf diesem Bildvermögen beruht das Sprachvermögen und das Vernunftvermögen, in denen sich die im Bildvermögen anschauliche Negationsfähigkeit des Menschen, etwas in seinem Sosein unabhängig von seinem Dasein festhalten zu können, diskursiv und (grenz-) dialektisch verflüssigt. Damit sind wiederum die Ausbildung von bewusster Subjektivität und Intersubjektivität verknüpft. In der sprachlichen Bildlichkeit von Metaphern und Gleichnissen wird das der Sprache eingeschriebene Bildvermögen eigens artikuliert. Im Horizont des Unbedingten wird das Bildvermögen religiös fassbar, wobei die »Aufspannung« dieses ungegenständlichen Horizontes im distanzierenden bzw. transzendierenden Charakter des Bildvermögens verankert und insofern keineswegs

Der christliche Glaube geht unterschiedlich mit seiner bildtheoretischen Verfassung um. Während die Orthodoxie und grundsätzlich auch der Katholizismus an einer sich selbst einklammernden Bildlichkeit (»Ikonentheologie«) festhält[91], wie sie mit der Konzilienchristologie der ersten Jahrhunderte verbunden ist, positioniert sich der Protestantismus anders. Er kann insbesondere die Innerlichkeit der Aneignung betonen und damit die Einbildungskraft in den Mittelpunkt rücken, mitunter in einer Art, welche etwas einseitig erscheint und die sinnesaffinere Modalität eher abzublenden scheint. Möchte man dies für die Gegenwart fruchtbar machen und möglichst konstruktiv wenden, kann man m.E. - im Anschluss an die Diagnose der bildtheoretischen Transformation der protestantischen Grundsignaturen - die Rechtfertigungslehre als Deutung innerer Bildlichkeit und die Schriftlehre als Deutung äußerer Bildlichkeit begreifen.[92]

Damit kommen wir zum vierten Unterpunkt, nämlich zur Frage nach den Folgen des bildhermeneutischen Ansatzes für den aktuellen Protestantismus und seine

---

unsinnlich ist. Im Christentum wird die Bestimmung der Religion, das Bildvermögen im Horizont des Unbedingten zu sein, mit dem Bild Christi an und in der Religion (sich) selbst ansichtig. Genau dies zeigt sich in sich selbst einklammernder Gegenständlichkeit bzw. Bildlichkeit des Gekreuzigten, wie er für die Glaubenden in den Ostererscheinungen sichtbar und zugleich nicht fixierbar vorstellig wird. Aus dieser Dynamik resultieren eine plastische und insofern bildliche bzw. bildaffine Kultpraxis (in den Sakramenten) und eine sich dann schriftlich (im Kanon der christlichen Bibel) kodifizierende Verkündigung. Sie ist ihrerseits an der Gestalt Jesu und seinem szenisch erinnerten Verhalten sowie seiner gleichnishaften Reich-Gottes-Botschaft orientiert. Aus christlicher Sicht führt die (Re-)Inszenierung dieses religiösen Grundimpulses im christlichen Gottesdienst (am Feiertag und im Alltag) dazu (vgl. zum Inszenierungscharakter des Gottesdienstes beispielhaft nur: MICHAEL MEYER-BLANCK, Authentizität, Form und Bühne: Theatralisch inspirierte Liturgie, in: PastTheol 94 (2005), 134-145; MARTIN NICOL, Einander ins Bild setzen. Dramaturgische Homiletik, Göttingen ²2005; URSULA ROTH, Die Theatralität des Gottesdienstes, Gütersloh 2006), dass sich Gott als ungegenständlicher Fluchtpunkt des menschlichen Lebens erweist, wie er dem Bildvermögen als Unbedingtheitsdimension eingeschrieben ist.
[91] Vgl. dazu beispielhaft für die katholische Seite: PETER HOFMANN, *Bild*theologie. Position - Problem - Projekt, Paderborn 2016; zum Dialog mit der orthodoxen Seite: PETRA BOSSE-HUBER/MARTIN ILLERT (HG.), Das Bild Christi in der orthodoxen und evangelischen Frömmigkeit. XVI. Begegnung im bilateralen Dialog zwischen der EKD und dem Ökumenischen Patriarchat, Leipzig 2017.
[92] Dies bedeutet allerdings nicht, dass in Zeiten von *Fakenews* alle religiösen oder nichtreligiösen Projektionen beliebig sind. Hier greifen die aus dem Bildvermögen und ihrem Umgang mit der Geschichte folgenden Kriterien der Referenz (d.i. der relative Einspruch der Quellen), der Kommunikation (d.i. die relative Weitergabe der Sachverhalte) und der Normativität (d.i. die relative Anerkennung der Informationsquellen). Dies führt nicht zur Beliebigkeit, sondern macht über den Bezug der Einbildungskraft auf die historische Person und das historische Geschick Jesu von Nazareth den spätmodernen Protestantismus als kritische Bildreligion plausibel (vgl. KRÜGER, Bild Christi, s. Anm. 4, 471-537; DERS., Pannenberg als Gedächtnistheoretiker, s. Anm. 20, bes. 189f.).

Überzeugungskraft. Die Rechtfertigungslehre artikuliert dann die Einsicht: In der protestantische Religion lebt das in der Bibel gleichsam eingespeicherte Bild Christi weiter bzw. wieder auf, wenn sich an seinem szenischen, plastischen und sinnesaffinen Charakter eine ihm entsprechende Deutung entzündet. Letztere vollzieht sich, wenn der Mensch sich im Medium seiner Einbildungskraft in den Horizont des Unbedingten so eingewiesen weiß, dass formal jede intellektuelle Werkgerechtigkeit ausgeschlossen ist und material eine kontrafaktische Selbstannahme im Licht österlicher Freiheit erfolgt. Das Formale und Materiale ist damit bildtheoretisch verbürgt. Denn epistemisch lässt sich das Bildvermögen (religiös: im Horizont des Unbedingten) nicht vollständig in Sprache und Vernunft aufheben. Und dogmatisch leuchtet das Licht österlicher Freiheit nur aufgrund der Herrlichkeit (»doxa«) des auferstandenen Kyrios ein.

Die Schriftlehre als Deutung äußerer Bildlichkeit entspricht diesem Sachverhalt. Denn die christliche Bibel basiert auf Ostern und vergegenwärtigt es als das mediale Gedächtnis der damit verbundenen Freiheitserfahrung.[93] Sie wird schriftsprachlich in szenischer, plastischer und sinnesaffiner Weise erinnert. In dem Sinn wurzelt der Kanon nicht nur in der Kultpraxis, sondern drängt auch zu der Inszenierung im Gottesdienst, der aufgrund der Kontrafaktizität von Ostern immer auch eine »Gegen-Inszenierung« zur gewohnten Welterfahrung darstellt. Und weil der Gottesdienst am Feiertag auch im Gottesdienst im Alltag gelebt werden möchte, führt protestantisch die Bildlichkeit dorthin, woraus sie entspringt, nämlich zu dem spezifisch menschlichen Leben, das sich aufgrund seines Bildvermögens in transanimalischer Freiheit darstellt. Insofern dient der christliche Gottesdienst in protestantischer Perspektive der Menschwerdung des Menschen, die im Horizont des Unbedingten erfolgt.[94]

Wenn der Protestantismus als Religion und als Partikulargestalt einer Religion nur eine mögliche Realisierung der im menschlichen Bildvermögen angelegten Dimension der Unbedingtheit ist, dann ist es für den Menschen nicht notwendig, protestantisch zu sein. Vielmehr ist der Protestantismus eine Option, wie

---

[93] Aufgrund des Verfalls des altprotestantischen Schriftprinzips kehrt sich damit die Reihenfolge der beiden protestantischen Grundsignaturen um.

[94] Letzteres könnte ggf. dann plausibel machen, warum neben Ostern auch Weihnachten zu den Höhepunkten christlicher Symbolkultur avanciert. An Weihnachten wird nicht nur bildlich die Inkarnationsdynamik greifbar, dass im Christentum (aus dessen Binnenperspektive) die Religion selbst religiös wird, indem die bildtheoretische Verfasstheit von Religion im Bild Christi selbst gegenständlich wird. Vielmehr wird an Weihnachten gewissermaßen auch das, und damit kann man an das oben Skizzierte anknüpfen, was die allgemeine Verfassung des Gottesdienstes auszeichnet, zum besonderen Gegenstand der Kultpraxis, nämlich die Menschwerdung des Menschen im Horizont des Unbedingten. Dies geschieht an Weihnachten existentiell und individuell unter Einbeziehung einer jedem Menschen zugänglichen Lebenserfahrung.

es in Deutschland und Europa auch lebensweltlich erfahrbar ist. Doch gerade so kann der spätmoderne Protestantismus freiheitstheoretisch in einer funktionalisierten Spätmoderne interessant werden. Indem der Protestantismus die Funktion der Funktionslosigkeit symbolisiert, kommt er als möglicher und neue Perspektiven erschließender Horizont in Frage, der befreiend die Zwänge des gewohnten Weltzusammenhanges zu unterbrechen vermag. Insofern ist der spätmoderne Protestantismus eine kritische Bildreligion, die innerreligiös und über das Religiöse hinaus immer nach einseitigen Verkürzungen im komplexen und sublimen Zusammenspiel von Bild-, Sprach- und Vernunftvermögen fragen kann. Zudem greift der Protestantismus über die kontrafaktische Figur der bildtheoretisch interpretierten Rechtfertigungslehre das unmittelbare Selbstverhältnis hinaus, wenn die prophetische Gegenwelt, die *counter-religion* des Gottesreiches in gewisser Weise zur Umwertung aller Werte wird und das Handeln bestimmt. Will man dies noch weiter zuspitzen, kann man sagen: In einer Welt der Bildlichkeit, des Scheins, der Inszenierung und des Spektakels, in einer offenbar allerorts hochgeschätzten Sprache der Gegenstände, ist der spätmoderne Protestantismus ein Anwalt der letztlich ungegenständlichen Einbildungskraft, die dynamisch und vital alle Prozesse der Fixierung, Vergegenständlichung und Musealisierung des Vorhandenen durchkreuzt.[95] Anders gesagt: Mit dem Bild Christi, wie es hier verstanden wird, spielt der spätmoderne Protestantismus in verdichteter Symbolik eine kontrafaktische Freiheit ein, die in unserer von der Bildlichkeit beherrschten Welt mitunter übersehen oder unterdrückt wird – auch und obwohl sie intrikat letztlich dem Bildvermögen eingeschrieben ist, das damit wiederum zum Hinweis auf Gott als Geheimnis unseres Lebens werden kann.[96]

Damit bin ich am Ende wieder bei dem Nespresso-Werbespot vom Anfang. Eine umfassende Neuorientierung des Lebens auf Gott als dessen Geheimnis – das ist mehr als die Beschaffung exklusiver Kaffeekapseln, und John Malkovich ist auch nicht Gott. Doch der Werbespot kann uns zur Frage anregen, und die ist fundamental, wie ich zu zeigen versucht habe: Wie können wir in unserer Gegenwart bildthermeneutisch den in der Bibel erinnerten Gott so wieder in Szene

---

[95] Vgl. zu einem Versuch, diesen bildtheoretischen Ansatz mithilfe eines Konzeptes der Anerkennung auf den (Gottesdienst im) Alltag zu beziehen: MALTE DOMINIK KRÜGER, Work-Life-Balance? Evangelische Arbeitsethik heute, in: JÖRG DIERKEN/DIRK EVERS (HG.), Religion und Politik. Historische und aktuelle Konstellationen eines spannungsvollen Geflechts, Frankfurt a.M. 2016, 309–327, bes. 325–327.
[96] Vgl. zum theologischen Geheimnisbegriff exemplarisch: ANDRÉ-JACQUES KIADI NKAMBU, »Geheimnis Gottes«. Gott mit uns. Immanuel. Ein Beitrag zum Geheimnisbegriff K. Rahners, E. Jüngels und H.U. v. Balthasars, St. Ottilien 2004.

setzen, dass er unsere lebensweltliche Wahrnehmung anspricht? Nun gut, vielleicht gelingt uns dies nicht immer so wie Georg Clooney und John Malkovich. Doch einen Versuch wäre es wert.[97]

---

[97] Auf drei Anfragen in der Diskussion im Anschluss des mündlich vorgetragenen Beitrags sei hier noch eingegangen, nämlich Isolde Karles Frage nach der Rolle der Musik, Udo Schnelles Frage nach der Trinität und Ulrich Körtners Frage nach der Eschatologie für eine bildhermeneutische Theologie. *Zur Musik ist zu sagen:* Das Singen unterläuft mit der unmittelbar angesprochenen Ebene des Gefühls das Bildvermögen und übertrifft es zugleich mit dem in der gesungenen Sprache stilisierten Sprachvermögen. (In der Vokalmusik wandert diese Singstimme gleichsam noch in das Nicht-Lautsprachliche der Musik ein; insofern liegt hier eine weitere, nochmalige Sublimierung vor). Durch dieses paradoxe Zugleich (des so in seiner Äußerlichkeit umgangenen und gleichwohl innerlich – als Einbildung – beanspruchten Bildvermögens) entsteht beim Singen eine eigenartige Wirkung, die stärker sein kann als die Wirkung äußerer Bilder: Der Mensch mit seiner Einbildungskraft kann beim Singen gleichsam eigentümlich ins Schweben geraten, so dass die menschliche Endlichkeit relativiert wird. Nicht ohne Grund hat besonders der Protestantismus als affirmativer Umgang mit Sprache und Gesang, deren konstruktiv-kritische Seite die Deutung des Protestantismus als *kritischer* Bildreligion ist, immer wieder im Singen einen Vorgeschmack himmlischer Freuden entdecken können (vgl. KRÜGER, Musikalisch religiös, s. Anm. 4, 69-87). *Zur Trinität ist zu sagen:* Wenn der dreieinige Gott die Projektion des menschlichen Bildbewusstseins ist und der Bildbegriff dreistellig ist (vgl. EDMUND HUSSERL, Phantasie und Bildbewußtsein, Hamburg 2006, 21f.), nämlich Bildträger, Bildobjekt und Bildsujet meint, dann kann dies auf die Trinität bezogen werden: Bildträger ist der Geist bzw. die Kirche, Bildobjekt ist Jesus Christus und Bildsujet ist Gott Vater (vgl. KRÜGER, Bild Christi, s. Anm. 4, 526f.). Damit wird eine strenge Lesart der Trinität »Der Vater durch den Sohn im Geist« bevorzugt, welche die Probleme der hegelischen Konzeption wechselseitiger Anerkennung vermeidet (vgl. KRÜGER, Göttliche Freiheit, s. Anm. 5, 287-312). Und es werden menschliches Bewusstsein, philosophischer Bildbegriff und theologische Trinität zusammengebunden, wie es grundsätzlich, wenn auch mit anderen Akzenten und Schwerpunkten, Augustinus wirkungsvoll der westkirchlichen Theologie vorgemacht hat (vgl. AURELIUS AUGUSTINUS, De trinitate, neu übersetzt u. HG. V. JOHANN KREUZER, Hamburg 2001; MARKO J. FUCHS, Spiegel und Bild. Die Konstellation von Selbst- und Gotteserkenntnis bei Augustinus, in: NEUBER/ VERESSOV (HG.) s. Anm. 73, 79-92). *Zur Eschatologie ist zu sagen:* Bildhermeneutisch steht die Eschatologie in der Theologie für Bilder, die in sprachlicher Form die Grenzdialektik des menschlichbedingten Lebens im Horizont des Unbedingten beschreiben, und zwar so, dass im dadurch beanspruchten Bildvermögen des Menschen eine bzw. die Hoffnung menschlichen Lebens artikuliert wird (vgl. KRÜGER, Bild Christi, s. Anm. 4, 527, Anm. 11). Im Medium der Zeit kann dies unter Aufnahme vergangener Erfahrungen als Gegenwart und Zukunft beschrieben werden. Eine interessante Form des Umgangs mit eschatologischer Bildlichkeit scheint mir die (Johannes-) Apokalypse zu bieten, wenn die sprachlich vor Augen der Einbildungskraft gemalten Bilder mitunter an Kippbilder erinnern, die zu fixieren misslingt. Auch dies scheint ein Hinweis auf die negativ-theologische Pointe des Umgangs mit (sprachlicher) Bildlichkeit zu sein.

Wie sich der Glaube Geltung verschafft

Ein Blick auf Beispiele aus der religiösen Praxis

Isolde Karle

1. Einleitung

Wie verschafft sich der Glaube Geltung? Ich gehe dieser Frage als Praktische Theologin nach und analysiere, in welchen religiösen Praxissituationen sich der Glaube bewährt und Geltung verschafft. Mein Vorgehen ist insofern induktiv, nicht deduktiv. Im ersten Beispiel geht es um eine Predigt, im zweiten um ein muslimisches Totengebet und im letzten Beispiel um zwei Prominente, die öffentlich darüber sprechen, was der Glaube für sie persönlich und ihr berufliches und öffentliches Engagement bedeutet.

Die Praktische Theologie nimmt für ihre Wahrnehmung und Deutung religiöser Praxis auf vielfältige Theorien innerhalb und jenseits der Theologie Bezug. In diesem Vortrag werden das die Anthropologie, die Ritual- und Kulturtheorie, die Systemtheorie, die Metapherntheorie und Rudolf Bultmanns Überlegungen zur Entmythologisierung biblischer Rede und ihre homiletischen Konsequenzen sein. Für Rudolf Bultmann war klar, dass sich der Glaube nur dort Geltung verschaffen kann, wo er *verstanden* wird. Er hat damit der Homiletik wesentliche Impulse gegeben. Damit komme ich zu meinem ersten Punkt:

2. Glauben und Verstehen

Rudolf Bultmann hat mit seinem Entmythologisierungsprogramm die Theologie und die Kanzelrednerinnen und -redner seiner Zeit in hohem Maße provoziert. Bis heute hallt diese Provokation nach. Bis heute werden seinen Ansprüchen an die Plausibilisierung biblischer Texte keineswegs alle Predigerinnen und Prediger gerecht. Zentral war seine Kritik an der mythologischen Sprache der Bibel, die einem Weltbild entspricht, das spätestens seit der Aufklärung als überholt gilt. Dass die Welt in drei Stockwerke aufgeteilt ist – mit dem Himmel über uns, der Hölle unter uns und der Erde dazwischen –, dass es Dämonen gibt, die Krankheiten verursachen, all dies würde kein vernünftiger Mensch heute mehr so formulieren.[1] Das hieß für Bultmann nun aber nicht, dass sich die biblische Sprache und Überzeugung erledigt haben, sondern lediglich, dass sie zu entmythologisieren und damit *zu interpretieren* sind, um die Wahrheit über die conditio humana, die hinter dem Weltbild verborgen ist, frei zu legen.[2]

Als völlig verfehlt und glaubensverhindernd betrachtete Bultmann es hingegen, »das mythische Weltbild zu repristinieren«[3] und ein »sacrificium intellectus«[4] zu begehen. Denn dies setzte eine schizophrene und unglaubwürdige Haltung des Theologen voraus. Deshalb fordert Bultmann: »[D]er Theologe und Prediger [schuldet] sich und der Gemeinde und denen, die er für die Gemeinde gewinnen will, absolute Klarheit und Sauberkeit.«[5] Er muss mit seiner Gemeinde wahrhaftig sein und deutlich machen, dass Jesus nicht wie ein Magier über das Wasser lief und an Ostern nicht wie ein Zombie zurück ins Leben kam. Die meisten Gemeindeglieder werden ihm dafür dankbar sein, weil sie sich von der Kirche als denkende Zeitgenossen ernstgenommen fühlen. Der Prediger ist auch erst dann zu einer wirklichen Interpretation herausgefordert, wenn er biblische Texte nicht einfach nachspricht, sondern sie deutet, erschließt und dabei vor Augen führt, welche grundlegenden Wahrheiten in ihnen verborgen sind, die für uns und unsere Lebensführung heute nicht weniger wegweisend sind als für die Zeitgenossen damals.

Der Mythos ist für Bultmann *existential* zu interpretieren, also im Hinblick darauf, was er über die menschliche Existenz aussagt. Bultmann hat im Hinblick auf einige zentrale christliche Überzeugungen angedeutet, wie diese existentiale Interpretation aussehen könnte.[6] So war er davon überzeugt, dass der Mensch, der auf der Suche nach dem Grund seines Lebens ist, zugleich nach Gott fragt. Die Frage nach Gott und die Frage nach dem eigenen Selbst sind für Bultmann in gewisser Weise identisch.[7] So deutet er die Sündenvergebung als Geschenk, das mich frei macht von den Ketten und Festlegungen meiner Vergangenheit. Der Glaube wiederum ist die Möglichkeit, mich für die Zukunft zu öffnen, frei zu

---

[1] Vgl. RUDOLF BULTMANN, Neues Testament und Mythologie. Das Problem der Entmythologisierung der neutestamentlichen Verkündigung. Nachdruck der 1941 erschienenen Fassung, hg. von EBERHARD JÜNGEL, München ²1985, 12ff.
[2] Vgl. BULTMANN (s. Anm. 1), 21ff.
[3] BULTMANN (s. Anm. 1), 14.
[4] BULTMANN (s. Anm. 1), 15.
[5] BULTMANN (s. Anm. 1), 21.
[6] Vgl. hierzu BULTMANN (s. Anm. 1), 31ff.
[7] Vgl. RUDOLF BULTMANN, Jesus Christ and Mythology, New York 1958, 53.

werden von aller eigenmächtigen Selbstvergewisserung und damit offen zu werden für die Zukunft Gottes.[8] Für Bultmann hat der Glaube insofern »nicht eine mysteriöse, supranaturale Qualität«, ihm entspricht vielmehr »die Haltung echter Menschlichkeit.«[9]

Das hat unmittelbare Folgen für die Predigtpraxis. Ich zitiere aus »Jesus Christ and Mythology«. Es handelt sich dabei um Vorlesungen von Rudolf Bultmann, die er an verschiedenen amerikanischen Universitäten hielt und die deshalb zuerst in den USA und damit in englischer Sprache veröffentlicht wurden. Was bedeutet die Erkenntnis der Entmythologisierung für das Predigen auf der Kanzel? Rudolf Bultmann erklärt: »Christian preaching, in so far as it is preaching of the Word of God by God's command and in His name, does not offer a doctrine which can be accepted either by reason or by a sacrificium intellectus. Christian preaching is kerygma, that is, a proclamation *addressed not to the theoretical reason, but to the hearer as a self.*«[10] Bultmann geht es um eine Botschaft, die persönlich und existentiell ist, nicht darum, eine kühle aufgeklärte Rationalität zu proklamieren oder sich umgekehrt hinter einem überholten Weltbild zu verschanzen. Das Selbst des Hörers oder der Hörerin soll angesprochen und berührt, zum Nachdenken oder auch zur Umkehr herausgefordert werden – der Hörer bzw. die Hörerin soll zu seinem bzw. ihrem »true self«[11] gerufen werden.

Bultmann macht dabei klar, dass Verstehen viel mehr bedeutet als etwas vernünftig nachvollziehen können, aber dass es ohne Vernunft zugleich nicht geht: »God's Word is not a mystery to my understanding. On the contrary, I cannot truly believe in the Word without understanding it. But to understand does not mean to explain rationally. I can understand, for example, what friendship, love and faithfulness mean, and precisely by genuinely understanding I know that the friendship, love and faithfulness which I personally enjoy are a mystery which I cannot but thankfully receive. *For I perceive them neither by my rational thinking, nor by psychological, nor by anthropological analysis but only in open readiness to personal encounters.*«[12] Nur in der Bereitschaft für echte Begegnungen erschließt sich mir das Geheimnis von Liebe und Freundschaft. Rational kann ich Liebe und Freundschaft letztlich nicht auf den Begriff bringen, sondern nur dankbar empfangen und entdecken. Genauso verhält es sich nach Bultmann mit der Gnade Gottes. Der gnädige Gott bleibt für immer ein Geheimnis, nicht weil er in einer irrationalen Weise agieren und die Naturgesetze durchbrechen würde, sondern

---

[8] Vgl. BULTMANN (s. Anm. 1), 34f.
[9] BULTMANN (s. Anm. 1), 43.
[10] BULTMANN (s. Anm. 7), 36. Hervorhebung IK.
[11] BULTMANN (s. Anm. 7), 40.
[12] BULTMANN (s. Anm. 7), 43f. Hervorhebung IK.

weil er mir in seiner unbegreiflichen Zuwendung begegnet und mir neue Lebenschancen eröffnet.

Wir erleben in der Gegenwart auch immer wieder voraufklärerische Versuche der »Repristinierung« und Verklerikalisierung des Glaubens. Vor diesem Hintergrund erscheint es essentiell, an Bultmanns grundlegende Kritik religiöser Rede und an seine enormen Anstrengungen, die biblische Sprache für die moderne Welt anschlussfähig zu interpretieren, zu erinnern. Schon Ernst Fuchs und daran anschließend auch Eberhard Jüngel, Hans Weder und viele andere haben Bultmann weitergedacht und darauf hingewiesen, dass es dabei nicht so einfach ist, das mythologische Kleid der biblischen Texte abzustreifen, um dahinter grundlegende Wahrheiten zu entdecken, dass Form und Inhalt viel enger miteinander zusammenhängen, als Bultmann dies zu seiner Zeit bewusst gewesen sein dürfte, und dass wir deshalb in gewisser Weise auch nicht auf die mythologische und noch viel weniger auf die metaphorische und erzählende Sprache in der religiösen Kommunikation verzichten können. Denn »[r]eligiöse Rede spricht der Wirklichkeit notwendigerweise mehr zu, als das jeweils Wirkliche aufzuweisen hat und als Wirklichkeit überhaupt aufzuweisen vermag.«[13]

Auch für die Religionspädagogik ist die Bildlichkeit religiöser Rede zentral. So weist Reto Luzius Fetz darauf hin, wie wichtig die Himmelssymbolik für den Glauben ist. Der religiöse Himmel darf dabei nicht naturwissenschaftlich verstanden werden. Zugleich ist der *sky*, der natürliche Himmel, unverzichtbar für den Symbolkomplex des *heaven*, des religiösen Himmels. Schon der natürliche Himmel bzw. seine Wahrnehmung ist ein Konstrukt unserer anthropomorphen Wahrnehmung und doch äußerst real. Der Himmel drängt sich als ein Gebilde eigener Art unserer Wahrnehmung auf.[14] Mit dem Himmel verbinden wir Erhebung und Befreiung, die Schwerkraft wird überwunden, die Alltagswelt unterbrochen. Der Himmel ist deshalb ein Ursymbol der Transzendenz. Nach Reto Luzius Fetz geht es darum nicht nur um ein archaisch-naives, sondern auch ein hybrides Verständnis des Himmels zu überwinden, bei dem religiöse und naturwissenschaftliche Vorstellungen durcheinander geraten, und zu einem differenzierten

---

[13] EBERHARD JÜNGEL, Metaphorische Wahrheit. Erwägungen zur theologischen Relevanz der Metapher als Beitrag zur Hermeneutik einer narrativen Theologie, in: DERS., Entsprechungen: Gott - Wahrheit - Mensch. Theologische Erörterungen II, 3. Aufl. um Register erweitert Tübingen 2002, 103-157, 103.

[14] Vgl. RETO L. FETZ/KARL H. REICH/PETER VALENTIN, Weltbildentwicklung und Schöpfungsverständnis. Eine strukturgenetische Untersuchung bei Kindern und Jugendlichen, Stuttgart u. a. 2001, 61 und: RETO L. FETZ, Die Entwicklung der Himmelssymbolik. Ein Beitrag genetischer Semiologie, in: Jahrbuch der Religionspädagogik. Band 2. 1985, Neukirchen-Vluyn 1986, 206-214, 206ff.

Verstehen zu gelangen, das den religiösen vom natürlichen Himmel unterscheiden und zugleich symbolisch von seiner Bildlichkeit und Figuration profitieren kann.[15] Auch diese Lesart ist als Fortführung von Bultmanns Entmythologisierungsgedanken zu verstehen.[16]

Noch eine weitere Einschränkung von Bultmanns Entmythologisierungsprogramm ist hier geltend zu machen. Aus systemtheoretischer Perspektive zeigt sich, dass Menschen ganz verschiedene, auch paradoxe Rationalitäten und Denkweisen miteinander kombinieren können, ohne dies als problematisch zu empfinden. Das ist nicht nur im Bereich der Religion, sondern auch der Medizin der Fall. So ist es für viele Menschen kein Widerspruch, Antibiotika und zugleich Globuli einzunehmen, auch wenn sich die Wirksamkeit von Globuli naturwissenschaftlich nicht nachweisen lässt. Es ist für viele Menschen ganz unproblematisch, sowohl säkular als auch postsäkular mit ihrer Krankheit umzugehen, es zählt nicht die logische, sondern die operationale Kohärenz der Praxis.[17] Viele moderne Menschen leben mithin mit sehr viel inkonsistenteren Identitäten, als Bultmann sich das mit seinem aufklärerischen Bewusstsein vorstellen konnte.

Zugleich verpflichtet Bultmann die theologisch gebildeten, in historischer Kritik geschulten Kanzelrednerinnen und -redner bis heute dazu, ihrerseits intellektuell redlich mit biblischen Texten umzugehen und sich immer wieder zu fragen, was das, was in den biblischen Texten steht, für das Menschsein heute bedeuten und welche weiterführenden und konstruktiv irritierenden Impulse von der Interpretation dieser Texte für die spätmoderne Lebensführung ausgehen können. Es geht darum, dass der Kanzelredner und die Kanzelrednerin von der christlichen Botschaft nicht klischeehaft oder in »orthodoxen Formeln«, die nicht mehr anschlussfähig sind und an jedem kritischen Zeitgenossen abperlen, sprechen. Stattdessen sollte er oder sie im Bemühen um eine zeitgemäße Sprache und im Kontext des gegenwärtigen Weltbilds Menschen mit der existentiellen Seite des christlichen Glaubens – zu ihrem Trost und Heil – konfrontieren und sie als Hörerinnen und Hörer des 21. Jahrhunderts ernst nehmen. Mein erstes Praxisbeispiel führt vor, wie dies geschehen kann.

---

[15] Vgl. FETZ (s. Anm. 14), 208ff. Zur zentralen Kategorie der Bildlichkeit für die Theologie vgl. MALTE D. KRÜGER, Das andere Bild Christi. Spätmoderner Protestantismus als kritische Bildreligion, Tübingen 2017.

[16] Zur Bildhaftigkeit religiöser Sprache und Kommunikation vgl. auch den instruktiven Beitrag von Malte Krüger in diesem Band.

[17] Vgl. dazu ausführlich: WERNER VOGD, Kontexturen der Heilung in einer polykontexturalen Gesellschaft. Empirische und gesellschaftstheoretische Untersuchungen zur Koexistenz scheinbar widersprüchlicher Semantiken, in: GÜNTER THOMAS/ISOLDE KARLE (HG.), Krankheitsdeutung in der postsäkularen Gesellschaft. Theologische Ansätze im interdisziplinären Gespräch, Stuttgart 2009, 23-35.

3. Wie sich der Glaube in der Predigt Geltung verschafft

Wie verschafft sich der Glaube Geltung? Für den Protestantismus war und ist es zentral, dass sich der Glaube durch die Predigt Geltung verschafft. Der Glaube kommt aus der Predigt, das ist nicht nur paulinische, sondern auch protestantische Grundüberzeugung. Der Glaube wird geweckt und gestärkt in Predigten, die intellektuell redlich, existentiell aufschlussreich, sprachlich sensibel und tröstlich von Gott und dem Menschsein erzählen. Dies ist bei der Predigt, die ich im Folgenden analysieren werde, aus meiner Sicht der Fall. Die Predigt ist von Theophil Askani, dem verstorbenen Reutlinger Prälaten, der sie 1981 im Radio hielt.[18] Ich habe erlebt, wie jemand auf der Basis dieser Predigt im Jahr 2017 eine eigene Predigt hielt. Viele waren berührt, manche haben geweint. Es war mit Händen zu greifen, wie sich der Glaube in diesem Gottesdienst Geltung verschaffte. Das war nur möglich, weil es auf den Spuren der Deutung Askanis zu einer Begegnung mit dem Text kam und dabei zugleich zu einer Begegnung mit Gott und dem eigenen Selbst, wie Bultmann formulieren würde.

Askani war zum Zeitpunkt der Predigt schon schwer krebskrank, er hatte seinen Tod vor Augen. Er predigte über Johannes 21,1-14, eine Ostererzählung. Wie können wir in der Gegenwart über Ostern und den Auferstandenen predigen? Und was hat Ostern mit der Erfahrung der Sterblichkeit und des Todes zu tun? Gleich zu Beginn macht Askani beides sensibel deutlich. Im Sinne Bultmanns weist er darauf hin, dass die Ostererzählung von Johannes 21 mehrere Bedeutungsebenen hat: »Hinter dem, was im Vordergrund erzählt wird, scheint anderes durch. Erste Erfahrungen der jungen Christenheit werden sichtbar, Schicksale von Menschen zeichnen sich ab, Mühsal und Vergeblichkeit tauchen wie dunkle Schatten auf, Sehnsucht und Hoffen haben ihr Spiel, Fragen und Verstummen gibt es – und Antwort auch.«[19] Hinter der vordergründigen Erzählung verbergen sich existentielle Erfahrungen, die sich nicht nur auf der Zeitebene der Erzählung, sondern auch auf die Gegenwart des Erzählers und des Predigers beziehen und von dort her ihre Dringlichkeit erhalten. Diesen Erfahrungen gibt Askani mit poetischen Worten Ausdruck.

Der Prediger schafft es sehr einfühlsam, seine Hörerinnen und Hörer in die Ostererzählung hineinzuführen, sie mit eigenen Gefühlen, Gedanken und Bildern anzureichern und dabei immer auch von der Gegenwart der Hörerinnen und Hörer zu sprechen. Zwei biblische Sätze werden dabei besonders betont und hervorgehoben. Der eine Satz ist: »*...in derselben Nacht fingen sie nichts*«. Der Satz bezieht sich auf den Fischfang der Jünger am See, der ergebnislos verläuft. Askani

---

[18] Vgl. THEOPHIL ASKANI, Johannes 21,1-14. 26. April 1981 – Südwestfunk, in: DERS., Da es aber jetzt Morgen war stand Jesus am Ufer. Predigten, Reutlingen o.J., 261-266.
[19] ASKANI (s. Anm. 18), 261.

schließt an diese Erfahrung der Vergeblichkeit an. Jeder kenne die Erfahrung von Vergeblichkeit – und Askani fügt hinzu, dass man es sich vielleicht nicht einmal wünschen sollte, die Erfahrung von Vergeblichkeit überhaupt nicht zu kennen: »Wer nichts weiß von der vergeblichen Nacht und vom vergeblichen Tag, wer das gar nicht kennt, dem fehlt etwas in seinem Leben. Es ist wie eine verlorene oder noch nicht gefundene Dimension, eine Tiefe, die fehlt. Keinen Mangel haben, kann auch ein Mangel sein.«[20] Wenn einem alles gelingt, dann begreift man nicht, was es bedeutet, mit leeren Händen da zu stehen, mit Misserfolg klar kommen zu müssen, mit Krankheit, Endlichkeit, Zerbrechlichkeit und Enttäuschung. Dann weiß man nicht, »wie das ist, wenn das Netz leer aus dem Wasser kommt«.[21] Tiefgründig und metaphorisch interpretiert Askani seinen Predigttext. Er ist dabei ständig im Gespräch mit den Hörerinnen und Hörern über ihr Leben und bleibt zugleich ganz bei der Erzählung und ihrem Eigensinn.

Der zweite zentrale Satz der Predigt ist: »*Als es aber jetzt Morgen war, stand Jesus am Ufer*«. Der Satz enthält in sich selbst nur wenig Information, aber Askani macht ihn durch seine metaphorische Interpretation zum entscheidenden Satz seiner Predigt. Er ist eine Art österlicher Key-Sentence, in dem für Askani das ganze Evangelium zusammengefasst ist. Die Jünger denken, sie seien ganz allein in dieser langen vergeblichen Nacht auf dem See, aber der Auferstandene ist längst da. Er steht am Ufer, als es endlich dämmert. Er erwartet sie und weiß um ihre Vergeblichkeit und Traurigkeit.[22] Für Askani ist diese Ostergeschichte »ein Transparent«[23] für unser Leben. Die, die mit leeren Händen kommen, die, die dem Tod entgegengehen, sie werden von Jesus erwartet. Denn Jesus steht am Ufer.

Nach dem Johannesevangelium ist der Auferstandene den Jüngern zu diesem Zeitpunkt schon zweimal begegnet. Dass sie immer noch derart ahnungslos sind, wie unsere Erzählung suggeriert, macht vordergründig keinen Sinn. Es bedarf der *Interpretation*, für die der Autor bzw. Schlussredaktor des Evangeliums selbst Lektürehilfen an die Hand gibt. So ist es dem Evangelisten wichtig eigens darauf hinzuweisen, dass es sich hier um die dritte Auferstehungsbegegnung handelt. Er will dem Leser und der Leserin zeigen, wie mühsam die Erkenntnis von Ostern ist, wie fragil die Ostererkenntnis ist, wie sehr wir alle dazu tendieren, in unserem Alltag verhaftet zu bleiben, uns vergeblich abzumühen und am Ende den zu übersehen, der unser Leben in der Hand hält, der längst am Ufer steht und uns freundlich erwartet.

Askani geht dieser Spur des Johannes nach. Er traktiert dabei nicht die Frage, wie der Auferstandene am See überhaupt gedacht werden kann bzw. wie man

---

[20] ASKANI (s. Anm. 18), 264.
[21] ASKANI (s. Anm. 18), 264.
[22] Vgl. ASKANI (s. Anm. 18), 265f.
[23] ASKANI (s. Anm. 18), 265.

sich Ostern konkret vorstellen kann. Er übergeht diese Frage. Zugleich macht er deutlich, dass er den Auferstandenen, der am Ufer steht, keineswegs als supranaturale Rekonstruktion des irdischen Jesus begreift. Die ganze Erzählung trägt mythische Züge, wird aber nur verstanden, indem diese Züge ausgeleuchtet, nacherzählt und interpretiert werden. Askani erklärt dabei historisch-kritisch geschult: »Johannes 21 ist ein Anhang, ein Nachtrag. Wer nachliest, sieht, daß das Evangelium schon im vorhergehenden Kapitel abgeschlossen war. Ich freue mich an diesem Anhang. Er nimmt noch einmal auf, was war, und er zeigt, was sein wird, so, daß ich es verstehen kann. Eine lange Kirchengeschichte deutet sich an und zugleich das Ziel aller Zeit. Die Grenze meines eigenen Lebens wird sichtbar und zugleich wird die Hoffnung angesagt, die keine Phantasie sich ausmalen kann und muß. ›Da es aber jetzt Morgen war, stand Jesus am Ufer.‹ Was braucht es mehr für dich und mich?«[24]

Askani nimmt in seiner Osterpredigt sowohl die Erfahrung von Sterblichkeit als auch von Auferstehung sehr ernst. Seine Predigt wird zur Seelsorge an den Hörerinnen und Hörern. Denn der Auferstandene am Ufer erwartet auch sie in der letzten Nacht ihres Lebens.[25] Das ist das, was der Prediger ihnen eher indirekt als direkt vermittelt. Den Schlusspunkt der Lebensgeschichte setzen nicht Vergeblichkeit, Mühe und Tod, sondern die Hoffnung, der Morgen und das Leben.[26]

Theophil Askanis Predigt verschaffte dem Glauben Geltung, weil er die Ostergeschichte in Johannes 21 weder historisierend noch repristinierend, sondern existential, poetisch und seelsorgerlich zu interpretieren wusste. Die Predigt konnte deshalb mit Kopf und Herz verstanden, weitergedacht und -gelebt werden.

4. Wie sich der Glaube im Ritus Geltung verschafft

Im letzten Jahr machte ich mit meinem Lehrstuhl einen Mitarbeiterausflug nach Duisburg-Marxloh in die dortige Merkez-Moschee. Zufällig wurde im Hof der Moschee gerade ein Totengebet gehalten, sodass wir warten mussten, bevor wir die Moschee betreten konnten. Das gab uns die Gelegenheit, das Totengebet zu beobachten. Das muslimische Totengebet, Cenaze-Namaz genannt, ist streng rituell verfasst.[27] Die Gemeinde, die am Totengebet teilnahm, stellte sich in Reihen vor dem Verstorbenen auf, zuerst die Männer und mit Abstand und getrennt davon

---

[24] Askani (s. Anm. 18), 266.
[25] Vgl. Askani (s. Anm. 18), 265.
[26] Vgl. Askani (s. Anm. 18), 266.
[27] Alle inhaltlichen Informationen zum muslimischen Totengebet sind entnommen aus: Sterbebegleitung und Tod im Islam, hrsg. vom Zentrum für Soziale Unterstützung e.V. und DITIB-Sosyal Dayanişma Merkezi, Köln 2011, 23ff.

dann auch die Frauen.[28] Der Tote lag auf einer Bahre, die seitlich zur Gebetsrichtung stand. Sein Gesicht soll dabei nach Mekka ausgerichtet sein.[29]

Der Imam führte das Gebet an. Zu Beginn sprach er laut die Anfangsformel »Tekbir/Allahu ekber« – »Allah ist groß«. Dabei hob er seine Hände in Ohrhöhe. Die Gemeinde sprach seine Worte stehend nach und imitierte seine Bewegungen. Danach folgte ein weiteres Gebet, das Imam und Gemeinde zusammen sprachen. Dann sprach der Imam einen weiteren Gebetsruf allein und die Gemeinde macht es ihm wieder nach. Insgesamt wurde der Gebetsruf »Tekbir« vier Mal wiederholt. Dazwischen sprach jeder für sich Segenswünsche für den Verstorbenen und die Gemeinde. Am Ende folgten die Schlussgrüße des Imams mit Kopfbewegungen nach rechts und links, immer mit einem »Selam-Gruß« verbunden, auch bei diesen Bewegungen folgte die Gemeinde dem Imam. Dann endete das Totengebet. Es dauerte vielleicht 15 Minuten. Danach wurde der Tote auf der Bahre von einigen Männern mitten durch die Gemeinde zum wartenden Auto getragen, um später nach Istanbul geflogen zu werden.

Das Bild der betenden Muslime vor der Moschee in Duisburg hinterließ bei den Beobachterinnen und Beobachtern, die Zeuge des Totengebets wurden, einen nachhaltigen Eindruck, obwohl sie inhaltlich nichts verstehen, nur erahnen konnten. Der Ritus war von einer großen Pietät dem Verstorbenen gegenüber geprägt und insgesamt sehr feierlich und zugleich schlicht. Die Gemeinde, die zusammenkam, war vielfältig. Es waren alte Männer dabei, die traditionell arabisch gekleidet waren, aber auch Jugendliche, die in Jeans, T-Shirt und Turnschuhen daran teilnahmen. Der Ritus schloss eine Gemeinschaft zusammen, die aus sehr unterschiedlichen Individuen bestand. Dem Ritual des Totengebets entsprach eine aufwändige Choreographie, in der die richtigen körperlichen Bewegungen und die richtigen Worte, die zusammen gesprochen werden, eine zentrale Rolle spielten. Der Ritus verstand sich dabei gewissermaßen von selbst. Er lebte von dem Vorwissen der Beteiligten und musste deshalb nicht erläutert und gedeutet werden. Das gemeinsame laute Sprechen des Totengebets stärkte die religiöse Identität der Betenden und brachte sie zugleich neu hervor.

Selbstverständlich besteht bei Ritualen immer die Gefahr, dass sie entleert werden, dass sie nur noch gedankenlos vollzogen werden. Das war die berechtigte Kritik der Reformation an der ritualisierten Verknöcherung der römischen Kirche ihrer Zeit. Doch zugleich lädt das ritualisierte Gebet die Teilnehmenden niedrigschwellig ein mitzusprechen, ohne ihnen eine kognitive Last aufzubürden und ohne ihnen eine individuelle Stellungnahme abzufordern. Das rituelle Gebet

---

[28] S. Anm. 27, 26.
[29] S. Anm. 27, 23.

verlangt nicht, dass es individuell reflektiert wird, sondern lediglich, es mitzusprechen und sich einzufinden in die Gemeinschaft derer, die dieses Gebet seit vielen Jahrhunderten zusammen sprechen.

Rituale sind sinnhafte Formen des kulturellen Gedächtnisses.[30] Sie strukturieren die Kommunikation in besonderer Weise. Sie schaffen Strukturen, die Gefühle der Dauer, der Beständigkeit und Verlässlichkeit zu vermitteln vermögen. Die geformte Sprache der Überlieferung vermag dabei besonders in emotional aufgeladenen Situationen wie Tod, Trauer und Schmerz Sprachlosigkeit zu überwinden. Rituelle Handlungen regeln und stabilisieren die Kommunikation und haben dabei ihre eigene Evidenz, »sie erfüllen die Funktion der Religion durch ›Entsprachlichung, Rhythmisierung, Körperbeteiligung, Stereotypisierung‹ und verdecken so Kontingenz. Rituale sprechen für sich und das verleiht ihnen eine eigene Stabilität und Plausibilität.«[31] Sie rücken die Frage nach Sinn und Bedeutung in den Hintergrund, ohne sie aus den Augen zu verlieren. Rituale werden »rasch [...] zu einer Gewohnheit, bei der das richtige und angemessene Verhalten nicht jedes Mal neu überlegt oder ausgehandelt werden muss.«[32] Sie sind deshalb keineswegs starr oder sinnentleert, sondern stellen im besten Fall lebendige Kommunikationsereignisse dar, »in denen sich eine Gemeinschaft immer wieder neu findet und an denen sie arbeitet.«[33] Wer an einem Ritual teilnehmen möchte, muss dabei nicht zwingend individuell glauben (»belief«), Akzeptanz genügt (»acceptance«).[34]

Ein fest verankertes Ritual hat Gewicht, weil es nicht vage bleibt, sondern klar definiert ist – ich kann nur teilnehmen oder nicht-teilnehmen, eine dritte Möglichkeit ist ausgeschlossen. Die Partizipation an einem ritualisierten Gebet wie dem Totengebet vor der Moschee in Duisburg ist keine private Angelegenheit, sondern ein *öffentlicher Akt*, der für alle sichtbar ist – nicht nur für den einzelnen Beter selbst, sondern auch für die versammelte Öffentlichkeit, die den Vollzug des Rituals bezeugt und hört, wie die anderen Personen das Gebet mitsprechen und sich dabei bewegen. Roy Rappaport betont in diesem Zusammenhang die performative Kraft des rituellen Aktes: »Clear definition, which is intrinsic to the formality of ritual, itself possesses perlocutionary force, and so do the gravity,

---

[30] Zum kulturellen Gedächtnis vgl. JAN ASSMANN, Das kulturelle Gedächtnis. Schrift, Erinnerung und politische Identität in frühen Hochkulturen, München 1999.

[31] CHRISTOPH DINKEL, Was nützt der Gottesdienst? Eine funktionale Theorie des evangelischen Gottesdienstes, Gütersloh ²2002, 98. Das Zitat im Zitat ist von Niklas Luhmann.

[32] AXEL MICHAELIS, Wozu Rituale?, in: Spektrum der Wissenschaft Spezial 1/2011, 6-13, 9.

[33] MICHAELIS (s. Anm. 32), 9.

[34] Vgl. ROY A. RAPPAPORT, Ritual and Religion in the Making of Humanity, 6. Nachdruck Cambridge/UK 2004 (Erstveröffentlichung 1999), 119ff.

solemnity and decorum characteristic of many rituals.«[35] Rituale sind deshalb nicht nur niedrigschwellig im Hinblick auf die Voraussetzungen der Partizipation – es genügt »acceptance«, »belief« ist nicht zwingend erforderlich –, sondern bringen zugleich eine neue soziale und im Gefolge dessen nicht selten auch individuelle Wirklichkeit hervor. Denn derjenige, der das Ritual vollzieht, bleibt davon in der Regel nicht unberührt. Er wird selbst Teil einer sozialen Ordnung, für die das Ritual steht und der er durch seine Teilnahme indirekt zustimmt.[36]

Rappaport sieht in der *Unterscheidung* von Akzeptanz und Glaube, acceptance and belief, deshalb auch keine Schwäche, sondern die Stärke des Rituals. Das Ritual bearbeitet Unsicherheit und Zweifel, die den einzelnen Gläubigen intern beschäftigen mögen, durch seinen formellen und öffentlichen Charakter: »[P]aradoxically, it may be, and it surely has been implied by religion's defenders, that the acceptance indicated by liturgical performance, being independent of belief can be more profound than conviction or sense of certainty, *for it makes it possible for the performer to transcend his or her own doubt by accepting in defiance of it.*«[37] Rappaport geht sogar so weit zu behaupten, dass das Ritual »more profound« sei als die persönliche Überzeugung: Ich kann im verlässlichen Ritual meinen unbeständigen, volatilen Glauben transzendieren, indem ich ungeachtet aller Skepsis am Ritual als einem eindeutigen öffentlichen Akt teilnehme. Ich partizipiere trotz meiner Zweifel – zum Beispiel daran, ob der Tote nun ein ewiges Leben hat – am Totengebet und bearbeite so zugleich meine internen Ambivalenzen und Ambiguitäten.

Selbstverständlich vermag eine rituelle Partizipation nicht einfach den inneren Zustand einer Person von Unglauben zu Glauben zu transformieren, aber die internen Ambiguitäten und Unsicherheiten werden durch die Teilnahme am Ritual zugleich relativiert. Roy Rappaport formuliert: »Liturgical performance is, thus, *a fundamental social act*, for the acceptance intrinsic to it forms a basis for public orders which unknowable and volatile belief or conviction cannot«.[38] Das Totengebet der Muslime war ein solch »fundamental social act«, der eindeutig, einfach und öffentlich den Glauben kommunizierte. Auf solchen »fundamental social acts« basiert der Glaube, egal, ob er nun muslimischer oder christlicher Art ist. *Nur als »social act« verschafft sich der Glaube Geltung.*

Rudolf Bultmanns Perspektiven waren ganz auf die individuell zu vertretende Predigt auf der Kanzel ausgerichtet, die mich als Hörer bzw. Hörerin vor die Frage stellt, ob ich dem, was ich höre, zustimmen kann oder nicht. Auch das ist

---

[35] RAPPAPORT (s. Anm. 34), 116.
[36] Vgl. RAPPAPORT (s. Anm. 34), 117.
[37] RAPPAPORT (s. Anm. 34), 120; Hervorhebung IK.
[38] RAPPAPORT (s. Anm. 34), 122f.

ein »fundamental social act«, aber er funktioniert anders als die rituelle Kommunikation. Bei der rituellen Kommunikation tritt das einzelne Subjekt in den Hintergrund, die Form hingegen in den Vordergrund. Der Ritus lässt dabei deutlich mehr Unbestimmtheit zu und kommuniziert eher indirekt als direkt. Diskret kann das innere Selbst verborgen bleiben, niemand verlangt eine individuelle Stellungnahme, wenn ein Gläubiger das Totengebet – oder im Christentum das Vaterunser[39] oder das Glaubensbekenntnis – mitspricht. Anders als die Predigtkommunikation ist die rituelle Kommunikation kein Mittel persuasiver Kommunikation. Selbst bei den Kasualhandlungen sind die Fragen, die gestellt werden, ritualisiert und wird keine individuelle Eigeninitiative verlangt. »Acceptance« und die Orientierung an der rituellen Ordnung genügen. Zugleich ist zu betonen, dass ohne ein irgendwie geartetes Verstehen religiöse Rituale nicht mehr funktionieren würden. Sie sind nur dann anschlussfähig, wenn sie wenigstens rudimentär verstanden und nachvollzogen werden können. Sonst werden sie inhaltlich entleert und sinnlos.

Insgesamt scheint mir die rituelle Form religiöser Kommunikation eine barmherzige Form der Kommunikation zu sein – der oder die Einzelne muss »nur« teilnehmen, sich aber nicht individuell mit eigenen Worten äußern oder gar bekennen. Im Sinne der self-fulfilling-prophecy macht sich der Glaube in der rituellen Kommunikation selbst wahrscheinlich: Der Ritus nimmt das Individuum mit ohne allzu viel Kohärenz und Kognition von ihm zu verlangen und verdeckt damit zugleich diskret die Flüchtigkeit individuellen Glaubens.

5. Wie sich der Glaube als Motivation für öffentliches Handeln Geltung verschafft

Die letzte Szene spielt auf dem Kirchentag in Berlin im Jahr 2017. Angela Merkel und Barack Obama waren vor dem Brandenburger Tor vor ca. 80 000 Zuhörerinnen und Zuhörer eingeladen, um mit dem Ratsvorsitzenden der EKD Heinrich Bedford-Strohm und der Kirchentagspräsidentin Christina Aus der Au über Demokratie und Weltverantwortung zu sprechen. Sowohl Angela Merkel als auch Barack Obama traten dabei nicht nur als Politiker auf, sondern dezidiert auch als Christen. Beide prominenten Politiker machten in Berlin deutlich, dass der Glaube für sie nicht nur etwas Innerliches und Privates ist, sondern dass er mitten in den Alltag der Welt gehört. Beide machten zugleich darauf aufmerksam, dass die Hinwendung zur Welt mit Zweifeln, Irrtümern und offenen Fragen einhergeht.

---

[39] Zum Vaterunser vgl. Isolde Karle, Beten in der Gotteskrise. Die seelsorgerliche Kraft des Vaterunsers, in: Thomas Söding (Hg.), Führe uns nicht in Versuchung. Die Herausforderung des Vatersunsers, Freiburg im Brsg. 2018, 151-170.

Eindrucksvoll war dabei nicht nur, dass beide Politiker sich sehr reflektiert präsentierten, sondern auch, dass sie als theologische Nicht-Profis ihren Glauben authentisch und kompetent zu bezeugen wussten. Sie praktizierten das Allgemeine Priestertum und trugen so zur sozialen Geltung des Glaubens bei.

Barack Obama sprach davon, wie ihm der Glaube in den Armenvierteln Chicagos begegnet sei und er ihm geholfen habe, »to change things for the better«.[40] Er sprach von Güte und Toleranz, davon dass die Gräben zwischen den Völkern und Religionen zu überbrücken seien, weil wir alle unter einem gütigen Gott, einem »*benevolent God*«[41], lebten. Diesen gütigen Gott bezeichnet Obama als Antrieb für sein ganzes Leben.

Auf die kritische Frage nach den unschuldigen Opfern der vielen Droneneinsätze, die Barack Obama als Präsident angeordnet hatte, konzediert er, dass seine Entscheidungen manchmal zum Tod unschuldiger Zivilisten geführt hätten. Und er macht deutlich, dass er mit dieser Schuld leben müsse. Es sei für ihn immer die entscheidende Herausforderung gewesen, wie man sein eigenes Land vor Terrorismus schützen und zugleich seine eigenen Werte hochhalten könne. Nicht immer sei das gelungen. Auch im Hinblick auf Flucht und Migration weist Obama auf Paradoxien zwischen christlicher und politischer Rationalität hin. »And the struggle, [...] that I've had when I was president of the United States, is that in the eyes of God a child on the other side of the border is no less worthy of love and compassion than my own child. We can't distinguish between them in terms of their worth and their inherent dignity and that they're deserving shelter and love and education and opportunity. But, we're also the heads of nation states. And we have responsibilities to citizens and people within our borders. And we have finite resources. And so, part of the job I think of governments, is to express humanity and compassion and solidarity with those in need, but also recognize that we have to operate within legal constraints and institutional constraints and the obligations that we have to the citizens of the countries that we serve. And that's not always easy.«[42]

Differenziert beschreibt Obama, wie herausfordernd es ist, politische Verantwortung und christlichen Glauben aufeinander zu beziehen. Der Glaube prägt seine Haltung zur Welt, zugleich geraten die politische und die religiöse Rationalität immer wieder miteinander in Konflikt. Die Widersprüchlichkeit bzw. Eigensinnigkeit der unterschiedlichen Funktionssysteme lässt sich dabei nicht auflösen, aber in eine produktive Spannung bringen. So ist es für Obama wichtig,

---

[40] BARACK OBAMA, unter: https://youtu.be/3KHI0VtYsWw (Abrufdatum: 04.04.2018). Ab 22:32.
[41] OBAMA (s. Anm. 40), 22:52.
[42] OBAMA (s. Anm. 40), ab 45:23.

dass er sich als Politiker einem gnädigen Gott unterstellen und auf ihn hoffen kann.

Dass der Glaube die Welt tatsächlich verändern kann, macht Obama am Kampf gegen die Sklaverei in den USA deutlich: »If you think about the United States, it was people of faith who were the first ones to speak out against slavery and it required a sense of righteous anger against an institution that for many they viewed as just the natural order of things, it was a radical movement initially, that eventually elevated people's consciousnesses and led to that long march towards freedom. So we have to act based on what we believe is true and is right. My only suggestion is, that when we do so, it is important for us also to remind ourselves that God does not speak to us alone.«[43] Einerseits führt Obama vor Augen, dass es manchmal eines gerechten Zorns bedarf, um Ungerechtigkeit zu beseitigen und Freiheit zu erreichen. Andrerseits drückt sich für ihn die Stärke des Glaubens nicht zuletzt darin aus, Menschen mit anderen Argumenten, anderen Glaubensauffassungen und Perspektiven zu achten und zu respektieren. Obama schließt: »And hopefully, if your faith is strong enough and your ideas are strong enough and they meet the test of time then ultimately I believe in the words of Doctor Martin Luther King: ›The arc of the moral universe bends towards justice.‹ Sometimes it takes a long time to get there. And the most important thing that faith provides is maybe persistence and the willingness to continue even when it's hard.«[44]

Auch wenn Angela Merkel nicht mit demselben Pathos wie Barack Obama von der Bedeutung des Glaubens für ihr Leben und ihr öffentliches Wirken sprach, erstaunte es doch, von ihr, die an diesem Punkt immer sehr diskret ist, ein markantes persönliches Bekenntnis zu hören: »Ich möchte für mich auch nochmals sagen, dass der christliche Glaube erst einmal mein Glaube ist, der für mich bedeutet: Erstens, es gibt etwas über mir, in mir, so dass ich mich als Geschöpf Gottes verstehen kann. Mit Fähigkeiten, aber eben auch mit endlichen Fähigkeiten. Das heißt, ich habe die Aufforderung zu handeln nach bestem Wissen und Gewissen, inspiriert auch durch den christlichen Glauben. Aber ich habe auch das Recht, Fehler zu machen. Nicht das Recht, aber ich weiß, ich mache auch Fehler. Und ich bin damit nicht vernichtet, sondern darin auch aufgehoben. Und das gibt eine gewisse Demut, an die Dinge heranzugehen. Und diese Demut wiederum gibt mir die Möglichkeit, auf die Stärken der anderen zu gucken. Wir

---

[43] OBAMA (s. Anm. 40), ab 57:33.
[44] OBAMA (s. Anm. 40), ab 59:30.

sind zur Freiheit berufen. Aber jeder ist zur Freiheit berufen! Und meine Freiheit ist nicht unendlich, sondern durch die Freiheit des anderen begrenzt.«[45]

Angela Merkel macht deutlich, was der Glaube für ihr persönliches Leben bedeutet. Sie versteht sich als Geschöpf Gottes und weiß gerade deshalb um ihre Endlichkeit und Irrtumsfähigkeit. Damit werden zentrale anthropologische Erkenntnisse mit christlichen Sprachformen zum Ausdruck gebracht, die ansonsten im politischen Tagesgeschäft kaum Raum haben. Angela Merkel spricht als Christin über ihre Fehler und macht zugleich deutlich, dass sie sich durch ihre Fehler nicht vernichtet sieht, sondern in Gott aufgehoben weiß. Diese Bezugnahme auf Gott gebe ihr Demut im Hinblick auf ihr Amt. Grundlegend ist für sie dabei der Gedanke, dass wir zur Freiheit berufen sind und dass diese Freiheit immer auch die Freiheit des anderen ist. Die damit formulierten christlichen Grundüberzeugungen sind maßgebend für ihr persönliches Leben und – in etwas indirekterer Form als bei Barack Obama – auch für ihr politisches Engagement. Die persönlichen Worte von Angela Merkel haben bei der Veranstaltung Eindruck hinterlassen. Sie wirkte authentisch und nachdenklich und betonte am Ende, wie wichtig ihr die gemeinsame Inspiration des Glaubens sei – und wieviel Kraft es ihr gebe zu wissen, dass so viele andere auch glauben.

Beide Politiker machten deutlich, was der Glaube für ihr persönliches Leben, aber auch für ihre Verantwortung in Beruf und Politik bedeuten – als Quelle der Inspiration, aber auch der ethischen Orientierung.[46] Der Glaube verschaffte sich dabei in einem doppelten Sinn Geltung: zum einen als soziales Ereignis, bei dem zwei prominente Professionslaien differenziert und persönlich über die Bedeutung des Glaubens für ihr Leben sprachen; zum andern aber auch dadurch, dass beide Politiker demonstrierten, dass religiöser Glaube nicht nur hinter Kirchenmauern zelebriert wird, sondern dass und wie er – ganz im reformatorischen Sinn – Basis für das eigene Berufsethos und die Weltverantwortung sein kann.[47]

---

[45] ANGELA MERKEL, unter: http://www.ardmediathek.de/tv/Kirchliche-Sendungen/Obama-und-Merkel-live-vom-Kirchentag/Das-Erste/Video?bcastId=4112710 &documentId= 4308 4900 (Abrufdatum: 04.04.2018). Ab 42:05.

[46] Sie sind damit zugleich auch Ausdruck einer Entprivatisierung von Religion, vgl. dazu: JOSÉ CASANOVA, Religion und Öffentlichkeit. Ein Ost-/Westvergleich, in: KARL GABRIEL/HANS-RICHARD REUTER (HG.), Religion und Gesellschaft. Texte zur Religionssoziologie, Paderborn u. a. 2004, 271-293.

[47] Vgl. ISOLDE KARLE, Vom Himmel auf die Erde. Glaube als Weltbejahung, erscheint in: WOLFRAM KINZIG (HG.), Glaube und Theologie. Reformatorische Grundeinsichten in der ökumenischen Diskussion. Veröffentlichungen der Wissenschaftlichen Gesellschaft für Theologie (VWGTh), Leipzig 2019.

6. Schluss

Ausgangspunkt meiner Überlegungen war die These Bultmanns, dass der Glaube sich nur dort und nur dann Geltung verschaffen kann, wenn er auch verstanden wird. Die Dimension des Verstehens steht denn auch in den beiden für den Protestantismus besonders typischen Szenen im Vordergrund: So wird in der Predigt von Theophil Askani die Ostergeschichte nicht supranatural, sondern existential interpretiert und der metaphorisch-mythische Charakter der Erzählung zugleich seelsorgerlich gedeutet und zum Leuchten gebracht. Im letzten Beispiel geht es um die persönliche Bezeugung des Glaubens durch zwei prominente Professionslaien. Angela Merkel und Barack Obama reflektieren die Auswirkungen des Glaubens auf ihr Leben und ihren Beruf mit nachdenklichen Worten, wobei sie die Spannungen und Konfliktlinien, die sich dabei ergeben, nicht verschweigen. In beiden Situationen geht es darum zu verstehen, wie sich der Glaube auf das Leben bezieht, wie er Menschen zum Nachdenken und zu einem bestimmten Ethos motiviert, wobei die Predigt einen stärker seelsorgerlich-existentiellen Charakter hat, während bei dem Gespräch mit Merkel und Obama das kognitive Nachdenken und der Bezug auf das öffentliche Handeln dominieren.

Relativiert wird das Verstehen im Ritus wie dem muslimischen Totengebet. Der Ritus symbolisiert das Unsagbare und rückt die Transzendenzperspektive der Religion stärker in den Vordergrund. Aber auch der Ritus kommt nicht gänzlich ohne Verstehen aus, das Verstehen ist hier dem Mitvollzug in der rituellen Praxis lediglich nach- und untergeordnet. Im Hinblick auf die lange unterschätzte Qualität ritueller Kommunikation hat der Protestantismus in den letzten Jahrzehnten erfreulicherweise dazu gelernt. Mittlerweile ist offenkundig, dass Riten, Symbole, Segenshandlungen, vorformulierte Gebete und liturgische Performanzen ihre eigene Dignität haben. Das hatte Bultmann zu seiner Zeit noch nicht im Blick. Es gilt deshalb, mit Bultmann über Bultmann hinauszudenken, biblische Sprache zu entmythologisieren und auf existentielle Weise zu interpretieren, aber zugleich auch der Bildhaftigkeit, dem Metaphernreichtum und dem rituellen Charakter religiöser Kommunikation zu vertrauen. In diesen ganz unterschiedlichen religiösen Praxisformen – ob durch eine existentielle Hermeneutik auf der Kanzel, durch die Partizipation am Ritus oder die persönliche Reflexion des Glaubens im öffentlichen Diskurs – verschafft sich der Glaube Geltung.

Die Anfänge der Rudolf-Bultmann-Gesellschaft für Hermeneutische Theologie (1998-2008)

Ulrich H.J. Körtner

Die Tagung der ›Alten Marburger‹ zu Beginn des Jahres 1997 war mäßig, um nicht zu sagen schlecht besucht. Das von Bernd Wildemann angefertigte Protokoll[1] zählte lediglich 34 Teilnehmer, einschließlich der vier Referenten. Wie schon in den vorangegangenen Jahren hatten Walter Schmithals, Andreas Lindemann, Manfred Oeming und Bernd Wildemann die Tagung ausgerichtet und zu ihr eingeladen. Oeming und Lindemann fehlten jedoch. Letzterer hatte seine Teilnahme wegen eines Todesfalls in seiner Familie kurzfristig absagen müssen. Das Thema der Tagung, die vom 2. bis 4. Januar wie üblich im Schlösschen der Evangelischen Akademie Hofgeismar stattfand, war die Rechtfertigungslehre. Der Lüneburger Alttestamentler Peter Höffgen (1940-2007) referierte über »Rechtfertigung. Zur alttestamentlichen Vorgeschichte eines neutestamentlichen Zentralthemas«. Ich selbst erörterte die Frage »Fraglos in Sachen Rechtfertigung? Auf der Suche nach dem verlorenen Paradigma protestantischer Theologie«. Hans-Jörg Urban, von 1997-2005 Direktor des Johann-Adam-Möhler-Instituts Paderborn sprach über »Methode und Inhalt des Textes der gemeinsamen römisch-katholischen/evangelisch-lutherischen Kommission ›Kirche und Rechtfertigung‹«, und Bernd Wildemann trug zum Thema »Die Predigt der Rechtfertigung heute« vor.

Die ›Alten Marburger‹ waren kein eingetragener Verein und hatten eine informelle Organisationsform.[2] Es gab aber auf jeder Tagung eine Art Mitgliederversammlung, auf der die anwesenden Teilnehmer Vorschläge für das Thema der kommenden Tagung erörterten. Am Ende einigte man sich für das darauffolgende

---

[1] Das Protokoll ist im Selbstverlag erschienen. Klaus Schmitz hat darin die Diskussionen zusammenfassend referiert.

[2] Zur Geschichte der ›Alten Marburger‹ siehe KONRAD HAMMANN, Die Anfänge der ›Alten Marburger‹, in: CHRISTOF LANDMESSER/DORIS HILLER (Hg.), Gerechtigkeit leben. Konkretionen des Glaubens in der gegenwärtigen Welt, Leipzig 2018, 127-140; BERND WILDEMANN, Zur Geschichte des theologischen Arbeitskreises »Alte Marburger« von 1949 bis 1998, ebd., 141-160.

Jahr auf das Thema »Reden von Gott nach dem ›Ende der Metaphysik‹«. Es war ein denkwürdiger Moment, als Walter Schmithals in der abendlichen Versammlung das Wort ergriff und die Frage nach der Zukunft der ›Alten Marburger‹ aufwarf. Radikal, wie er sein konnte, stellte er die Sinnhaftigkeit der Fortführung ihrer Arbeit in Frage. Von der ersten Generation der Schüler Bultmanns[3] und Heideggers lebten nur noch wenige, und nicht wenige, die seit Jahrzehnten regelmäßig an den Tagungen der ›Alten Marburger‹ teilnahmen, standen inzwischen in einem fortgeschrittenen Alter. Neben der Generation der 50- bis 60-Jährigen waren zwar auch jüngere Jahrgänge vertreten, aber doch nur in geringer Zahl, und der theologische Nachwuchs an den Fakultäten wurde kaum mehr erreicht. Schmithals selbst hatte erst kürzlich seinen 74. Geburtstag gefeiert[4] und erklärte, dass er jedenfalls die Leitung des Kreises niederlegen wolle. Als aussterbender Traditionsverein hätten die ›Alten Marburger‹ keine Zukunft mehr.

In der anschließenden Aussprache meldete ich mich mit dem Vorschlag zu Wort, diesen Moment als Kairos zu nutzen, um eine Gesellschaft für Hermeneutische Theologie zu gründen, die das Erbe der ›Alten Marburger‹ auf neuer Grundlage fortführen und die hermeneutische Frage unter den veränderten theologischen, philosophischen, literatur- und kulturwissenschaftlichen wie gesellschaftlichen Bedingungen neu stellen solle. Die Gesellschaft, so mein Vorschlag, solle »Rudolf-Bultmann-Gesellschaft für Hermeneutische Theologie« heißen und sowohl die Beschäftigung mit dem Werk Rudolf Bultmanns als auch mit dem Programm einer zeitgemäßen hermeneutischen Theologie fördern. Der Begriff einer Hermeneutischen Theologie solle anzeigen, dass man sich nicht allein mit dem Werk und Denken Bultmanns, sondern auch mit denjenigen von Ernst Fuchs und Gerhard Ebeling[5] sowie den von Paul Ricœur vertretenen Positionen auseinandersetzen wolle. Mehr noch aber solle die neue Gesellschaft ein Forum bieten, über neue, zeitgemäße Konzeptionen einer Hermeneutischen Theologie zu debattieren. So wichtig es sei, das theologische Erbe Bultmanns und seiner Schüler nicht in Vergessenheit geraten zu lassen, so wichtig erschien es mir zugleich, Begriff und Anliegen einer Hermeneutischen Theologie nicht auf dieses Erbe zu verengen, sondern in der – gegenüber der Blütezeit Hermeneutischer Theologie

---

[3] Die Bezeichnungen »Schüler Bultmanns« und »Bultmannschule« sind nicht präzise und bisweilen in ihrer Verwendung problematisch. »Der Begriff ›Bultmannschule‹ ist nur sinnvoll, wenn er den wissenschaftlich-methodischen Ansatz einer am Verstehen der biblischen Texte orientierten Hermeneutik und Exegese bezeichnet, der ausdrücklich sehr unterschiedliche Antworten auf historische und theologische Fragen zulässt« (ANDREAS LINDEMANN, Bultmannschule, in: CHRISTOF LANDMESSER [Hg.], Bultmann Handbuch, 402–410, hier 410).

[4] Schmithals, geboren am 14. Dezember 1923, verstarb am 26. März 2009.

[5] WILDEMANN, Geschichte (s. Anm. 2), 152 bezeichnet Ebeling (1912–2001) als »wichtigsten Systematiker« der ›Alten Marburger‹«.

in den 1960er Jahren – stark veränderten theologischen Landschaft als Programmbegriff neu ins Spiel zu bringen. Dazu müssten freilich auch die Entwicklungen in der philosophischen Hermeneutik nach Heidegger und Gadamer zur Kenntnis genommen und die Auseinandersetzung mit Text- und Interpretationstheorien geführt werden, die sich in Abgrenzung von Heidegger und Gadamer als antihermeneutisch verstehen, also etwa mit Positionen aus Semiotik, Konstruktivismus und Dekonstruktivismus.

Mein spontaner Vorstoß war einerseits völlig unvorbereitet. Andererseits hatte es unter jüngeren Teilnehmern an den Tagungen der ›Alten Marburger‹ schon in früheren Jahren Gespräche gegeben, ob nicht die Gründung einer Rudolf-Bultmann-Gesellschaft an der Zeit sei. Ich selbst bin 1985 in meiner Zeit als Assistent an der Kirchlichen Hochschule Bethel zum ersten Mal in Hofgeismar dabei gewesen, gemeinsam mit Paul-Gerhard Klumbies[6], der damals in Bethel Assistent bei Andreas Lindemann im Fach Neues Testament war. Lindemann hatte uns eingeladen, ihn nach Hofgeismar zu begleiten, und fortan haben wir mehr oder weniger regelmäßig an den Tagungen der ›Alten Marburger‹ teilgenommen. In Hofgeismar lernten wir andere jüngere Kollegen wie Manfred Oeming[7], Martin Evang[8], Alexander Ernst[9], Uwe Becker[10], Axel Graupner[11] und Annette Hirzel[12] kennen, die Assistenten oder Hilfskräfte bei Antonius H. Gunneweg (1922–1990) und Erich Gräßer (1927–2017) waren, oder den um einige Jahre älteren Michael Wolter[13], damals Assistent in Mainz. Wir Jungen saßen bei den Tagungen immer in der letzten Reihe, während vorn die Generation der ersten Zeugen saß, die in den lebhaften Diskussionen gelegentlich auch damit argumentierten, dass Bultmann oder Heidegger dies oder das im Seminar zur anhänglichen Frage erklärt hatte. Die Begegnung mit dieser Generation von Theologen und Philosophen – ich erinnere nur an die Philosophen Wilhelm (1904–1994) und Margarete (1904–2004) Anz und Hermann Mörchen (1906–1990)

---

[6] Zu Klumbies siehe Anhang.
[7] Zu Oeming siehe Anhang.
[8] Martin Evang, geb. 1957, ist heute Oberkirchenrat und Theologischer Referent der Union Evangelischer Kirchen in der EKD.
[9] Alexander Ernst, geb. 1960, ist seit 1995 Dozent für Biblisches Hebräisch und Ephorus an der Kirchlichen Hochschule-Wuppertal Bethel.
[10] Uwe Becker, geb. 1961, ist seit 2003 Professor für Altes Testament an der Theologischen Fakultät Jena.
[11] Axel Graupner, geb. 1958, ist Privatdozent für Altes Testament an der Evangelisch-Theologischen Fakultät Bonn.
[12] Annette Hirzel ist Schulpfarrerin in Königswinter.
[13] Michael Wolter, geboren 1950, war von 1993 bis zu seiner Emeritierung 2016 Professor für Neues Testament an der Evangelisch-Theologischen Fakultät Bonn.

sowie dem Praktischen Theologen Manfred Mezger (1911-1996) – war beeindruckend. Die Gespräche mit den anwesenden Professoren – allen voran Walter Schmithals, der nach dem Tod Erich Dinklers (1909-1981) die Leitung der ›Alten Marburger‹ übernommen hatte, oder auch Bultmanns ehemaliger persönlicher Assistent Otto Merk (geb. 1933) – waren anregend und zugleich für einen jungen Nachwuchswissenschaftler wie mich eine Herausforderung, weil man sich immer auch ein wenig wie in einer Prüfung vorkam.[14] Schon bald aber kamen wir Jüngeren darüber ins Gespräch, ob es auf Dauer nicht sinnvoll sei, eine Bultmann-Gesellschaft zu gründen. Aber die Zeit war damals für einen solchen Schritt noch nicht reif. Die Älteren im Kreis der ›Alten Marburger‹ betonten stets, dass Bultmann schon gegenüber dem Begriff der Schülerschaft stets Vorbehalte geäußert hatte. Eine Gesellschaft, noch dazu mit seinem Namen verbunden, wäre nie in seinem Sinne gewesen. Auch Bernd Jaspert hat aus den von ihm 1996 herausgegebenen Protokollen aus Bultmanns neutestamentlichen Seminaren in Marburg den Schluss gezogen, Bultmann selbst sei nicht an einer Schulbildung gelegen gewesen. »Ihm ging es nie in erster Linie um die Repristination seiner Theologie.«[15]

Dieses Argument bekam ich nun auch auf der denkwürdigen Tagung 1997 zu hören. Die intensive Diskussion, die sich nach meinem Vorstoß entspann, dauerte bis in die Nacht. Abgesehen von der Idee einer Gesellschaftsgründung als solcher stellte sich auch die Frage, wie sich die Familie Bultmanns zur Verwendung seines Namens stellen würde. Man verständigte sich schließlich darauf, sich im kommenden Jahr noch einmal als ›Alte Marburger‹ zu treffen, bis dahin das Gespräch über meine Idee fortzusetzen und auch mit Personen zu suchen, die dieses Mal nicht anwesend waren, nicht zuletzt mit Bultmanns Töchtern Antje Bultmann-Lemke (1918-2017) und Gesine Diesselhorst (1920-2017). Auf der nächsten Tagung wolle man dann eine Entscheidung treffen.

Es folgte eine Zeit intensiver Gespräche. Eine gewichtige Rolle sollte das Votum Antje Bultmann-Lemkes spielen, die auf Befragung erklärte, unter den heutigen Umständen wäre die Gründung einer mit dem Namen ihres Vaters verbundenen Gesellschaft für Hermeneutische Theologie durchaus im Sinne Bultmanns. Tatsächlich scheint es weder Belege dafür zu geben, dass Bultmann »von einer an seiner Arbeit oder gar seiner Person orientierten ›Schule‹ gesprochen«, noch dafür, »dass er diesen Begriff explizit zurückgewiesen hat«.[16] Im Hintergrund spielte

---

[14] Ich erinnere mich noch gut, wie Paul-Gerhard Klumbies und ich, nachdem wir 1985 im Jahrbuch der Kirchlichen Hochschule Bethel jeder einen Aufsatz veröffentlicht hatten, vom Ehepaar Anz in ihr Haus eingeladen wurden. Das Gespräch hatte anfangs regelrecht Prüfungscharakter, entwickelte sich dann aber auf überaus liebenswerte Weise.
[15] BERND JASPERT, Sachgemäße Exegese. Die Protokolle aus Rudolf Bultmanns Neutestamentlichen Seminaren 1921-1951 (MThSt 43), Marburg 1996, 9.
[16] LINDEMANN, Bultmannschule (s. Anm. 3), 404.

aber auch Margarete Anz eine wichtige Rolle, deren Urteil unter den älteren Mitgliedern des Kreises erhebliches Gewicht hatte. In einem Telefongespräch soll sie Erika Dinkler von Schubert (1904-2002), der Witwe Erich Dinklers, als diese fragte, was wohl ihre Männer zur Idee einer Bultmann-Gesellschaft gesagt hätten, geantwortet haben: »Unsere Männer sind tot.« Eine neue Generation müsse ihren eigenen Weg gehen. Nach meiner Erinnerung habe ich Frau Anz im Verlauf des Jahres 1997 besucht und mit ihr über die geplante Gründung der Gesellschaft gesprochen, und Frau Dinkler von Schubert hat sich einige Zeit nach der Gründung der Rudolf-Bultmann-Gesellschaft brieflich ausdrücklich für meine Initiative bedankt und ihre anfänglichen Bedenken für ausgeräumt erklärt. Mitte Mai 1997 besuchte ich Andreas Lindemann, der ja in Hofgeismar nicht hatte dabei sein können, in Bethel, um mit ihm die Idee der Gesellschaftsgründung im Detail zu besprechen. Er wurde für mich nicht nur zum wichtigsten Gesprächspartner aus dem Kreis der ›Alten Marburger‹, sondern verfügte als juristisch versierter Theologe und mehrfacher Rektor der Kirchlichen Hochschule Bethel auch über die nötige rechtliche Erfahrung, die man bei Gründung einer gemeinnützigen Gesellschaft benötigte. Dass zwischen uns eine tiefe Freundschaft entstehen würde, konnte ich damals noch nicht voraussehen. Dieser Umstand sei hier nicht nur aus persönlichen Gründen dankbar erwähnt, sondern auch, weil er für die gedeihliche Entwicklung der Gesellschaft und ihre Arbeit in den ersten zehn Jahren eine wesentliche Rolle spielen sollte.

1998 trafen sich die ›Alten Marburger‹ zum letzten Mal. Die Tagung fand vom 2. bis 4. Januar 1998 in Hofgeismar statt, dieses Mal unter reger Beteiligung von 50 Teilnehmerinnen und Teilnehmern, deren Namen in Bernd Wildemanns Tagungsprotokoll aufgeführt sind. Eröffnet wurde die Tagung durch Martin Rose, Alttestamentler in Neuchâtel, mit einem Vortrag über Gott bei Qohelet. Der Betheler Neutestamentler François Vouga sprach zum Thema »Derselbe ungleiche Gott der Bibel. Der Galaterbrief des Paulus«, mein leider früh verstorbener Kollege, der Philosoph Jörg Salaquarda (1938-1999)[17], über Metaphysik nach Kant und ich zum Schluss der Tagung über »Theologie ohne Metaphysik? Die Metaphysizierung der christlichen Theologie und ihre Kritik«.

Wie im Jahr zuvor vereinbart, besprach man auf der Mitgliederversammlung erneut den Vorschlag, eine gemeinnützige Gesellschaft mit dem Namen »Rudolf-Bultmann-Gesellschaft für Hermeneutische Theologie« zu gründen. Die Anwesenden stimmten einstimmig für die Gründung in der Form eines eingetragenen Vereins mit Sitz in Marburg. Für die Vereinsgründung wurden, wie gesetzlich gefordert, sieben Personen bestimmt, die alles Weitere regeln sollten. Ein Jahr

---

[17] Salaquarda war einst an der Kirchlichen Hochschule Berlin Assistent von Wolfgang Müller-Lauter (1924-2001) gewesen und wie dieser ein bedeutender Nietzscheforscher. Vgl. WILDEMANN, Geschichte (s. Anm. 2), 153.

später sollte zur ersten Tagung der neuen Gesellschaft am vertrauten Tagungsort eingeladen werden.

Am 12. März 1998 fand auf Einladung von Dieter Lührmann (1939–2013), seit 1982 Neutestamentler in Marburg, in den Räumen des Dekanats der Theologischen Fakultät Marburg die Gründung der Rudolf-Bultmann-Gesellschaft für Hermeneutische Theologie statt. Andreas Lindemann hatte einen Satzungsentwurf vorbereitet und führte das Protokoll, das beim Amtsgericht Marburg hinterlegt ist. Es waren sieben Personen erschienen: neben Lührmann und Lindemann Martin Evang, damals Pfarrer in Düsseldorf, Manfred Oeming, seit 1996 Professor für Altes Testament an der Theologischen Fakultät Heidelberg, François Vouga, Bernd Wildemann, Pfarrer in Berlin, und ich selbst, seit 1992 Ordinarius für reformierte Theologie an der Evangelisch-Theologischen Fakultät Wien. Lührmann eröffnete die Versammlung, laut Protokoll, um 11:10 Uhr. Auf Zuruf wurde er zum Versammlungsleiter gewählt, Lindemann zum Protokollführer. Nach Aussprache über die Notwendigkeit der Gründung der Gesellschaft und ihrer Ziele wurde der Satzungsentwurf einstimmng angenommen und von allen Anwesenden unterzeichnet. Darauf wurde der Vorstand gewählt: Andreas Lindemann zum stellvertretenden Vorsitzenden, Bernd Wildemann zum Schatzmeister, Manfred Oeming zum Schriftführer, François Vouga zum Beisitzer und ich zum Vorsitzenden. Abschließend wurde das weitere Vorgehen verhandelt und der Vorstand beauftragt, die erste wissenschaftliche Tagung vorzubereiten, die im Folgejahr stattfinden sollte. Nachdem die Versammlung um 12:40 Uhr geendet hatte, feierte man die Vereinsgründung mit einem gemeinsamen Mittagessen.

Im April 1998 veröffentlichte der Vorstand eine Mitteilung über die Gründung der Gesellschaft, die an alle theologischen Fakultäten im deutschsprachigen Raum, an die Landeskirchen sowie an die EKD ging und im Juli in der Theologischen Literaturzeitung erschien.[18] In ihr stand zu lesen: »Die ›Alten Marburger‹ stellen nun ihre Arbeit ein, laden aber alle bisherigen Angehörigen und Freunde des Kreise zur Mitgliedschaft in der neuen Gesellschaft ein.« Dieser Einladung leisteten nicht nur erfreulich viele ›Alte Marburger‹ Folge, sondern auch etliche Personen, die mit der Arbeit und Geschichte der ›Alten Marburger‹ nicht verbunden waren. Insofern ging eine der Hoffnungen, die sich mit der Gründung der Gesellschaft verbanden, tatsächlich in Erfüllung. Schon nach wenigen Monaten zählte die Gesellschaft rund 90 Mitglieder und wuchs bis Ende 2007 auf 137 Mitglieder an.

In Anlehnung an die Satzung hieß es in der Gründungsmitteilung: »Die Rudolf-Bultmann-Gesellschaft für Hermeneutische Theologie setzt sich in Aufnahme und Weiterführung der theologischen Arbeit Rudolf Bultmanns das Ziel, Hermeneutische Theologie zu fördern, die in der Einheit der theologischen Diszi-

---

[18] ThLZ 123, 1998, H. 7, 813–814.

plinen und im Gespräch mit der Philosophie die geschichtlichen Verstehensbedingungen und die Gegenwartsbedeutung des biblischen Zeugnisses bedenkt. Im Sinne Bultmanns, der die Bildung einer theologischen Schule stets abgelehnt und die eigenständige, kritische Auseinandersetzung gefordert hat, will die Gesellschaft sich keineswegs nur mit dem Werk Rudolf Bultmanns beschäftigen, sondern die von ihm angestoßenen Fragestellungen, die neben und nach Bultmann auch von anderen Theologen in höchst eigenständiger Weise verfolgt worden sind, unter den Bedingungen der Gegenwart aufgreifen und fortführen. Sie ist dabei von der Überzeugung getragen, daß das umfassende Programm einer Hermeneutischen Theologie, die das Gespräch mit anderen Disziplinen sucht, wegweisend bleibt, jedoch angesichts der heutigen Herausforderungen an Theologie und Kirche auf eigenständige Weise weiterentwickelt werden muß. Die Gesellschaft erfüllt ihre Zwecke insbesondere dadurch, daß sie wissenschaftliche Tagungen veranstaltet, wissenschaftliche Arbeiten zur Hermeneutischen Theologie fördert, die wissenschaftliche Auswertung von Werk und Nachlaß Rudolf Bultmanns fördert und den wissenschaftlichen Nachwuchs unterstützt.«[19]

Die erste Tagung der neuen Gesellschaft fand vom 2. bis 4. Januar 1999 in Hofgeismar statt. Der Tagungsraum im Schlösschen war gut gefüllt. Die Tagung stand unter dem programmatischen Titel »Glauben und Verstehen«. Programmatisch war die Themenwahl nicht nur, weil sie auf die gleichnamige vierbändige Aufsatzsammlung Bultmanns[20] anspielte, die den Zusammenhang von Glauben und menschlichem Existenzverständnis herausgestellt und den christlichen Glauben als ausgezeichnete Weise des Verstehens einsichtig gemacht hat. Die Formel »Glauben und Verstehen« ist auch für die Bultmann-Gesellschaft programmatisch, weil sie die fundamentaltheologische Bedeutung der Hermeneutik für alle theologischen Disziplinen zu Bewusstsein bringt und insofern für eine sich in gewisser Weise insgesamt als Hermeneutik begreifende Theologie steht.

Die Ausgangslage schien der Rehabilitierung des Terminus Hermeneutische Theologie nicht günstig zu sein. Bereits 1971 hatte Klaus Scholder (1930-1985) geurteilt: »Die Hermeneutik wurde von ihrem Thron gestoßen, und wer heute noch nach ihr fragt, beweist damit nur, daß er von gestern ist.«[21] So hatten in Gesprächen auch manche Kollegen mir gegenüber Zweifel geäußert, ob es eine gute Idee sei, das Label »Hermeneutische Theologie« im Namen der neuen Gesellschaft zu führen. Inzwischen hat sich die Situation freilich durchaus geändert,[22]

---

[19] Ebd.
[20] RUDOLF BULTMANN, Glauben und Verstehen, Bd. I-IV, Tübingen 1933ff, Taschenbuchausgabe (UTB) 1993. Siehe auch MICHAEL LATTKE, Register zu Rudolf Bultmanns Glauben und Verstehen Band I-IV, Tübingen 1984.
[21] KLAUS SCHOLDER, Einführung, VF 16, 1971 (H. 1), 1-4, hier 1.
[22] Vgl. ULRICH H.J. KÖRTNER, Literatur zur theologischen Hermeneutik 2000-2014. Teil I, ThR 79, 2014, 190- 223; Teil II, ThR 79, 2014, 436-475.

und ich möchte behaupten, dass die Bultmann-Gesellschaft in den 20 Jahren ihres Bestehens dazu einen Beitrag geleistet hat. Der »posthermeneutische« Abgesang auf die durch Bultmann, Fuchs und Ebeling begründete theologische Richtung scheint verfrüht.[23] Allerdings hat die neuere hermeneutische Debatte zur Kritik an einer universalen Hermeneutik und ihr entsprechenden Überfrachtung des Hermeneutikbegriffs geführt.

Weshalb der Begriff der Hermeneutik dennoch weder philosophisch noch theologisch preisgegeben werden sollte, hat Paul Ricœur folgendermaßen begründet: »Die unendliche Bewegung der Interpretation beginnt und endet im Wagnis einer Antwort, die kein Kommentar hervorbringt noch ausschöpft.«[24] Darin bestehe der »vorsprachliche[ ] oder übersprachliche[ ] Charakter des Glaubens«[25], weshalb sich der Glaube der Hermeneutik entziehe und zeige, »daß sie weder das erste noch das letzte Wort ist. Aber die Hermeneutik ruft in Erinnerung, daß der biblische Glaube von der Bewegung der Interpretation, die ihn zur Sprache bringt, nicht zu trennen ist. Das, was mich unbedingt angeht, bliebe *stumm*, wenn es nicht die Kraft des Wortes einer Interpretation empfangen würde, einer immer wieder neu beginnenden Interpretation der Zeichen und Symbole, die, wenn ich so sagen darf, das unbedingt Angehende im Lauf der Zeiten geprägt und geformt haben.«[26]

Aus solchen Überlegungen folgt nach meinem Dafürhalten, dass die Klassiker Hermeneutischer Theologie im Kontext der neueren hermeneutischen Debatte einer gleichermaßen kritischen wie produktiven Relektüre unterzogen werden. Die mit der ersten Tagung der Bultmann-Gesellschaft in Angriff genommene Aufgabe besteht darin, einerseits Verbindungen zwischen theologischer und literarischer Hermeneutik herzustellen und andererseits falsche Alternativen zwischen Hermeneutik und Linguistik bzw. Semiotik zu überwinden. Die Tagungsarbeit ließ sich auch in den folgenden Jahren von der Zuversicht leiten, auch bei Rudolf Bultmann noch manche überraschende Entdeckung zu machen. Dazu gehören Perspektiven für eine Vermittlung zwischen der theologischen Hermeneutik Bultmanns und heutigen Ansätzen einer literarischen Hermeneutik biblischer Texte. Solche Vermittlung kann freilich nur gelingen, wo man mit Bultmann in eine kritische Sachdebatte eintritt und aus Engführungen herausfindet, zu denen es bei der Rezeption seiner Werke gekommen ist. Zu den programmatischen Überlegungen, die bei der Gründung der Bultmann-Gesellschaft Pate ge-

---

[23] Vgl. MARCUS DÖBERT, Posthermeneutische Theologie. Plädoyer für ein neues Paradigma (ReligionsKulturen 3), Stuttgart 2009.
[24] PAUL RICŒUR, Philosophische und theologische Hermeneutik, in: DERS./EBERHARD JÜNGEL, Metapher. Zur Hermeneutik religiöser Sprache, München 1974, 24–45, hier 43.
[25] Ebd.
[26] RICŒUR, Hermeneutik (s. Anm. 24), 43f.

standen haben, gehörte weiters die Annahme, dass eine erneuerte Hermeneutische Theologie nicht nur die von Gerhard Ebeling innerhalb der sogenannten Wort-Gottes-Theologie kritisierte falsche Alternative zwischen Theologie der Verkündigung und Theologie der Hermeneutik zu überwinden habe, sondern auch diejenige zwischen einer Theologie des Wortes und einer Theologie der Religion. Mit diesen Überlegungen war bereits das Programm der kommenden Tagungen vorgezeichnet.

Auf der Tagung 1999 referierte der Wiener Philosoph Helmuth Vetter über Hermeneutische Phänomenologie und Dialektische Theologie bei Bultmann und Heidegger. Der Tübinger Systematiker Oswald Bayer bürstete in einem gegenüber Bultmann kritischen Vortrag den Begriff einer Hermeneutischen Theologie gegen den Strich. Der Münsteraner Alttestamentler Hans-Peter Müller (1934–2004) setzte in seinem Vortrag über »Handeln, Sprache, Religion, Theologie« an die Stelle der Hermeneutik eine Sprachtheorie in Gestalt einer Handlungstheorie. Unter Verwendung des Begriffs der Lebensdienlichkeit fragte Müller nach der biologischen Basis von Sprache und Religion. Zugleich erweiterte er die Fragestellung theologischer Hermeneutik in Richtung auf einen Dialog und eine christliche Theologie der Religionen. Der Bonner Praktische Theologe Eberhard Hauschildt plädierte in seinem Vortrag über Seelsorge und Hermeneutik für einen erneuerten Hermeneutikbegriff, der nicht nur exegetisch und systematisch-theologisch, sondern auch praktisch-theologisch fruchtbar zu machen sei. Zugleich könne der Gegensatz zwischen Hermeneutik und Semiotik überwunden werden, sei es doch möglich, Hermeneutik als Semiotik zu rekonstruieren. Gegenüber einem allzu weiten Begriff von Hermeneutik, wie er seit Hans-Georg Gadamer vertreten worden ist, plädierte Hauschildt einerseits für eine Einschränkung des Begriffs hinsichtlich der mit ihm verbundenen Fragestellung, andererseits aber für eine Ausweitung des Gegenstandsbereiches von Hermeneutik, um sodann das Programm einer hermeneutischen Seelsorge zu entwickeln. Die auf der ersten Tagung der neuen Gesellschaft geführte Debatte zeigte nicht nur Möglichkeiten auf, wie sich der Begriff der Hermeneutik neu bestimmen lässt, sondern führte auch vor Augen, wie notwendig es ist, ganz neu und elementar zu fragen, was überhaupt Glauben heißt und was Verstehen.

Laut Satzung[27] verfolgt die Bultmann-Gesellschaft ihre Ziele unter anderem dadurch, dass sie die in ihrer Arbeit gewonnenen Erkenntnisse »zeitnah veröffentlicht«. Lapidar, wie es seine Art war, schrieb Walter Schmithals im Vorwort zum letzten Protokoll der ›Alten Marburger‹: »Das vorliegende Protokoll der Tagung 1998 schließt diese Reihe der Tagungsprotokolle ab. Die ›Rudolf-Bultmann-Gesellschaft für Hermeneutische Theologie‹ wird darüber befinden, in welcher

---

[27] Der Text der Satzung in der Fassung vom 7.3.2000 ist abrufbar unter http://bultmann-gesellschaft.webwoof.net/satzung/ (letzter Zugriff am 11.1.2018).

Weise sie die überkommene Tradition fortsetzt.«[28] Tatsächlich war diese Frage noch nicht beantwortet. Seit 1998 stand ich mit dem Neukirchener Verlag in Verbindung, der Interesse an einer Schriftenreihe der neuen Gesellschaft zeigte. Historisch lag es allerdings nahe, diese im Verlag Mohr Siebeck herauszubringen, bei dem doch die meisten Werke Bultmanns erschienen waren, allen voran seine Aufsatzsammlungen »Glauben und Verstehen«[29], »Exegetica«[30] und Bultmanns »Theologie des Neuen Testaments«[31]. Am Rande des Europäischen Kongresses der Wissenschaftlichen Gesellschaft für Theologie in Wien führten Andreas Lindemann und ich ein Gespräch mit dem Verleger Dr. Georg Siebeck, der sich aber für die Herausgabe der künftigen Tagungsbände nicht gewinnen ließ. So kam es zur Zusammenarbeit mit dem Neukirchener Verlag, die bis 2013 Bestand haben sollte.[32] Von Beginn an bestand die Absicht, alle jährlich stattfindenden Tagungen der Gesellschaft in Sammelbänden zu dokumentieren. Um sich aber nicht unter zu hohen Erfolgsdruck zu setzen, wurde zwar eine einheitliche Gestaltung der Buchcover und der übrigen Ausstattung vereinbart. Die Bände sollten aber ohne Reihentitel und Bandnummer erscheinen, wie es dann auch tatsächlich geschah und auch nach dem Wechsel zur Evangelischen Verlagsanstalt Leipzig 2013/14 beibehalten wurde.[33] So erschien Ende Januar 2000 der erste Tagungsband der Bultmann-Gesellschaft,[34] gerade rechtzeitig zur zweiten Jahrestagung, die vom 6. bis 8. März 2000 in Hofgeismar stattfand. Ab dem zweiten von mir zu verantwortenden Band[35] fertigte Andreas Klein die Druckvorlagen an und kümmerte sich auch um die Korrekturen. Ihm und dem Verlagslektor Ekkehard Starke gebührt für die vorzügliche und stets verlässliche Zusammenarbeit großer Dank. Klein, langjähriger Wissenschaftlicher Mitarbeiter an meinem Lehrstuhl, seit

---

[28] Protokoll der Tagung, 2.

[29] S.o. Anm. 20.

[30] RUDOLF BULTMANN, Exegetica. Aufsätze zur Erforschung des Neuen Testaments, hg. v. ERICH DINKLER, Tübingen 1967.

[31] RUDOLF BULTMANN, Theologie des Neuen Testaments, 3 Lfg., Tübingen 1948–53 (Neue Theologische Grundrisse 1); 9., um Vorwort u. Nachträge erweiterte Aufl., hrsg. v. OTTO MERK, Tübingen 1984.

[32] Der Verlag Mohr Siebeck sponserte aber über viele Jahre die Plakate und Tagungsflyer, die von der Werbeagentur Hubertus Adam in Bielefeld gedruckt wurden. Das Design mit der Unterschrift Bultmanns, die auch heute noch auf der Homepage der Gesellschaft (http://bultmann-gesellschaft.webwoof.net/gesellschaft/) verwendet wird, stammte von David Lindemann aus Bielefeld, der heute als Designer in Bremen ansässig ist.

[33] In der Titelei steht jetzt freilich immer auf S. 2: »Veröffentlichungen der Rudolf-Bultmann-Gesellschaft für Hermeneutische Theologie e.V.«.

[34] Vgl. ULRICH H.J. KÖRTNER (Hg.), Glauben und Verstehen. Perspektiven Hermeneutischer Theologie, Neukirchen-Vluyn 2000.

[35] ULRICH H.J. KÖRTNER (Hg.), Hermeneutik und Ästhetik. Die Theologie des Wortes im multimedialen Zeitalter, Neukirchen-Vluyn 2001.

2009 auch Privatdozent für Systematische Theologie an der Wiener Evangelisch-Theologischen Fakultät und von 2008-2014 Schriftführer im Vorstand der Bultmann-Gesellschaft, richtete auch die Homepage der Gesellschaft ein und betreute sie bis zu seinem Ausscheiden aus dem Vorstand.

Zu den Neuerungen gegenüber den ›Alten Marburgern‹ gehörte, dass die Tagungen nicht mehr unmittelbar nach Neujahr, sondern fortan Mitte Februar oder Anfang März stattfanden, wie es bis heute üblich ist. Die Themen der nächsten Tagungen bildeten, wie schon angedeutet, ein Arbeitsprogramm ab, das zwar durchaus die Handschrift des Vorstandes trug, aber doch von Mal zu Mal in der Mitgliederversammlung besprochen und festgelegt wurde. Die Hermeneutische Theologie im 20. Jahrhundert war von der Problematik des Verstehens *von* Sprache auf die Frage nach dem Verstehen *durch* Sprache gestoßen. Sie bewegte sich damit aber in den Bahnen einer Theologie des Wortes, auch wenn die Unterschiede zwischen einer Theologie des Wortes Gottes im Sinne Karl Barths und der durch Bultmann vertretenen Worttheologie nicht verwischt werden sollen. Es drängte sich nun für die zweite Tagung der Bultmann-Gesellschaft die Frage auf, wie sich die theologische Kategorie des Wortes im Kontext der heutigen multimedialen Gesellschaft und der Debatte über eine ihr angemessene ästhetische Theorie neu bestimmen lasse. Der endgültige und griffige Tagungstitel »Hermeneutik und Ästhetik. Die Theologie des Wortes im multimedialen Zeitalter« war übrigens Andreas Lindemann »beim Tippen des Protokolls« der Mitgliederversammlung 1999 eingefallen.[36]

Die Tagung 2001 war Bultmanns Jesusbuch aus dem Jahr 1926 gewidmet. Der Vorschlag hierzu kam von Walter Schmithals, der einen ausführlichen Vortrag zur Entstehungsgeschichte und Bedeutung dieses für die Jesusforschung wie für Bultmanns Theologie gleichermaßen zentralen Werkes hielt.[37] Bultmanns Jesusbuch wurde nun aber in die gegenwärtigen Debatten zur Jesusforschung - Stichwort »third quest« - einbezogen. Tagung und Buch trugen denn auch den Titel »Jesus im 21. Jahrhundert«. Das Buch stieß auf so großes Interesse, dass 2006 eine zweite Auflage erscheinen konnte.

Die Tagung ein Jahr später knüpfte wieder an die Diskussionen der ersten beiden an und war als Fortsetzung der Debatte über Hermeneutik und Ästhetik bzw. einer Theologie des Wortes im Kontext gegenwärtiger theologischer Debatten zu verstehen. Das Thema der Tagung vom 18. bis 20. Februar 2002 lautete

---

[36] Brief an mich vom 5.1.1999.
[37] Vgl. WALTER SCHMITHALS, Jesus verkündigt das Evangelium. Bultmanns Jesusbuch, in: ULRICH H.J. KÖRTNER (Hg.), Jesus im 21. Jahrhundert. Bultmanns Jesusbuch und die heutige Jesusforschung, Neukirchen-Vluyn 2002, 23-60. Die Einführung zu diesem Band hat Andreas Lindemann geschrieben (ANDREAS LINDEMANN, Zur Einführung. Die Frage nach dem historischen Jesus als historisches und theologisches Problem, ebd., 1-21).

»Wort Gottes – Kerygma – Religion. Zur Frage nach dem Ort der Theologie«.[38] Zur Diskussion stand nicht nur Bultmanns Begriff des Kerygmas, sondern auch die Alternative zwischen Gott und Religion als Leitbegriffen protestantischer Theologie, ferner die Frage, wie ein Verständnis von Theologie zu beurteilen sei, das diese im Kontext der Kulturwissenschaften verortet oder gar selbst als Kulturwissenschaft begreift.

Die Jahrestagung vom 3. bis 5. März 2003 widmete sich dem Thema »Christliche Ethik – evangelische Ethik. Das Ethische im Konflikt der Interpretationen«.[39] Wie es um die grundsätzliche Möglichkeit einer christlichen Ethik bestellt ist, ob es eine unterscheidbar evangelische Ethik geben kann und sich evangelische Ethik im ökumenischen Kontext und im Gespräch mit den diversen Konzeptionen philosophischer Ethik verortet, waren die Fragen, die man diskutierte, aber auch, wie weit hinsichtlich einer biblischen Fundierung evangelischer Ethik Anspruch und Wirklichkeit auseinanderklaffen.

Unter der Überschrift »Gott und Götter« wurde auf der Tagung vom 8. bis 10. März 2004 die Gottesfrage in Theologie und Religionswissenschaft diskutiert.[40] Wie sich zeigte, ist mit der bloßen *Frage* nach Gott für die Theologie im heutigen Streit der Fakultäten nicht viel gewonnen, kann sie als offene Frage doch auch in der Religionswissenschaft gestellt werden, sofern diese sich keineswegs immer mit der Rolle eines unbeteiligten Religionsbeobachters begnügt. Entscheidend sind die jeweiligen Bedingungen, unter denen es in Theologie und Religionswissenschaft sinnvoll erscheint, nach Gott zu fragen. Die Frage, was überhaupt dazu nötigt, von Gott zu reden und nach ihm zu fragen und wie sich heute verantwortlich von ihm reden lässt, greift jene Frage wieder auf, die Rudolf Bultmann in seinem berühmten Aufsatz »Welchen Sinn hat es, von Gott zu reden?« gestellt hat.[41]

Fragen der Pneumatologie standen auf der Tagung vom 28. Februar bis 2. März 2005 zur Debatte. Unter dem Titel »Die Wirklichkeit des Geistes« wurden Konzeptionen und Phänomene des Geistes in Philosophie und Theologie der Gegenwart diskutiert.[42] Eine Theologie des Geistes hat sich heute nicht nur dem

---

[38] Vgl. ULRICH H.J. KÖRTNER (Hg.), Wort Gottes – Kerygma – Religion. Zur Frage nach dem Ort der Theologie, Neukirchen-Vluyn 2003.

[39] Vgl. ULRICH H.J. KÖRTNER (Hg.), Christliche Ethik – evangelische Ethik. Das Ethische im Konflikt der Interpretationen, Neukirchen-Vluyn 2004.

[40] Vgl. ULRICH H.J. KÖRTNER (Hg.), Gott und Götter. Die Gottesfrage in Theologie und Religionswissenschaft, Neukirchen-Vluyn 2005.

[41] Vgl. RUDOLF BULTMANN, Welchen Sinn hat es, von Gott zu reden?, in: DERS., Glauben und Verstehen, Bd. I, Tübingen ⁷1972, 26-37.

[42] Vgl. ULRICH H.J. KÖRTNER/ANDREAS KLEIN (Hg.), Die Wirklichkeit des Geistes. Konzeptionen und Phänomene des Geistes in Philosophie und Theologie der Gegenwart, Neukirchen-Vluyn 2006.

Diskurs mit Neurowissenschaften und Bewusstseinsphilosophie, sondern auch der Wirklichkeit einer weitgespannten Spiritualität zu öffnen, die von Formen neuer Religiosität bis zur charismatischen Bewegung reichen.

Die beiden folgenden Tagungen widmeten sich dem Thema Geschichte und Eschatologie. Befasste sich die Tagung vom 27. Februar bis 1. März 2006 mit dem Verhältnis von Geschichte und Vergangenheit und thematisierte offene Fragen einer Geschichtstheorie,[43] so rückte die 9. Jahrestagung vom 26. bis 28. Februar 2007 den Zukunftsbegriff in das Zentrum des Nachdenkens. Das Tagungsthema lautete daher »Die Gegenwart der Zukunft. Geschichte und Eschatologie«[44]. Eine Besonderheit bestand darin, dass der Historiker Lucian Hölscher auf beiden Tagungen referierte und so eine Brücke zwischen ihnen schlug.

Die letzte Tagung, die in meine Zeit als Vorsitzender der Gesellschaft fiel, fand vom 25. bis 27. Februar 2008 zum Thema »Kirche – Christus – Kerygma« statt. Gegenstand der Vorträge und Diskussionen waren Profil und Identität christlicher Kirche(n).[45] Die Tagung schlug also einen Bogen von den bisher in der Gesellschaft geführten Debatten über eine zeitgemäße Theologie des Wortes Gottes bzw. über eine Hermeneutische Theologie sowie zur Christologie und Jesusforschung hin zur Ekklesiologie. In ökumenischer Weite wurde Bultmanns These erneut zur Diskussion gestellt: »Die Kirche wird durch das Kerygma konstituiert und das Kerygma durch die Kirche«[46]. Der Tagungsband erschien 2009, als sich Bultmanns Geburtstag zum 125. Mal jährte. Dieser Umstand bot Andreas Lindemann Anlass, in diesem Band bis dahin unveröffentlichte Protokoll zu edieren, die Ernst Fuchs über Bultmanns Alpirsbacher Vorträge über »Neues Testament und Mythologie« sowie über »Theologie als Wissenschaft« 1941 verfasst hat.[47]

Lässt man die ersten zehn Tagungen insgesamt Revue passieren,[48] spannte sich der Bogen, systematisch theologisch betrachtet, von der programmatischen

---

[43] Vgl. ULRICH H.J. KÖRTNER (Hg.), Geschichte und Vergangenheit. Rekonstruktion – Deutung – Fiktion, Neukirchen-Vluyn 2007.

[44] Vgl. ULRICH H.J. KÖRTNER (Hg.), Die Gegenwart der Zukunft. Geschichte und Eschatologie, Neukirchen-Vluyn 2008.

[45] Vgl. ULRICH H.J. KÖRTNER (Hg.), Kirche – Christus – Kerygma. Profil und Identität christlicher Kirche(n), Neukirchen-Vluyn 2009.

[46] RUDOLF BULTMANN, Kirche und Lehre im Neuen Testament, in: DERS., Glauben und Verstehen I (s. Anm. 37), 153–187, hier 186.

[47] ERNST FUCHS, »Neues Testament und Mythologie«. Protokoll der Tagung in Alpirsbach im Juni 1941, eingeleitet von Andreas Lindemann, in: KÖRTNER (Hg.), Kirche (s. Anm. 45), 167–186.

[48] Vgl. dazu die ausführlichen Einführungen zu den einzelnen Tagungsbänden, die neben einer Zusammenfassung der einzelnen Beiträge stets auch grundsätzliche Überlegungen zum jeweiligen Generalthema anstellen.

Besinnung auf den Begriff einer Hermeneutischen Theologie über fundamentaltheologische Fragen hin zur Gotteslehre, weiter zur Christologie, zur Pneumatologie und zur Ekklesiologie sowie schließlich zur Eschatologie, die nun aber nicht als ein harmloses Schlusskapitel am Ende der Dogmatik verhandelt, sondern ganz im Sinne Bultmanns und der dialektischen Theologie ins Zentrum einer theologischen Interpretation der Wirklichkeit gerückt wird.

Stets boten die Tagungen im Sinne der Zwecke der Gesellschaft ein Forum für das interdisziplinäre Gespräch, und zwar nicht nur unter den theologischen Disziplinen, sondern auch mit der Philosophie und anderen Wissenschaften, dabei stets vom Hören auf das biblische Zeugnis geleitet. Dieses Hören nimmt seinen Ausgang bei einer Exegese, die sich nicht durch den Rückfall in einen neuen Historismus theologisch marginalisiert, sondern wie Bultmann im Vollzug einer historisch-kritischen Textinterpretation nach dem Lebensbezug, das heißt nach dem ›lebensmäßigen Verhältnis‹ zu den biblischen Texten und ihrem Gegenstand fragt, der die »Möglichkeit zum Praktisch-werden« einschließt.[49] Wie schon die ›Alten Marburger‹ hat sich auch die Rudolf-Bultmann-Gesellschaft der Aufgabe verschrieben, die Verbindung zwischen akademischer Theologie und kirchlicher Praxis, zwischen Universität, Pfarramt und Schule zu pflegen. Das geschah und geschieht praktisch, indem auf allen Tagungen immer auch ein Vortrag von einem namhaften Vertreter des kirchlichen Lebens gehalten wurde. Die Verbindung zwischen akademischer Theologie und Kirche zeigt außerdem in der Zusammensetzung des Vorstandes.

Dem Ziel, die wissenschaftliche Auswertung des Werks Rudolf Bultmanns zu fördern, ist die Gesellschaft in dem dargestellten Zeitraum nicht nur durch Tagungsbeiträge nachgekommen, die sich ausdrücklich mit einem Werk oder mit Fragestellungen Bultmanns befassten, sondern auch durch die anhangsweise Veröffentlichung von Quellentexten und Nachrufen. Außerdem findet man auf der Homepage der Bultmann-Gesellschaft eine umfassende Bibliographie der Sekundärliteratur zu Rudolf Bultmann, erstellt von Oskar Hackenberg, ergänzt von Matthias Dreher und Bernhard Petri-Hasenöhrl, weitergeführt von Christof Landmesser, Andreas Klein und Roman Michelfelder.[50]

Erwähnt werden soll auch die Öffentlichkeitsarbeit der Gesellschaft. Anfangs habe ich als Vorsitzender über die Tagungen in Pressemitteilungen berichtet. Doch schon bald übernahm es Christoph Weist, der bereits im Mai 1998 der Gesellschaft beigetreten war – ein Mitglied also der ersten Stunde! –, über alle Tagungen einen journalistisch professionellen Bericht zu schreiben. Etliche seiner Artikel sind in der österreichischen evangelischen Kirchenzeitung »Die Saat«

---

[49] RUDOLF BULTMANN, Zur Frage der Reform des theologischen Studiums, in: DERS., Glauben und Verstehen, Bd. II, Tübingen 1952, 294–300, hier 296.
[50] Die Bibliographie (Stand: 1.10.2012) ist abrufbar unter http://www.univie.ac.at/bultmann/bilder/Bibliographie_neu.pdf (letzter Zugriff am 12.1.2018)

veröffentlicht worden. Weist, der bis zu seiner Pensionierung Pressepfarrer beim Evangelischen Pressedienst Österreich war, gebührt dafür großer Dank.

Bleibt noch ein Wort zum Vorstand der Gesellschaft zu sagen. Der Gründungsvorstand wurde von der ersten regulären Mitgliederversammlung 1999 in seinem Amt bestätigt. 2002 wechselte die Funktion des Schatzmeisters von Bernd Wildemann, der aus Krankheitsgründen nicht wieder kandidierte, zu Reinhard von Bendemann, damals Neutestamentler in Kiel. Als Beisitzer trat Christian Schad, heute Kirchenpräsident der Evangelischen Kirche der Pfalz, die Nachfolge von François Vouga an. 2005 übernahm Paul Gerhard Klumbies, Professor für Neues Testament in Kassel, das Amt des Schatzmeisters. In diesem Jahr stellten sich die übrigen Vorstandsmitglieder der ersten Stunde noch einmal zur Wahl. Ich kündigte bei meiner letztmaligen Wiederwahl an, bei der nächsten Vorstandswahl nicht nochmals zu kandidieren. Den Entschluss hatte ich schon lange gefasst, weil ich der Überzeugung war und bin, dass es der Gesellschaft nur guttun konnte, wenn es nach zehn Jahren zu einem Wechsel an der Spitze kommen würde. Diese Hoffnung hat sich mit dem neuen Vorsitzenden Christof Landmesser und dem übrigen 2008 gewählten Vorstand – Matthias Petzoldt, Paul Gerhard Klumbies, Andreas Klein und Doris Hiller – erfüllt. Ich war und bin dankbar, wie harmonisch der Wechsel vollzogen wurde und sehe mit Freude, wie sich die Gesellschaft seither weiterentwickelt hat.

Neue Köpfe bringen neue Ideen, und so sehr ich mich stets darum bemüht habe, offen für andere Blickwinkel zu sein, ergebnisoffene Debatten anzustoßen und neue Impulse aus den unterschiedlichsten wissenschaftlichen Fächern aufzugreifen, lag mir doch von Beginn an daran, dass die Gesellschaft nicht zu sehr mit meinem Namen oder gar mit den von mir eigenommenen theologischen und hermeneutischen Positionen in Verbindung gebracht wurde. Wie hat doch Bultmann einmal zum Thema der Schulbildung gesagt: Einerseits stehe Wissenschaft in der »Gefahr der Entartung zum Betrieb« zu werden, und andererseits drohe »Gefahr der *Dogmatisierung*, die die Kommunikation sprengt«[51]. Dieser und der mit ihr verbundenen Gefahr der Isolierung ist die Rudolf-Bultmann-Gesellschaft bis heute zum Glück nicht erlegen.

---

[51] RUDOLF BULTMANN, Formen menschlicher Gemeinschaft, in: ders., Glauben und Verstehen II (s. Anm. 60), 262–273, hier 269. Vgl. auch LINDEMANN, Bultmannschule (s. Anm. 4), 403f.

Anhang:
Vorstandsmitglieder der Rudolf-Bultmann-Gesellschaft für Hermeneutische Theologie 1998-2020

Reinhard von Bendemann, Dr. theol., geb. am 4.12.1961 in Düsseldorf. 1981-1988 Studium der Evangelischen Theologie sowie der Philosophie und lateinischen Philologie für das Lehramt an Gymnasien in Göttingen (1981-1984), Bern (1985-1986) und Bonn (1987-1988). 1988-1990 Vikariat. 1994 Pastor z.A. in der Evangelischen Kirchengemeinde Bad Neuenahr-Ahrweiler und in der Evangelischen Kirchengemeinde St. Augustin-Menden. 1995 Promotion in Bonn. 1994-1999 Wiss. Assistent in Bonn. 1999 Habilitation an der Universität Bonn, Verleihung der Venia legendi für das Fach Neues Testament im Juni 1999. 2002-2008 Ordentlicher Professor am Institut für Neutestamentliche Wissenschaft und Judaistik der Theologischen Fakultät der Universität Kiel. Seit 2008 Professur für Neues Testament und Judentumskunde an der Ruhr-Universität Bochum. Schatzmeister von 2002 bis 2005, Beisitzer von 2005 bis 2008.

Doris Hiller, Dr. theol., geb. am 17.11.1968 in Lahr. 1988-1994 Studium der Evangelischen Theologie in Erlangen und Heidelberg. 1997 Promotion an der Friedrich-Schiller-Universität Jena. 1998-2000 Lehrvikariat in der Evangelischen Landeskirche in Baden. 2001-2007 Assistentin am Lehrstuhl für Systematische Theologie/Dogmatik an der Universität Leipzig. Seit 2008 Pfarrerin der Evangelischen Landeskirche in Baden; eingesetzt in den Gemeinden Ittlingen und Richen; Bezirkskirchenrätin im Kirchenbezirk Kraichgau. 2011 Habilitation an der Ruhr-Universität Bochum im Fach Systematische Theologie. Seit 2013 Seminardirektorin des Predigerseminars Petersstift der Evangelischen Landeskirche in Baden (Heidelberg). Beisitzerin seit 2008, seit 2017 Schriftführerin.

Tom Kleffmann, Dr. theol., geb. am 13.4.1960 in Hannover. 1979-1987 Studium der Philosophie, Geschichte und Evangelischen Theologie in Göttingen und Tübingen. 1993 Promotion zum Dr. theol. in Göttingen. 1995-1997 DFG-Habilitationsstipendium. 1997-2003 Wissenschaftlicher Assistent am Lehrstuhl für Systematische Theologie (Professor Ringleben) an der Evangelisch-Theologischen Fakultät der Universität Göttingen. 1998 Ordination. 2001 Habilitation im Fach Systematische Theologie in Göttingen. 2003-2006 Pastor an der Göttinger Jacobi-Gemeinde. 2005-2006 Gastprofessor an der Humboldt-Universität zu Berlin. Seit 2006 Professor für Systematische Theologie an der Universität Kassel, Institut für Evangelische Theologie/Religionspädagogik. Beisitzer seit 2017.

Andreas Klein, Dr. theol., geb. am 23.7.1967 in Wien. Studium der Evangelischen Theologie in Wien. 2000-2009 Wiss. Assistent am Institut für Systematische Theologie der Universität Wien. 2002 Promotion, 2009 Habilitation im Fach Systematische Theologie an der Evangelisch-Theologischen Fakultät der Universität Wien. Seit 2009 erneut Universitätsassistent, 2011-2013 Assistenzprofessor an der Evangelisch-Theologischen Fakultät der Universität Wien. Freiberuflich tätig. Schriftführer von 2008 bis 2014.

Paul-Gerhard Klumbies, Dr. theol., geb. 14.8.1957. Studium der Evangelischen Theologie in Bethel, Erlangen, Hamburg und Münster. 1988 Promotion zum Dr. theol. an der Kirchlichen Hochschule Bethel, 2000 Habilitation im Fach Neues Testament an der Universität Hamburg. 1988-1993 Gemeindepfarrer; 1993-2004 Professor für Evangelische Theologie mit den Schwerpunkten Neues Testament und Diakoniewissenschaft an der Evangelischen Fachhochschule Freiburg; seit 1. April 2004 Professor für Biblische Wissenschaften unter besonderer Berücksichtigung des Neuen Testaments am Institut für Evangelische Theologie/Religionspädagogik der Universität Kassel. Schatzmeister seit 2005.

Stefan Koch, Dr. theol., geb. am 5.8.1965 in Gunzenhausen. 1984-1993 Studium der Evangelischen Theologie in Erlangen und Tübingen, 1987/88 auch der Katholischen Theologie in Münster. 2004 Promotion an der Kirchlichen Hochschule Bethel. 1993-1995 Theologisches Lehrvikariat in Würzburg-Heuchelhof/Rottenbauer, 1995-2001 Pfarrer z.A. (50%) in Ingolstadt-St. Matthäus, 2000-2001 Pfarrstellenvertretung (25%) in Ingoldstadt-St. Lukas, 2001-2006 Studienleiter (50%) am Evangelischen Bildungswerk (ebw) Fürth. Im Schuljahr 2001/02 Religionslehrer (50%) an der Hans-Böckler-Realschule Fürth. 2002-2006 Projektstelle (50%) für Dekanatsentwicklung in Fürth. 2006-2014 Kirchenrat und Theologischer Referent für kirchliche Planungsfragen der Evangelisch-Lutherischen Kirche in Bayern. Seit 2014 Pfarrer in Starnberg. Stellvertretender Vorsitzender seit 2011.

Ulrich H.J. Körtner, Dr. theol., geb. am 16.4.1957 in Hameln. 1975-1980 Studium der Evangelischen Theologie in Bethel, Münster und Göttingen. 1980-1983 Assistenzenzeit und Vikariat an der Kirchlichen Hochschule Bethel und in Bielefeld. 1982 Promotion, 1987 Habilitation an der Kirchlichen Hochschule Bethel. 1986-1990 Gemeindepfarrer in Bielefeld, 1990-1992 Studienleiter an der Evangelischen Akademie Iserlohn. Seit 1992 Ordinarius und für Systematische Theologie an der Evangelisch-Theologischen Fakultät der Universität Wien. 2010 Dr. theol. h.c. der der Faculté libre de Théologie Protestante de Paris. 2013 Dr. theol. h.c. der Reformierten Theologischen Universität Debrecen. Gründungsmitglied der Rudolf-Bultmann-Gesellschaft für Hermeneutische Theologie. Vorsitzender von 1998 bis 2008.

Christof Landmesser, Dr. theol., geb. am 22.12.1959 in Rommelshausen (heute Kernen i.R.). 1975-1977 Ausbildung als Versicherungskaufmann. Nach dem Studium der Evangelischen Theologie und der Philosophie in Tübingen und München Vikariat in Tübingen, anschließend Assistentenzeit in Tübingen. 1998 Promotion, 2000 Habilitation an der Evangelisch-Theologischen Fakultät der Eberhard Karls Universität Tübingen. 1990-2003 Assistent an der Eberhard Karls Universität Tübingen im Fach Neues Testament. 2003-2006 Ordinarius für Neues Testament an der Evangelisch-Theologischen Fakultät der Universität Mainz. Seit 2006 Ordinarius für Neues Testament an der Evangelisch-Theologischen Fakultät der Universität Tübingen. Vorsitzender seit 2008.

Andreas Lindemann, Dr. theol., geb. am 18. Oktober 1943 in Leer. 1973-1974 Vikariat in Göttingen. 1975 Promotion in Göttingen. 1974-1978 Wiss. Assistent bei Hans Conzelmann in Göttingen. 1975 Promotion, 1977 Habilitation in Göttingen für das Fach Neues Testament. 1978-2009 Professor für Neues Testament an der Kirchlichen Hochschule Bethel. Seit 2007 Direktor der Evangelischen Forschungsakademie. Seit 2008 Korrespondierendes Mitglied der Akademie der Wissenschaften zu Göttingen. 2009/10 Deputy President der Studiorum Novi Testamenti Societas. 2004-2013 Präsident der von Cansteinschen Bibelanstalt in Westfalen. Gründungsmitglied der Rudolf-Bultmann-Gesellschaft für Hermeneutische Theologie. Stellvertretender Vorsitzender von 1998 bis 2008.

Manfred Oeming, Dr. theol., geb. am 11.10.1955 in Rostock. Studium der Evangelischen Theologie, Philosophie und Pädagogik in Wuppertal, Saarbrücken und Bonn. 1984 Promotion, 1989 Habilitation an der Universität Bonn. 1993-1996 Professor in Osnabrück. Seit 1996 Ordinarius für Theologie und Ethik des Alten Testaments an der Theologischen Fakultät der Universität Heidelberg. 2002-2006 Prorektor und Leiter der Hochschule für Jüdische Studien in Heidelberg. Gründungsmitglied der Rudolf-Bultmann-Gesellschaft für Hermeneutische Theologie. Schriftführer von 1998 bis 2008.

Matthias Petzoldt, Dr. theol., geb. am 10.6.1948. Studium der Evangelischen Theologie in Leipzig und Naumburg; 1977-1985 Gemeindepfarrer in Bautzen, 1984 Promotion an der Theologischen Fakultät in Leipzig, 1992 Habilitation an der Augustana-Hochschule Neuendettelsau; 1987 Dozent für Systematische Theologie am Theologischen Seminar Leipzig; 1990 Professor für

Systematische Theologie an der Kirchlichen Hochschule in Leipzig; seit 1994 Professor für Fundamentaltheologie und Hermeneutik und von 2006 bis 2013 Professor für Systematische Theologie/Dogmatik an der Theologischen Fakultät der Universität Leipzig. Stellvertretender Vorsitzender von 2008 bis 2011.

Enno Edzard Popkes, Dr. theol., geb. am 8.12.1969 in Göttingen. 1993–1999 Studium der Evangelischen Theologie, Philosophie und Sportwissenschaft in Tübingen. 1999–2005 Assistent am Lehrstuhl für neues Testament (Prof. Dr. Jörg Frey) an der Evangelisch-Theologischen Fakultät der Ludwig-Maximilan-Universität München. 2004 Promotion in München, 2007 Habilitation im Fach Neues Testament an der Friedrich-Schiller-Universität Jena. 2007–2010 Heisenbergstipendiat der Deutschen Forschungsgemeinschaft. Seit 2010 Professor am Institut für Neues Testament und Judaistik der Theologischen Fakultät der Christian-Albrechts-Universität Kiel (Lehrstuhl für Geschichte und Archäologie des frühen Christentums und seiner Umwelt). Schriftführer von 2014 bis 2017.

Christian Schad, geb. am 14.2.1958 in Ludwigshafen. Studium der Theologie in Bethel, Tübingen und Bonn. 1986 Pfarrer und Studentenseelsorger in Weingarten an. 1991–1996 theologischer Referent im Landeskirchenrat, 1996–1999 Dozent am Predigerseminar in Landau. 1999–2008 Oberkirchenrat. Seit 2008 Kirchenpräsident der Evangelischen Kirche der Pfalz. Beisitzer von 202-2005.

François Vouga, geb. 1948 in Neuchâtel, 1973–1974 Assistent von Christophe Senft in Lausanne; 1975–1982 Gemeindepastor in Avully und Chancy (Genf); 1982–1985 Maître assistant in Montpellier; 1985 Thèse de doctorat und venia legendi im Fach Neues Testament in Genf; 1984–1985 Gastprofessor in Neuchâtel; 1985–1986 Professor in Montpellier, 1986 an der Kirchlichen Hochschule Bethel; Seit 1988 regelmässige Gastprofessuren an der Facoltà Valdese di Teologia in Rom; 1998 Ehrendoktor der Universität Neuchâtel; 1999 und 2001 Gastprofessur an der Faculté de théologie et de sciences religieuses de Université Laval, Québec. Gründungsmitglied der Rudolf-Bultmann-Gesellschaft für Hermeneutische Theologie. Beisitzer von 1998 bis 2002.

Bernd Wildemann, Dr. theol., Dr. theol., geb. am 21. 1. 1943 in Skawina bei Krakau. 1944/45 Flucht nach Bayern, 1945–1956 Kindheit in Bad Wörishofen, Regensburg und München, seit 1956 in Berlin. 1962–1968 Studium der evangelischen Theologie in Berlin und Tübingen. 1968–1972 Erstes kirchliches Examen, Vikariat, Zweites kirchliches Examen, Pastor im Entsendungsdienst. 1972–1977 Pfarrer in Berlin-Wilmersdorf. 1977–1981 Assistent bei Walter Schmithals an der Kirchlichen Hochschule Berlin-Zehlendorf. 1982

Promotion. 1981/82 Pfarrer in Berlin-Schöneberg (Lutherkirche), 1982–2008 Pfarrer in Berlin-Steglitz (Matthäuskirche), seit 2008 im Ruhestand. Seit 1978 Mitglied der »Arbeitsgemeinschaft Alter Marburger«, 1978–1998 Führung der Kasse, Führung der Mitgliederliste, Mitvorbereitung der jährlichen Tagung, Mitarbeit an der Erstellung und dem Versand des Protokolls der jährlichen Tagung. Gründungsmitglied der Rudolf-Bultmann-Gesellschaft für Hermeneutische Theologie. Schatzmeister von 1998 bis 2002.

Die Rudolf-Bultmann-Gesellschaft für Hermeneutische Theologie in ihrer zweiten Dekade (2008-2018)

Christof Landmesser

Wir sind mittendrin in der Geschichte der Rudolf-Bultmann-Gesellschaft für Hermeneutische Theologie e.V. Von heute aus betrachtet habe ich genau in der Mitte dieser bisherigen Geschichte unserer Gesellschaft von Ulrich Körtner den Vorsitz im Vorstand übernommen. Aber nicht nur die erfolgreichen zehn Jahre der Gesellschaft von 1998 bis 2008 bilden den Hintergrund der dann folgenden Dekade bis heute. Auch die schon lange Geschichte der *Alten Marburger* gehört zum Fundament unserer Gesellschaft. Und gerne habe ich mir noch einmal die beiden hoch informativen und schönen Rückblicke auf die *Alten Marburger* vorgenommen, die Konrad Hammann und Bernd Wildemann auf unserer Tagung im vergangenen Jahr vorgetragen haben und die auch im Tagungsband von 2018 nachzulesen sind.[1] Solche Rückblicke sind persönlich und historisch wichtig, und gemeinsam mit dem Vortrag heute von Ulrich Körtner[2] und meinem Beitrag leisten wir alle damit einen Teil der Erinnerungsarbeit, die für eine solche Gesellschaft immer wieder erforderlich ist, die ihre Identität stärkt und eine Selbstvergewisserung bedeuten kann. Darüber hinaus verschafft solche Erinnerung auch die Basis dafür, neue Perspektiven gewinnen zu können in einem sich stets verändernden akademischen, kirchlichen und gesellschaftlichen Umfeld. Sie schärft den Blick für den vielfältigen Wandel, und sie ist die notwendige Voraussetzung für ein Verstehen unserer Gegenwart sowie für die Einsicht in die Gestaltungsmöglichkeiten in einer offenen Zukunft.

---

[1] KONRAD HAMMANN, Die Anfänge der »Alten Marburger«, in: CHRISTOF LANDMESSER/DORIS HILLER (HG.), Gerechtigkeit leben. Konkretionen des Glaubens in der gegenwärtigen Welt, Leipzig 2018, 127–140; BERND WILDEMANN, Zur Geschichte des theologischen Arbeitskreises »Alte Marburger« von 1949 bis 1998, in: LANDMESSER/HILLER (HG.): Gerechtigkeit leben, 141–160.

[2] ULRICH H.J. KÖRTNER, Die Anfänge der Rudolf-Bultmann-Gesellschaft für Hermeneutische Theologie (1998–2008), in diesem Band, 131–150.

Meine Wahrnehmung der zweiten zehn Jahre unserer Gesellschaft werde ich in drei Hinsichten beschreiben. Das soll dazu dienen, dass wir unsere Gesellschaft an ihrem Ort begreifen und verstehen, dass wir also mit dem Blick auf unsere Geschichte und Gegenwart ein Stück hermeneutische Arbeit leisten. Das ist genau die Aufgabe, die sich unsere Gesellschaft selbst gestellt hat und die auch in unserer Satzung verankert ist. Also, in drei Hinsichten will ich auf die vergangenen zehn Jahre bis in die Gegenwart schauen: 1. *Grundlagen: Unsere Satzung*, 2. *die erste Jahrestagung der zweiten Dekade* und 3. *der Horizont der theologischen Aufgabe für unsere Gesellschaft.*

1. Grundlagen: Unsere Satzung

Die Satzung unserer Gesellschaft ist die formale Grundlage unserer Arbeit. Solche Rechtstexte sind zuweilen spröde geschrieben.[3] Diejenigen aber, die den Text in diesem Fall formuliert haben, haben dies offensichtlich mit großer Klugheit und mit Verstand getan. Das lässt sich nicht an der sprachlichen Form ablesen, vielmehr meine ich den Inhalt des § 2, in welchem die Ziele der Rudolf-Bultmann-Gesellschaft formuliert sind. Dieser für mich wichtigste Paragraph hat zwei Absätze. Im ersten Absatz wird als ausschließlicher und unmittelbarer Zweck festgehalten, »Wissenschaft und Forschung auf dem Gebiet der Theologie zu fördern«[4]. Das solle geschehen in »Aufnahme und Weiterführung der theologischen Arbeit Rudolf Bultmanns« mit dem Ziel, »hermeneutische Theologie zu fördern, die in der Einheit der theologischen Disziplinen und im Gespräch mit der Philosophie die geschichtlichen Verstehensbedingungen und die Gegenwartsbedeutung des biblischen Zeugnisses bedenkt«[5]. Das ist ein langer Satz, der schon einen sehr weiten Horizont beschreibt. Im zweiten Absatz werden vier Modi benannt, durch die das alles geschehen soll. Es sollen wissenschaftliche Tagungen abgehalten werden, zu denen öffentlich einzuladen sei; die Ergebnisse der Tagungen sollen in angemessener Form veröffentlicht werden; die Gesellschaft soll sich an der wissenschaftlichen Auswertung von Werk und Nachlass Rudolf Bultmanns beteiligen und, nicht zuletzt, der wissenschaftliche Nachwuchs solle insbesondere durch eine Einladung zu den Tagungen unterstützt werden. Unsere Satzung gibt uns also eine Menge Aufgaben, die sich ganz und gar nicht von alleine erfüllen. Um all dies zu tun, bedarf es vor allem vieler Menschen, die sich

---

[3] Die Satzung wurde am 12. März 1998 verfasst und ist in ihrer am 7. März 2000 geänderten Fassung abrufbar unter http://www.bultmann-gesellschaft.net/satzung/ (zuletzt abgerufen am 20. Juli 2018).
[4] Satzung der Rudolf-Bultmann-Gesellschaft für Hermeneutische Theologie e.V. (12. März 1998, in der Fassung vom 7. März 2000), § 2 (1) Satz 1.
[5] A.a.O., § 2 (1) Satz 2.

für solches interessieren und auch engagieren. Und das ist mein wichtigstes Thema bei unserem Rückblick: die Menschen, die die Aufgaben unserer Satzung mit viel Engagement, Phantasie und Weitsicht erfüllen. Und so sind wir, wie ich zu Beginn formuliert habe, mitten in der Gegenwart, nämlich mitten auf unserer Tagung. Denn diejenigen, die den § 2 unserer Satzung erfüllen, das sind Sie alle, die Sie unsere Tagungen besuchen, genauer, die Sie unsere Tagungen ausmachen, die Sie mitdenken, die Sie mitdiskutieren, die Sie Ihre Erfahrungen und Einsichten aus der Wissenschaft, der Kirche und der Welt überhaupt im Gespräch zugänglich machen, überdenken und die Sie hoffentlich zuweilen auch Anregungen für ein Verstehen unserer Gegenwart erhalten. Also wir alle sind es, die wir uns zu den Tagungen versammeln. Und mit großer Begeisterung freue ich mich über die erstaunliche Kontinuität all derer, die sich Jahr für Jahr meist im Februar hier in Hofgeismar, mit der zweijährigen Unterbrechung in Bad Herrenalb in den Jahren 2015 und 2016, für drei Tage treffen. Und natürlich gehören dazu auch all diejenigen, die uns Vorträge halten, die uns Einblicke in ihre Forschungen und in ihre kirchlichen und gesellschaftlichen Verantwortungsbereiche geben.

Die Tagungen mit den Vortragenden und den Teilnehmerinnen und Teilnehmern also stehen im Mittelpunkt all dessen, was unsere Gesellschaft auch in den vergangenen zehn Jahren zu tun hatte. Die Arbeit des Vorstands kreist in jedem Jahr, kurz nach unseren Treffen, im Wesentlichen um die Tagungsplanung für das folgende Jahr. Im Jahr 2008 wurde ein neuer Vorstand gewählt. Nur Paul Klumbies war bereits Mitglied im bis dahin amtierenden Vorstand, die hinzukommenden Vorstandsmitglieder waren Doris Hiller, Matthias Petzold, Andreas Klein und ich selbst. Im Jahr 2011 gab es einen weiteren Wechsel im Vorstand. Für Matthias Petzold wurde Stefan Koch als stellvertretender Vorsitzender gewählt. Die nächste Veränderung in der Zusammensetzung des Vorstands gab es drei Jahre später, als Andreas Klein nicht mehr kandidierte und dafür Enno Popkes in den Vorstand gewählt wurde. Und zuletzt wurde im vergangenen Jahr nach dem Ausscheiden von Enno Popkes aus dem Vorstand Tom Kleffmann gewählt. Und wenn wir schon einige Namen genannt haben, muss ein weiterer Name erwähnt werden, nämlich Christoph Weist, der auch in den vergangenen zehn Jahren im Anschluss an die Tagungen stets einen instruktiven Tagungsbericht verfasst hat, der allen Mitgliedern zugänglich gemacht wird. – Die einzelnen Vorstandsmitglieder stehen für durchaus unterschiedliche wissenschaftliche Bereiche und kirchliche Erfahrungsfelder, die sich in den Tagungsplanungen auch bemerkbar machen. Der Vorstand hat in jedem Jahr die Aufgabe, die Themenvorschläge der Mitgliederversammlung in griffige Formulierungen zu überführen und Personen aus den Bereichen der Wissenschaft, der Kirche und der Gesellschaft für spannende und aktuelle Vorträge zu finden.

2. Die erste Jahrestagung der zweiten Dekade

Die 11. Jahrestagung im Jahr 2009, die der damals neu gewählte Vorstand zu verantworten hatte, war in der Planung eine einfache Übung und in der Durchführung geradezu ein Glücksfall für unsere Gesellschaft. Der Namensgeber unserer Gesellschaft, Rudolf Bultmann, wurde am 20. August 1884 in Wiefelstede geboren. Dieser Geburtstag jährte sich also im Jahr 2009 zum 125. Mal. Dieses Datum haben wir alle gerne aufgegriffen und zum Anlass genommen, über Grundzüge und Konsequenzen der Theologie Bultmanns in unserer Gegenwart nachzudenken. Und genau so war das Thema der Tagung auch formuliert: *Rudolf Bultmann (1884–1976) – Theologe der Gegenwart. Hermeneutik – Exegese – Theologie – Philosophie*. Dieses Tagungsthema ist geradezu eine exemplarische Konkretion der uns mit der Satzung gestellten Aufgabe. Die Ankündigung der Jahrestagung erfuhr eine enorme Resonanz, und es folgte die vermutlich überhaupt bislang am besten besuchte Tagung. Die etwa 100 Anmeldungen zwangen uns vom intimen Tagungsraum im Schlösschen in den Plenarsaal der Tagungsstätte Hofgeismar. Der dann dauerhafte Wechsel des Raums wurde schon von etwas Skepsis begleitet, ob denn die Gespräche weiter mit der Lebendigkeit geführt werden könnten, wie das in dem doch etwas kleineren Raum des Schlösschens möglich war. Die Mitglieder unserer Gesellschaft und alle Teilnehmenden an unseren Tagungen sind aber allesamt so selbstbewusst und an lebendigen Debatten interessiert, dass sich nach meinem Eindruck die Gespräche genauso intensiv wie zuvor weiterentwickeln und durch neue Personen auch zusätzlich an Farbe gewinnen konnten. Der räumliche Wechsel vom Schlösschen in den Plenarsaal der Evangelischen Tagungsstätte Hofgeismar hat sich bewährt.

Die Jahrestagung im Jahr 2009 hatte noch eine gar nicht nur äußerliche Besonderheit. Denn kurz vor unserem Treffen waren zwei Bücher erschienen, die mit dem Namensgeber unserer Gesellschaft verbunden sind. Zum einen war dies die von Konrad Hammann verfasste wichtige Biographie zu Rudolf Bultmann, die inzwischen in der dritten Auflage erschienen ist und auf die im Jahr 2016 auch noch der ergänzende Band *Rudolf Bultmann und seine Zeit* folgte[6]. Das zweite Buch, das kurz vor Beginn unserer Tagung erschienen war, ist der von dem Philosophen Andreas Großmann und mir selbst herausgegebene Briefwechsel zwischen Rudolf Bultmann und Martin Heidegger aus den Jahren 1925 bis 1975[7],

---

[6] Konrad Hammann, Rudolf Bultmann. Eine Biographie, Tübingen ¹2009, erneut durchgesehen und ergänzt ³2012; Ders., Rudolf Bultmann und seine Zeit. Biographische und theologische Konstellationen, Tübingen 2016.

[7] Andreas Großmann/Christof Landmesser (Hg.), Rudolf Bultmann – Martin Heidegger. Briefwechsel 1925–1975. Mit einem Geleitwort von Eberhard Jüngel, Frankfurt am Main, Tübingen 2009.

der zwei Jahre später auch in die spanische Sprache übersetzt wurde[8]. Die Bultmann-Biographie Hammanns erschien im Tübinger Verlag Mohr Siebeck, der Briefwechsel war eine Gemeinschaftsproduktion des Verlages Mohr Siebeck und des Klostermann-Verlages in Frankfurt. Beiden Verlagen waren es die Bücher und unsere Gesellschaft wert, die zwei Bände auf unserer Tagung feierlich zu präsentieren. So war die erste Jahrestagung der zweiten Dekade der Rudolf-Bultmann-Gesellschaft durch den schönen Empfang im Schlösschen mit einem festlichen Glanz umgeben. Und – nota bene – es ist natürlich ein schöner Zufall, dass pünktlich zur 20. Jahrestagung Ende vergangenen Jahres das Bultmann Handbuch erschienen ist, an dem einige unserer Mitglieder mitgewirkt haben.[9]

Diese 11. Jahrestagung der Rudolf-Bultmann-Gesellschaft war durchaus dazu geeignet, unseren satzungsgemäßen Zielen zu entsprechen. Alle Beiträge waren darauf ausgerichtet, nicht einfach die Überlegungen Bultmanns in Erinnerung zu rufen und zu wiederholen. Die Vortragenden begriffen Bultmanns Theologie als eine solche für die Gegenwart, das bedeutet aber, für *unsere* Gegenwart, sie muss mit ihren Grenzen heute diskutiert und interpretiert werden. Dass die Theologie Bultmanns in seiner Zeit zuweilen als eine pure Provokation wahrgenommen wurde, hat uns Hans Weder mit seinem Vortrag *Gewitterte Ketzerei. Zur Bedeutung der Hermeneutik Bultmanns für die gegenwärtige Theologie* lebendig vorgeführt[10]. Dieser Vortrag ist für mich nach wie vor insofern ein wichtiger Text, als er deutlich macht, dass gelungene Theologie in ihrer Zeit immer eine Provokation darstellt, eine Provokation, die gar nicht spektakulär daherkommen muss, die aber entschieden von dem redet, wovon die Theologie zu reden hat, nämlich vom Glauben als unter den Augen Gottes »*entschiedene Existenz*«, und damit von der Existenz, »die der Glaube zu verstehen gibt«[11]. Die Provokation besteht darin, dass ein anderer Blick auf die Welt erschlossen wird, als er uns ohne den Glauben möglich wäre.[12] Dieser Blick auf die Welt muss seinerseits als rationale Arbeit begriffen

---

[8] ANDREAS GROBMANN/CHRISTOF LANDMESSER (ED.), Correspondencia: 1925–1975: Rudolf Bultmann/Martin Heidegger. Con un prólogo de EBERHARD JÜNGEL. Traducción de RAUL GABAS, Barcelona 2011.

[9] CHRISTOF LANDMESSER (HG.), Bultmann Handbuch, Tübingen 2017.

[10] HANS WEDER, Gewitterte Ketzerei. Zur Bedeutung der Hermeneutik Bultmanns für die gegenwärtige Theologie, in: CHRISTOF LANDMESSER/ANDREAS KLEIN (HG.), Rudolf Bultmann (1884–1976) – Theologe der Gegenwart. Hermeneutik – Exegese – Theologie – Philosophie, Neukirchen-Vluyn 2010, 17–36.

[11] WEDER, Gewitterte Ketzerei (s. Anm. 10), 36.

[12] Diese Provokation wurde zumindest im kirchlichen Raum insbesondere mit dem Thema der Entmythologisierung verbunden. Wie dieser Zugang Bultmanns zu den Texten des Neuen Testaments und ihrer Interpretation bis heute auch im internationalen Raum wirkt, zeigt das Buch von DAVID W. CONGDON, The Mission of Demythologizing. Rudolf Bultmann's Dialectical Theology, Minneapolis 2015. David W. Congdon wurde für diese Arbeit mit dem

werden. Und so erweist sich Theologie – um es mit Bultmanns vorletztem Satz aus seiner Theologischen Enzyklopädie zu formulieren – als »Arbeit des λόγος unter der Voraussetzung des Glaubens, des πνεῦμα.«[13] Das ist die besondere, die eigene Perspektive der christlichen Theologie, die sie selbstbewusst und offensiv in die wissenschaftlichen und gesellschaftlichen Diskurse einzubringen hat. Und natürlich gilt das auch für den Raum der Kirche, weshalb wir von der 11. Jahrestagung an darauf geachtet haben, für die Montagabende möglichst regelmäßig eine kirchenleitende Persönlichkeit einzuladen in der Absicht, auch diesen Horizont in unserer Tagungsarbeit wachzuhalten.

Die Vortragstitel dieser und aller weiteren Tagungen sind mehr oder weniger allesamt Beispiele für den Versuch, solche Theologie konkret werden zu lassen. Wie es unseren Vorstellungen entspricht, kamen die Beiträge der 11. Jahrestagung aus ganz unterschiedlichen Wissenschaftsbereichen, genauer aus dem Neuen Testament, aus der Systematischen Theologie, der Kirchengeschichte und, was uns immer wichtig ist, aus der Philosophie. Es würde wesentlich zu weit führen, würde ich jetzt *alle* Vortragstitel unserer ersten und der dann folgenden Tagungen auflisten. Das kann alles leicht in unseren Publikationen nachgelesen werden. Im diesjährigen Tagungsband findet sich ein Überblick über alle bisherigen Publikationen im Anschluss an die Jahrestagungen, die dort gehaltenen Vorträge und die daraus entstandenen Aufsätze.[14] Auf einen weiteren Beitrag unseres Tagungsbandes der 11. Jahrestagung zum 125. Geburtstag Bultmanns will ich doch noch ausdrücklich hinweisen. Die Tagung fand statt vom 2. bis 4. März 2009. Nur wenige Tage später verstarb Walter Schmithals am 26. März 2009 in Berlin. Wir mussten in den vergangenen Jahren immer wieder Abschied nehmen von Mitgliedern unserer Gesellschaft und manchen langjährigen Gesprächspartnern auf unseren Tagungen. Walter Schmithals war ein wichtiger Repräsentant der Alten Marburger, das hat uns im vergangenen Jahr Bernd Wildemann noch einmal schön vor Augen geführt[15]. Für den Tagungsband von 2009 hat uns Andreas Lindemann einen Nachruf zu Walter Schmithals zur Verfügung gestellt.[16] Auch damit dokumentiert unsere Gesellschaft ihre Verbundenheit mit ihrer Geschichte, zu der eben nicht nur die Person Rudolf Bultmann gehört, die vielmehr von dem lebt, was die jeweiligen Menschen der unterschiedlichen Generationen in die Tagungen eingebracht haben und auch heute noch einbringen.

---

im Jahr 2018 erstmals durch die Rudolf-Bultmann-Gesellschaft, das Rudolf-Bultmann-Institut für Hermeneutik der Philipps-Universität Marburg und die Evangelische Kirche Kurhessen-Waldeck vergebenen Rudolf Bultmann-Preis für Hermeneutik ausgezeichnet.

[13] RUDOLF BULTMANN, Theologische Enzyklopädie, hg. von EBERHARD JÜNGEL und KLAUS W. MÜLLER, Tübingen 1984, 170.

[14] S. 163–171.

[15] WILDEMANN, »Alte Marburger« (s. Anm. 1).

[16] ANDREAS LINDEMANN, Walter Schmithals (1923–2009), in: LANDMESSER/KLEIN (HG.), Rudolf Bultmann (1884–1976) – Theologe der Gegenwart (s. Anm. 10), 127–135.

Und das ist ein wichtiges Stichwort. Die Bultmann-Gesellschaft hat als eine bedeutende Aufgabe, das theologische Gespräch über die Generationen hinweg zu pflegen. So ist es leicht an den Namenslisten der Vortragenden abzulesen, dass wir nicht nur Anregungen aus verschiedenen Fachbereichen der Theologie und der Philosophie erhalten, dass vielmehr auch Kolleginnen und Kollegen unterschiedlichen Alters regelmäßig zu Wort kommen. Aber mit dem Gespräch über die Generationen hinweg ist noch etwas anderes gemeint. Die Satzung – ich habe es zitiert – fordert uns auf, junge Menschen durch eine Einladung zu den Tagungen zu fördern. Das füllen wir lange schon so aus, dass Studierende einen ermäßigten Tagungspreis zu entrichten haben. Und wir sehen in jedem Jahr, wie junge Theologinnen und Theologen und hin und wieder auch andere interessierte junge Menschen unsere Tagungen durch ihre Teilnahme bereichern. Das ist für uns alle enorm wertvoll. Und seit der 11. Jahrestagung im Jahr 2009 sind wir noch einen Schritt weitergegangen. Wir haben damals drei junge Theologen und eine junge Theologin eingeladen, uns in kleineren Arbeitsgruppen ihre Qualifikationsprojekte vorzustellen. Die Namen und die Themen dieser Premiere werde ich gleich – gewissermaßen exemplarisch – nennen, es haben sich dann aber viele weitere Projektvorstellungen in den Folgejahren angeschlossen. Im Jahr 2009 waren es Martin Bauspieß, der zu *Geschichte und Erkenntnis im lukanischen Doppelwerk* vortrug, Christoph Herbst, der sein systematisches Projekt *Freiheit aus Glauben* vorstellte, Niels Neumann, der seine Überlegungen zu dem Thema *Selig sind der Lesende und die Hörende* mit uns diskutierte, und nicht zuletzt hat Friederike Portenhauser ihre ersten und fundierten Ideen unter der Überschrift *Identität bei Paulus* mit uns diskutiert. Und ich bin mir ganz sicher, dass es auch den Diskussionen mit uns in den Arbeitsgruppen zu verdanken ist, dass drei der Projekte inzwischen in Buchform vorliegen, und auch die Arbeit von Frau Portenhauser wird in den nächsten Wochen abgeschlossen werden.[17] Wir verdanken diesen und den vielen weiteren jungen Theologinnen und Theologen, die über die Jahre ihre Projekte vorgestellt haben und von denen auch heute manche anwesend sind, dass wir auf unseren Tagungen an ganz frischen Forschungen teilhaben können. Und wir können sehr glücklich darüber sein, dass manche von ihnen auch Mitglieder in unserer Gesellschaft geworden sind. Denn so ganz einfach ist das nicht, ein theologisches Projekt, das sich erst im Werden befindet,

---

[17] MARTIN BAUSPIEß, Geschichte und Erkenntnis im lukanischen Doppelwerk. Eine exegetische Untersuchung zu einer christlichen Perspektive auf Geschichte, ABG 42, Leipzig 2012; CHRISTOPH HERBST, Freiheit aus Glauben. Studien zum Verständnis eines soteriologischen Leitmotivs bei Wilhelm Herrmann, Rudolf Bultmann und Eberhard Jüngel, TBT 157, Berlin; Boston, Mass. 2012; NILS NEUMANN, Hören und Sehen. Die Rhetorik der Anschaulichkeit in den Gottesthron-Szenen der Johannesoffenbarung, ABG 49, Leipzig 2015. Friederike Portenhauser hat ihre Dissertation mit dem Titel ›Personale Identität in der Theologie des Paulus‹ im Frühjahr 2018 an der Evangelisch-Theologischen Fakultät der Eberhard Karls Universität Tübingen eingereicht.

einer wenn auch freundlichen, aber doch auch sehr kritischen Hörerschaft zu präsentieren. Manche Nacharbeit war da durchaus erforderlich. Aber das ist ein wichtiges Kapitel unserer Gesellschaft, das wir unbedingt fortschreiben müssen.

3. Die theologische Aufgabe – ein Streifzug durch zehn Tagungen

Die erste Jahrestagung der zweiten Dekade unserer Gesellschaft war in ihrer thematischen Orientierung geradezu paradigmatisch für die folgenden Jahre. Die enzyklopädische Ausrichtung der Theologie, die den ständigen Bezug zu ihren biblischen Grundlagentexten zu verantworten hat, bildet den Horizont für die Wahl der Themen und der Vortragenden. Und es muss gar nicht verschwiegen werden, dass bei der Planung der Tagungen zuweilen auch pragmatische Entscheidungen getroffen werden müssen, wenn nicht immer diejenigen einen Vortrag zusagen, die wir zuerst fragen. Auf diese Weise haben wir schon manche glückliche Wahl getroffen, aber auch nicht jeder Vortrag muss alle Teilnehmenden gleichermaßen und immer begeistern. Wichtig ist es aber, dass wir solche Themen diskutieren, die theologisch bedeutsam sind, deren gesellschaftliche Relevanz erkennbar ist und deren existentielle Dimension sich uns erschließt, denn genau darum geht es, dass wir uns selbst in unserer Gegenwart in der Perspektive unseres Glaubens verstehen und eine Lebens- und Handlungsorientierung finden.

Theologie ist Geschichtswissenschaft. Das ist sie in jedem Fall deshalb, weil wir uns mit ihr um ein glaubendes Verstehen unserer selbst in unserer Gegenwart, also in unserer eigenen Geschichte bemühen. Unsere eigene Geschichte steht aber niemals einfach für sich selbst. Das glaubende Verstehen sucht den Bezug zu dem Ereignis in der Geschichte, in dem sich Gott gegenüber seinen Menschen als der erweist, der unsere Geschichte und auch sich selbst deutet. Das Kreuz ist die Selbstinterpretation Gottes – so hat es Ulrich Körtner in seinem Vortrag auf unserer 12. Jahrestagung sehr treffend formuliert[18]. *Kreuz und Weltbild. Interpretationen von Wirklichkeit im Horizont des Todes Jesu* war das Thema dieser Tagung. Es bleibt eine der großen Herausforderungen, unter den jeweils gegenwärtigen Verstehensbedingungen das Kreuzes- und das Christusgeschehen als ein unsere, genauer als ein *meine* Existenz bestimmendes geschichtliches Ereignis zu begreifen. Dass uns dieses Begreifen nicht verfügbar ist, kann zumin-

---

[18] ULRICH H.J. KÖRTNER, Glaube und Weltbild. Die Bedeutsamkeit des Kreuzes im Konflikt der Interpretationen der Wirklichkeit, in: CHRISTOF LANDMESSER/ANDREAS KLEIN (HG.), Kreuz und Weltbild. Interpretationen von Wirklichkeit im Horizont des Todes Jesu, Neukirchen-Vluyn 2011, 15–34: 21.

dest auch mit der Kategorie und mit dem Motiv der Offenbarung zur Sprache gebracht werden. *Offenbarung – Verstehen oder erleben? Hermeneutische Theologie in der Diskussion* war das Thema unserer 13. Jahrestagung im Jahr 2011. Matthias Petzoldt hat dem Thema mit seinem Vortragstitel eine feine Wendung gegeben: *Offenbarung erleben und zu verstehen suchen*[19]. Damit ist genau die Bewegung beschrieben, die wir mit unseren Tagungen unternehmen: die wahrgenommene Offenbarung zu verstehen suchen. In dieser Bewegung kommt der Glaube zu einer sinnvollen Deutung der Wirklichkeit, wie uns dies Udo Schnelle im Anschluss an neutestamentliche Texte deutlich gemacht hat. Und eine weitere Dimension hat uns Schnelle entfaltet, nämlich das Wirken des Geistes Gottes, des Heiligen Geistes, in unserer Existenz als Glaubende.[20]

Für unsere theologische Arbeit bleibt der Bezug auf die biblischen Texte wesentlich. Mit unterschiedlichen Akzenten haben wir in den Jahren 2012 bis 2014 diesen biblischen Text in das Zentrum unserer Überlegungen gestellt. *Der Text der Bibel. Interpretation zwischen Geist und Methode* war das Thema der 14. Jahrestagung 2012. Doris Hiller hat mit dem Motiv der Narrativität ein hoch aktuell diskutiertes Thema eingespielt: *Die Spur des Textes. Eine narrativ-kritische Programmskizze biblischer Theologie* war ihr Thema[21]. Zur Wahrnehmung unserer Wirklichkeit gehört freilich auch, dass nicht nur im Raum der Theologie heilige Texte angenommen werden. Es war ein vorzüglicher literaturwissenschaftlicher Zwischenruf, wie Bernd Auerochs uns *Fiktionen des heiligen Textes* bei Nietzsche und Kafka entfaltete[22]. Heilige Texte beschreiben keine exklusive Kategorie für die Religion. Aber im Raum der christlichen Theologie beschäftigen wir uns hoffentlich immer wieder mit den Texten, die wir als biblischen Kanon vorliegen haben. *Normative Erinnerung. Der biblische Kanon zwischen Tradition und Konstruktion* war das Thema unserer 15. Jahrestagung im Jahr 2013. In einer intensiven Textarbeit hat uns Andreas Lindemann die theologische Bedeutung des

---

[19] MATTHIAS PETZOLDT, Offenbarung erleben und zu verstehen suchen. Zum theologischen Diskurs um das Prinzip Offenbarung im Kontext der hermeneutischen Diskussion, in: CHRISTOF LANDMESSER/ANDREAS KLEIN (HG.), Offenbarung – verstehen oder erleben? Hermeneutische Theologie in der Diskussion, Neukirchen-Vluyn 2012, 15–40.

[20] UDO SCHNELLE, Offenbarung und/oder Erkenntnis der Vernunft? Zur exegetischen und hermeneutischen Begründung von Glaubenswelten, in: LANDMESSER/KLEIN (HG.), Offenbarung (s. Anm. 19), 118–136: 136f.

[21] DORIS HILLER, Die Spur des Textes. Eine narrativ-kritische Programmskizze biblischer Theologie, in: CHRISTOF LANDMESSER/ANDREAS KLEIN (HG.), Der Text der Bibel. Interpretation zwischen Geist und Methode, Neukirchen-Vluyn 2013, 81–98.

[22] BERND AUEROCHS, Fiktionen des heiligen Textes. Nietzsche und Kafka, in: LANDMESSER/KLEIN (HG.), Der Text der Bibel (s. Anm. 21), 99–115.

Schriftbeweises bei Paulus und in nachneutestamentlichen Texten demonstriert[23]. Und allen, die es sich in dieser Frage zu einfach machen wollen, indem sie mit vermeintlich eindeutigen Schriftbeweisen ihre theologische Position absichern zu können meinen, seien die letzten beiden Sätze des Beitrags von Lindemann erinnert: »Der aus der Vergangenheit überkommene biblische Text bedarf der Auslegung, damit er gegenwärtig gehört werden kann. Das ist und bleibt die Aufgabe aller hermeneutischen Bemühung.«[24] Genau in der Wahrnehmung dessen, dass wir diese Herausforderung der Auslegung niemals überspringen dürfen, wollen wir unsere Gegenwart unter den Bedingungen des Glaubens verstehen, und nur so begreifen wir die Aufgabe der Theologie richtig. Und ein drittes Mal haben wir uns im Jahr 2014 auf der 16. Jahrestagung mit der großen Frage nach der Schrift beschäftigt: *Verbindlichkeit und Pluralität. Die Schrift in der Praxis des Glaubens*. Der Berliner Systematiker Notger Slenczka führte uns damals vor, dass sich die Normativität und Autorität der Schrift nur dann erschließen kann, wenn wir ihre Historizität und damit auch die Zeitgebundenheit der Texte und ihrer Vorstellungen wahrnehmen und vor diesem Hintergrund zu einer existentialen Interpretation und zu einem Verstehen unserer selbst durchdringen.[25] Mit der 17. Jahrestagung im Jahr 2015 haben wir uns unter dem Titel *Kirche und Gesellschaft* ausdrücklich der Wirklichkeit zugewandt, in der unsere theologische Arbeit stattfindet und die unseren Lebensraum darstellt. Im Anschluss an die V. EKD-Mitgliedschaftsuntersuchung hat uns Birgit Weyel aus praktisch-theologischer und kirchentheoretischer Perspektive die Transformationsprozesse vor Augen geführt, denen die kirchliche Wirklichkeit ausgesetzt ist. Als Herausforderung hat sie die Aufgabe formuliert, dass wir uns mit unserer religiösen Kommunikation und mit unserer sozialen Praxis gerade nicht auf innerkirchliche Prozesse beschränken können, dass wir uns vielmehr als glaubende Menschen unserer gesellschaftlichen Wirklichkeit stellen müssen.[26] Ein weiteres für Theologie, Kirche und die gesamte Gesellschaft großes und zentrales Thema ist die Frage nach Gerechtigkeit. Es war eine kluge Entscheidung unserer Mitgliederversammlung, für die Frage nach Gerechtigkeit in den Jahren 2016 und 2017 zwei Tagungen zu reservieren, die erste unter der Überschrift *Gerechtigkeit*

---

[23] ANDREAS LINDEMANN, »... wie geschrieben steht«? Zur theologischen Bedeutung von Schriftbeweisen, in: CHRISTOF LANDMESSER/ANDREAS KLEIN (HG.), Normative Erinnerung. Der biblische Kanon zwischen Tradition und Konstruktion, Leipzig 2014, 19-50.

[24] LINDEMANN, »... wie geschrieben steht«? (s. Anm. 23), 50.

[25] NOTGER SLENCZKA, Historizität und normative Autorität der Schrift. Ein neuer Blick auf alte Texte, in: CHRISTOF LANDMESSER/ENNO EDZARD POPKES (HG.), Verbindlichkeit und Pluralität. Die Schrift in der Praxis des Glaubens, Leipzig 2015, 13-36.

[26] BIRGIT WEYEL, Kirchenmitgliedschaft als soziale Praxis. Die V. EKD-Kirchenmitgliedschaftsuntersuchung in kirchentheoretischer Perspektive, in: CHRISTOF LANDMESSER/ENNO EDZARD POPKES (HG.), Kirche und Gesellschaft. Kommunikation – Institution – Organisation, Leipzig 2016, 13-26.

verstehen, die zweite mit dem Thema *Gerechtigkeit leben*. Gerne erinnere ich an den Vortrag von Hermann Spieckermann. Mit dem Thema *Gerechtigkeit zwischen Gott und Mensch im Alten Testament* entfaltete er im Anschluss an Psalmen und Deuterojesaja den Zusammenhang zwischen Gottesverständnis und Gerechtigkeitsvorstellungen in einer Weise, die schon den Blick auf das Christusgeschehen im Neuen Testament richtet[27]. Angelika Neuwirth hat uns mit einem Blick in den Koran mit islamischen Gerechtigkeitsvorstellungen bekannt gemacht, die für unsere gesellschaftliche Wirklichkeit zunehmend von Bedeutung sind[28]. Im vergangenen Jahr haben wir das Thema mit der Wendung *Gerechtigkeit leben* noch einmal aufgegriffen, denn darum geht es, dass unser verstandener Glaube eine Konkretion im Leben, in unserer gegenwärtigen Welt findet. Der Tübinger Jurist Jörg Kinzig hat uns mit seinem Vortrag *Strafgerechtigkeit und strafrechtliche Sanktionen* auch auf die Grenzen einer Quantifizierung von Strafe aufmerksam gemacht.[29] Und Christian Stäblein hat im Gespräch mit Juli Zehs Roman *Unterleuten*[30] von der Gerechtigkeit im wirklichen Leben erzählt und diese theologisch reflektiert.[31]

Zu den Aufgaben unserer Gesellschaft gehört es, die Beiträge der Tagungen auch an geeigneten Orten zu veröffentlichen und so zur Diskussion zu stellen. In den letzten zehn Jahren war zunächst der Neukirchener Verlag ein zuverlässiger Partner. Mit der Veröffentlichung der Vorträge der Tagung des Jahres 2013 sind wir weitergewandert zur Evangelischen Verlagsanstalt Leipzig. Die Verlagsleiterin Frau Dr. Annette Weidhas unterstützt uns vorzüglich bei den jährlichen Publikationen.

Der knappe Streifzug durch die Tagungen der vergangenen zehn Jahre mit exemplarisch erwähnten Beiträgen kann vor allem deutlich machen, wie wir unsere Aufgabe als eine theologisch-enzyklopädische und als solche auch als eine notwendig weltbezogene Arbeit begreifen können. Auf diese Weise kommen wir zu einem Nachdenken über uns selbst in der Welt und vor Gott und damit natürlich auch zu einem Nachdenken über Gott und die Welt. Denn mit Bultmann

---

[27] HERMANN SPIECKERMANN, Gerechtigkeit zwischen Gott und Mensch im Alten Testament. Psalter und Jesajabuch im theologischen Austausch, in: CHRISTOF LANDMESSER/ENNO EDZARD POPKES (HG), Gerechtigkeit verstehen. Theologische, philosophische, hermeneutische Perspektiven, Leipzig 2017, 13-50.
[28] ANGELIKA NEUWIRTH, Zur Archäologie des islamischen Gerechtigkeitsbegriffs im Koran. Sprache und Schöpfungsordnung als Elemente einer koranischen ›Verzauberung der Welt‹, in: LANDMESSER/POPKES (HG.), Gerechtigkeit verstehen (s. Anm. 27), 71-87.
[29] JÖRG KINZIG, Strafgerechtigkeit und strafrechtliche Sanktionen, in: CHRISTOF LANDMESSER/ DORIS HILLER (HG.), Gerechtigkeit leben. Konkretionen des Glaubens in der Gegenwart, Leipzig 2018, 109-126.
[30] JULI ZEH, Unterleuten, München 2016.
[31] CHRISTIAN STÄBLEIN, Kirche zwischen der Sonne der Gerechtigkeit und dem Meer der Perspektiven, in: LANDMESSER/HILLER (HG.), Gerechtigkeit leben (s. Anm. 29), 37-53.

kann als das Thema der Theologie zumindest auch »*die von Gott bestimmte Existenz des Menschen*«[32] begriffen werden. Eine so verstandene Theologie sieht sich in den weitest möglichen Raum gestellt und bleibt doch zugleich wesentlich auf unser je eigenes Dasein bezogen, wir können uns ihr gar nicht entziehen, wenn wir über uns in der Welt und vor Gott nachdenken. Es ist keine neue Einsicht, dass solches Nachdenken des fortwährenden Gesprächs bedarf. Die Räume dafür müssen aber immer wieder bewusst inszeniert und aufgesucht werden. Die Herausforderung dabei ist, dass diese Diskurse auf dem Niveau der gegenwärtigen Wissenschaft geführt werden. Und zugleich müssen die wissenschaftlichen Beiträge so erarbeitet und kommuniziert werden, dass sie für die je persönliche, für die kirchliche und die gesellschaftliche und kulturelle Welt durchlässig und begreifbar werden. Es ist deshalb wesentlich, dass unsere Tagungen auch in Zukunft die wissenschaftliche Arbeit in ihr Zentrum stellen. Das Gespräch führen wir dabei alle, Menschen aus all den genannten Bereichen von Kirche, Gesellschaft und Universität. Die Orientierung an ihrem Gegenstand ist genau so gewährleistet.

Zu solchem Gespräch bedarf es auch in der Zukunft der vielfältigen Ideen und vor allem der an solchen Fragen interessierten Menschen. Deshalb sollten wir auch künftig zu solchem Gespräch zu unseren Tagungen offen einladen und auch so unseren wissenschaftlichen, kirchlichen und persönlichen Beitrag leisten.

---

[32] BULTMANN, Theologische Enzyklopädie (s. Anm. 13), 159.

Übersicht:
Jahrestagungen und Tagungsbände der Rudolf-Bultmann-Gesellschaft für Hermeneutische Theologie

1. Jahrestagung: 02.-04.01.1999 »Glauben und Verstehen. Perspektiven hermeneutischer Theologie«
Tagungsband hg. von Ulrich H.J. Körtner, Neukirchen-Vluyn 2000:
  - Ulrich H.J. Körtner, Zur Einführung: Glauben und Verstehen. Perspektiven Hermeneutischer Theologie im Anschluß an Rudolf Bultmann
  - Helmuth Vetter, Hermeneutische Phänomenologie und Dialektische Theologie. Heidegger und Bultmann
  - Oswald Bayer, Hermeneutische Theologie
  - Hans-Peter Müller, Handeln, Sprache, Religion, Theologie
  - Eberhard Hauschildt, Seelsorge und Hermeneutik

2. Jahrestagung: 06.-08.03.2000 »Hermeneutik und Ästhetik. Die Theologie des Wortes im multimedialen Zeitalter«
Tagungsband hg. von Ulrich H.J. Körtner, Neukirchen-Vluyn 2001:
  - Ulrich H.J. Körtner, Zur Einführung: Hermeneutik und Ästhetik. Zur Bedeutung einer theologischen Ästhetik für die Lehre vom Wort Gottes
  - Hans-Helmuth Gander, Interpretation – Situation – Vernetzung. Hermeneutische Überlegungen zum interpretativen Selbst- und Weltbezug im multimedialen Zeitalter
  - James Alfred Loader, Stromab – Gedanken zur Hermeneutik biblischer Texte im Kontext der neueren angelsächsischen Diskussion
  - Matthias Petzoldt, Die Theologie des Wortes im Zeitalter der neuen Medien
  - Bernd Beuscher, WinWord. Die Sprachlichkeit des Evangeliums und das Nadelöhr der Medien – Eine semiotische Orientierungsskizze

3. Jahrestagung: 05.-07.03.2001 »Jesus im 21. Jahrhundert. Bultmanns Jesusbuch und die heutige Jesusforschung«
Tagungsband hg. von Ulrich H.J. Körtner, Neukirchen-Vluyn 2002:
- Andreas Lindemann, Zur Einführung. Die Frage nach dem historischen Jesus als historisches und theologisches Problem
- Walter Schmithals, Jesus verkündigt das Evangelium. Bultmanns Jesusbuch
- Gerbern S. Oegema, Der historische Jesus und das Judentum
- David du Toit, Erneut auf der Suche nach Jesus. Eine kritische Bestandsaufnahme der Jesusforschung am Anfang des 21. Jahrhunderts
- Nikolaus Walter, Johannes und Jesus – zwei eschatologische Propheten. Das Selbstbild Jesu im Spiegel seines Bildes vom Täufer nach Q/Lk 7,24-35
- Ruben Zimmermann, Jenseits von Historie und Kerygma. Zum Ansatz einer wirkungsästhetischen Christologie des Neuen Testaments
- Johannes Fischer, Zur Hermeneutik christologischer Aussagen
- Dietgard Meyer, Predigt zu Mk 7,31-37
- Rudolf Bultmann, Brief an Dietgard Meyer
- Nikolaus Walter, Was ich Rudolf Bultmann verdanke

4. Jahrestagung: 18.-20.02.2002 »Wort Gottes – Kerygma – Religion. Zur Frage nach dem Ort der Theologie«
Tagungsband hg. von Ulrich H.J. Körtner, Neukirchen-Vluyn, 2003:
- Ulrich H.J. Körtner, Zur Einführung. Leitbegriffe und Ortsbestimmungen evangelischer Theologie
- Oda Wischmeyer, Das »Wort Gottes« im Neuen Testament. Eine theologische Problemanzeige
- Stefan Tobler, Vielgestaltiges Wort. Theologiegeschichtliche Stationen von Justin bis Meister Eckhart
- Harry Oelke, Bultmann und Weimar. Rudolf Bultmanns wissenschaftliches Wirken in den zwanziger Jahren aus kirchenhistorischer Sicht
- Dietrich Korsch, Religion – ein Bezugsbegriff der liberalen, dialektischen und hermeneutischen Theologie Rudolf Bultmanns
- Gottfried Adam, Praktische Theologie und Religionspädagogik im Spannungsfeld von Wort Gottes und (post)moderner Religion

5. Jahrestagung: 03.-05.03.2003 »Christliche Ethik – Evangelische Ethik? Das Ethische im Konflikt der Interpretationen«
Tagungsband hg. von Ulrich H.J. Körtner, Neukirchen-Vluyn 2004:
- Ulrich H.J. Körtner, Zur Einführung. Das Ethische im Konflikt der Interpretationen
- Günter Figal, Religion als Lebensform – Ethik als Lebensorientierung
- Matthias Köckert, Luthers Auslegung des Dekalogs in seinen Katechismen aus der Sicht eines Alttestamentlers
- Konrad Stock, Das Ethos des Glaubens nach Rudolf Bultmann

- Ulrich H.J. Körtner, Was ist das Evangelische an der evangelischen Ethik? Begriff und Begründungsprobleme evangelischer Ethik im ökumenischen Kontext
- Wolfgang Wischmeyer, Nachruf auf Erika Dinkler-von Schubert. 29.7.1904–31.12.2002

6. Jahrestagung: 08.–10.03.2004 »Gott und Götter. Die Gottesfrage in Theologie und Religionswissenschaft«
Tagungsband hg. von Ulrich H.J. Körtner, Neukirchen-Vluyn 2005:
- Ulrich H.J. Körtner, Zur Einführung. Die Gottesfrage in Theologie und Religionswissenschaft
- Karénina Kollmar-Paulenz, Zur Relevanz der Gottesfrage für eine transkulturell orientierte Religionswissenschaft
- Jean Zumstein, »Niemand hat Gott je gesehen«. Das johanneische Gottesverständnis am Beispiel des Prologs
- Paul-Gerhard Klumbies, Die Brisanz der Christologie für das Verständnis der paulinischen Rede von Gott
- Reinhold Bernhardt, Ist Gott eine Person? Bedeutung und Problematik der personalen Gottesvorstellung
- Doris Hiller, Von Gott reden – Eine hermeneutische Erinnerung
- Martin Hein, Vom »Goldenen Stierbild« und seinen zeitgenössischen Nachfahren. Der Glaube an den biblischen Gott in Auseinandersetzung mit den neuen Göttern

7. Jahrestagung: 28.02.–02.03.2005 »Die Wirklichkeit des Geistes. Konzeptionen und Phänomene des Geistes in Philosophie und Theologie der Gegenwart«
Tagungsband hg. von Ulrich H.J. Körtner und Andreas Klein, Neukirchen-Vluyn 2006:
- Ulrich H.J. Körtner, Zur Einführung. Konzeptionen und Phänomene des Geistes
- Andreas Klein, Wie »natürlich« sind Bewußtsein und Glaube? Zu den neurophilosophischen Herausforderungen für eine christliche Theologie
- Michael Pauen, Geist und Materie. Was folgt aus den Erkenntnissen der Hirnforschung?
- Matthias Petzoldt, Gehirn – Geist – Heiliger Geist
- Christof Landmesser, Der Geist und die christliche Existenz. Anmerkungen zur paulinischen Pneumatologie im Anschluß an Röm 8,1–11
- Christoph Schneider-Harpprecht, Verleiblichung des Geistes zwischen Fundamentalismus und Synkretismus

8. Jahrestagung: 27.02.–01.03.2006 »Geschichte und Vergangenheit. Rekonstruktion – Deutung – Fiktion«
Tagungsband hg. von Ulrich H.J. Körtner, Neukirchen-Vluyn 2007:
- Ulrich H.J. Körtner, Zur Einführung. Offene Fragen einer Geschichtstheorie in Theologie und Geschichtswissenschaft

- Lucian Hölscher, Die Einheit der historischen Wirklichkeit und die Vielfalt der geschichtlichen Erfahrung
- Silke-Petra Bergjan, Kontextualisierung des Fremden. Geschichtstheorie und kirchengeschichtliche Arbeit
- Eve-Marie Becker, Hermeneutik und Geschichte bei Rudolf Bultmann
- Matthias Dreher, Die Wahrheitsfrage zwischen Rekonstruktion und Interpretation. Rudolf Bultmanns Entwicklung einer Exegese in multipler Methodik
- Konrad Schmid, Geschichtlicher Vordergrund und universalgeschichtlicher Hintergrund im Jeremiabuch
- Eckhard Plümacher, Hellenistische Geschichtsschreibung im Neuen Testament: die Apostelgeschichte
- Christoph Müller, Gleichursprünglichkeit, notwendige Abschiede und riskante Entdeckungen. Hermeneutische Überlegungen zum Umgang mit Geschichte und biblischen Traditionen

9. Jahrestagung: 26.-28.02.2007 »Die Gegenwart der Zukunft. Geschichte und Eschatologie«
Tagungsband hg. von Ulrich H.J. Körtner, Neukirchen-Vluyn 2008:
- Ulrich H.J. Körtner, Zur Einführung. Geschichte und Eschatologie in der Theologie der Gegenwart
- Lucian Hölscher, Wie sollen wir die Zukunft denken? Über den Fortgang und das Ende der Geschichte
- Folkart Wittekind, Zwischen Deutung und Wirklichkeit. Überlegungen zum Bildcharakter eschatologischer Aussagen
- Folkart Wittekind, Eschatologie zwischen Religion und Geschichte. Zur Genese der Theologie Bultmanns
- Jan Hermelink, Die »Zukunft« der kirchlichen Organisation. Eschatologische Aspekte in der gegenwärtigen Debatte zur Kirchenreform
- Dietz Lange, Die Zukunft der Kirche und eschatologische Zukunft
- Andreas Lindemann, Die Zukunft Gottes und die Gegenwart des Menschen. Beobachtungen zur Eschatologie des Paulus
- Rudolf Bultmann, Zwei wiederentdeckte Rezensionen für historische Blätter, eingeleitet von Matthias Dreher

10. Jahrestagung: 25.-27.02.2008 »Kirche – Christus – Kerygma. Profil und Identität evangelischer Kirche(n)«
Tagungsband hg. von Ulrich H.J. Körtner und Andreas Klein, Neukirchen-Vluyn 2009:
- Ulrich H.J. Körtner, Zur Einführung. Profil und Identität evangelischer Kirche(n)
- Friedrich Avemarie, Jüdische Diasporagemeinden in der Antike. Ihr Selbstverständnis im Spiegel der Inschriften
- Hanns Christof Brennecke, Frühneuzeitlicher Protestantismus und Mission. Eine Problemanzeige

- Michael Beintker, Evangelische Katholizität. Das Kirchenverständnis der Gemeinschaft Evangelischer Kirchen in Europa
- Dorothea Sattler, (Römisch-)Katholische Evangelizität. Soteriologisch orientierte Lernwege in der christlichen Ökumene
- Klaus Schmitz, Konsequent biblisch-evangelisch!? Grundzüge freikirchlichen Selbstverständnisses als Erben und Fortführer der Reformation
- Ernst Fuchs, »Neues Testament und Mythologie«. Protokoll der Tagung in Alpirsbach im Juni 1941, eingeleitet von Andreas Lindemann

11. Jahrestagung: 02.-04.03.2009 »Rudolf Bultmann (1884-1976) – Theologe der Gegenwart. Hermeneutik – Exegese – Theologie – Philosophie«
Tagungsband hg. von Christof Landmesser und Andreas Klein, Neukirchen-Vluyn 2010:
- Christof Landmesser/Andreas Klein, Zur Einführung. Rudolf Bultmann als Theologe der Gegenwart
- Hans Weder, Gewitterte Ketzerei. Zur Bedeutung der Hermeneutik Bultmanns für die gegenwärtige Theologie
- Martin Hein, Rudolf Bultmann, Jesus. Re-Lecture des Buches, das mich zum Theologen machte
- Konrad Hammann, Rudolf Bultmann – Eine Biographie für die Gegenwart
- Wilfried Härle, Rudolf Bultmanns Theologie der Unverfügbarkeit
- Christof Landmesser, Der Mensch in der Entscheidung. Anthropologie als Aufgabe der Theologie in der Auseinandersetzung mit Rudolf Bultmann
- Stephan Grätzel, Philosophische und theologische Hermeneutik. Heidegger, Bultmann und die Perspektive Michel Henrys
- Andreas Lindemann, Walter Schmithals (1923-2009)

12. Jahrestagung: 01.-03.03.2010 »Kreuz und Weltbild. Interpretationen von Wirklichkeit im Horizont des Todes Jesu«
Tagungsband hg. von Christof Landmesser und Andreas Klein, Neukirchen-Vluyn 2011:
- Christof Landmesser/Andreas Klein, Zur Einführung. Das Kreuz und seine Deutungen
- Ulrich H.J. Körtner, Glaube und Weltbild. Die Bedeutsamkeit des Kreuzes im Konflikt der Interpretationen von Wirklichkeit
- Martin Dutzmann, Theologia crucis zwischen Gemeindewirklichkeit und Ausnahmesituation. Kreuzestheologische Aspekte im Spannungsfeld von Gemeindepfarramt und Militärseelsorge
- Paul-Gerhard Klumbies, Narrative Kreuzestheologie bei Markus und Lukas
- Axel Hutter, Negativismus in Philosophie und Theologie
- Christine Axt-Piscalar, Gott und Glaube in den Differenzerfahrungen des Lebens. Überlegungen im Anschluss an Luther und Schleiermacher
- Albert Biesinger/Matthias Gronover, Im Kreuz ist Heil. Religionspädagogische Herausforderungen und Perspektiven

13. Jahrestagung: 28.02.–02.03.2011 »Offenbarung – verstehen oder erleben? Hermeneutische Theologie in der Diskussion«
Tagungsband hg. von Christof Landmesser und Andreas Klein, Neukirchen-Vluyn 2012:
- Christof Landmesser/Andreas Klein, Zur Einführung. Offenbarung in der Diskussion
- Matthias Petzoldt, Offenbarung erleben und zu verstehen suchen. Zum theologischen Diskurs um das Prinzip Offenbarung im Kontext der hermeneutischen Diskussion
- Christoph Kähler, Sine vi humana, sed verbo? Verantwortung und Verbindlichkeit evangelischer Kirchenleitung
- Emil Angehrn, Der entgegenkommende Sinn. Offenbarung und Wahrheitsgeschehen
- Jochen Cornelius-Bundschuh, Verstehen oder Erleben: Predigt als Offenbarung? Überlegungen zu einer homiletischen Hermeneutik
- Christoph Bultmann, Wie Regen und Schnee: Offenbarung im Alten Testament. Überlegungen im Anschluss an Jer 9 und Jes 55
- Udo Schnelle, Offenbarung und/oder Erkenntnis der Vernunft? Zur exegetischen und hermeneutischen Begründung von Glaubenswelten

14. Jahrestagung: 27.–29.02.2012 »Der Text der Bibel. Interpretation zwischen Geist und Methode«
Tagungsband hg. von Christof Landmesser und Andreas Klein, Neukirchen-Vluyn 2013:
- Christof Landmesser/Andreas Klein, Zur Einführung. Der Text der Bibel und seine Interpretation
- Thomas Söding, Der theologische Anspruch der Heiligen Schrift im Fokus des Neuen Testaments
- Ulrich Heckel, Schrift – Geist – Kirche. Überlegungen aus kirchenleitender Sicht
- Jörg Jeremias, Die Entstehung der ältesten Prophetenbücher
- Doris Hiller, Die Spur des Textes. Eine narrativ-kritische Programmskizze biblischer Theologie
- Bernd Auerochs, Fiktionen des heiligen Textes. Nietzsche und Kafka
- Birgit Weyel, Die Predigt zwischen biblischer Textauslegung, offenem Kunstwerk und religiöser Persuasion. Überlegungen zu einer Hermeneutik der Predigtarbeit

15. Jahrestagung: 25.–27.02.2013 »Normative« Erinnerung. Der biblische Kanon zwischen Tradition und Konstruktion«
Tagungsband hg. von Christof Landmesser und Andreas Klein, Leipzig 2014:
- Christof Landmesser/Andreas Klein, Zur Einführung. Normative Erinnerung
- Andreas Lindemann, »…Wie geschrieben steht«? Zur theologischen Bedeutung von Schriftbeweisen

- Johannes Friedrich, Die Bibel und ihr Kanon. Welche Bedeutung haben sie für kirchenleitendes Handeln heute?
- Jürgen van Oorschot, Kann Erinnerung normativ sein oder werden? Orientierungen eines Alttestamentlers in der Debatte zum biblischen Kanon
- Klaus Fitschen, Der Kanon und die Konfessionen. Neuzeitliche Differenzen im Blick auf das scheinbar Gemeinsame
- Klaas Huizing, Die Weisheit als Kanon-Hermeneutin. Über die Lektoralisierung religiöser Erfahrung
- Elisabeth Gräb-Schmidt, Glauben und Verstehen. Kanon, kulturelles Gedächtnis und die hermeneutische Aufgabe der Theologie

16. Jahrestagung: 24.–26.02.2014 »Verbindlichkeit und Pluralität. Die Schrift in der Praxis des Glaubens«
Tagungsband hg. von Christof Landmesser und Enno Edzard Popkes, Leipzig 2015:
- Christof Landmesser/Enno Edzard Popkes, Einleitung
- Notger Slenczka, Historizität und normative Autorität der Schrift. Ein neuer Blick auf alte Texte
- Hendrik Munsonius, Das Jus Liturgicum zwischen Verbindlichkeit und Pluralität
- Melanie Köhlmoos, »Weil Gott die wunderbare Vielfalt liebt«. Die Pluralität biblischer Texte als theologische Aufgabe
- Michael Theobald, »Bist du der Messias, der Sohn des Hochgelobten?« (Mk 14,61). Zur Bedeutung des Psalters als Matrix der neutestamentlichen Passionserzählungen
- Enno Edzard Popkes, »Eingefrorene Streitgespräche«. Schrifthermeneutik als Kristallisationspunkt frühchristlicher Trennungsprozesse
- Thomas Schlag, Anknüpfung und Widerspruch. Die Rede von der Schriftgemäßheit als Herausforderung gegenwärtiger Praktischer Theologie
- Bernd Wildemann/Eckhard Plümacher, Bibliographie Walter Schmithals

17. Jahrestagung: 24.–26.02.2015 »Kirche und Gesellschaft. Kommunikation – Institution – Organisation«
Tagungsband hg. von Christof Landmesser und Enno Edzard Popkes, Leipzig 2016.
- Christof Landmesser/Enno Edzard Popkes, Einleitung
- Birgit Weyel, Kirchenmitgliedschaft als soziale Praxis. Die V. EKD-Kirchenmitgliedschaftsuntersuchung in kirchentheoretischer Perspektive
- Christoph Meyns, Produktive Irritation. Zum angemessenen Umgang mit betriebswirtschaftlichen Handlungsempfehlungen im Kontext kirchlicher Veränderungsprozesse
- Hans-Peter Großhans, Gemeinschaft der Glaubenden in moderner Zeit. Die evangelische Kirche in Zeiten der Säkularisierung, Individualisierung und religiösen Pluralisierung

- Christine Gerber, Von der gottesdienstlichen Versammlung zur Vision einer allgemeinen Kirche. Ekklesiologische Diskurse in den paulinischen Schriften
- Claudia Schulz, Der Ort der Kirche in der Gesellschaft. Optionen und Aporien aus sozialwissenschaftlicher und praktisch-theologischer Sicht
- Claudia Lepp, Hat die Kirche einen Öffentlichkeitsauftrag? Evangelische Kirche und Politik seit 1945
- Doris Hiller, An Christi Statt – Stellvertretung als Deutungskategorie der Ekklesiologie

18. Jahrestagung: 22.-24.02.2016 »Gerechtigkeit verstehen. Theologische, philosophische und hermeneutische Perspektiven«
Tagungsband hg. von Christof Landmesser und Enno Edzard Popkes, Leipzig 2017:
- Christof Landmesser/Enno Edzard Popkes, Einleitung
- Hermann Spieckermann, Gerechtigkeit zwischen Gott und Mensch im Alten Testament. Psalter und Jesajabuch im theologischen Austausch
- Christof Landmesser, Gerechtigkeit und Leben. Ambiguität und Ambivalenz eines Grundbegriffs bei Matthäus und bei Paulus
- Angelika Neuwirth, Zur Archäologie des islamischen Gerechtigkeitsbegriffs im Koran. Sprache und Schöpfungsordnung als Elemente einer koranischen Verzauberung der Welt
- Rainer Marten, Gerechtigkeit?
- Tom Kleffmann, Das Gesetz, das Leben, der Tod und die Frage nach dem wahren Selbstverhältnis. Eine systematische Paulusstudie
- Frank Otfried July, »Zurückübersetzen in die volle ganze Lebendigkeit«. Diakonisches Handeln als Hermeneutik der Kirche

19. Jahrestagung: 20.-22.02.2017 »Gerechtigkeit leben. Konkretionen des Glaubens in der gegenwärtigen Welt«
Tagungsband hg. von Christof Landmesser und Doris Hiller, Leipzig 2018:
- Christof Landmesser/Doris Hiller, Einleitung
- Lukas Bormann, Soziale Gerechtigkeit und ihre politische Verwirklichung im Neuen Testament
- Christian Stäblein, Kein Läuten in Unterleuten. Kirche zwischen der Sonne der Gerechtigkeit und dem Meer der Perspektiven
- Ute Mennecke, Kann im Kaufmannsstand Gerechtigkeit gelebt werden?
- Johannes Eurich, Gerechtigkeit in praktisch-theologischer Perspektive
- Rochus Leonhard, Gerechtigkeit. Zur Gefahr der Überdehnung eines sozialethischen Begriffs
- Jörg Kinzig, Strafgerechtigkeit und strafrechtliche Sanktionen
- Konrad Hammann, Die Anfänge der »Alten Marburger«
- Bernd Wildemann, Zur Geschichte des theologischen Arbeitskreises »Alten Marburger« von 1949 bis 1998

Die Autorinnen und Autoren

GERHARDT, Volker, Prof. em. Dr. phil., Dres. h.c., geb. 1944,
ist Seniorprofessor für Praktische Philosophie an der Humboldt-Universität Berlin. Er lehrt und forscht zu Fragen der Ethik, der Politik und der Theologie, ist Mitglied verschiedener Akademien, leitet die Berliner Akademie-Kommissionen zur Herausgabe der Werke Nietzsches und ist Projektleiter der Akademieausgabe der Werke Kants.
 Veröffentlichungen (in Auswahl): Öffentlichkeit. Die politische Form des Bewusstseins (2012), Der Sinn des Sinns. Versuch über das Göttliche (2014), Licht und Schatten der Öffentlichkeit (2014) sowie Glauben und Wissen. Ein notwendiger Zusammenhang (2016). Für 2019 ist geplant: Humanität. Über den Geist der Menschheit. – Er ist Ehrendoktor für *Philosophie* der Universität Debrecen und für *Theologie* der Theologischen Fakultät der Universität Leipzig.

HILLER, Doris, PD Dr. theol., geb. 1968,
seit 2013 Seminardirektorin des Predigerseminars Petersstift der Evangelischen Landeskirche Baden in Heidelberg mit Fachdozentur für Homiletik und Pastorallehre. Studium der ev. Theologie in Erlangen und Heidelberg. Assistentin im Fach Systematische Theologie in Jena (Promotion 1997) und Leipzig; Habilitation 2011 in Bochum. Privatdozentin für Systematische Theologie an der Theologischen Fakultät der Ruprecht-Karls-Universität Heidelberg; Pfarrerin der Evangelischen Landeskirche in Baden.
 Veröffentlichungen: Konkretes Erkennen. Glaube und Erfahrung als Kriterien einer im Gebet begründeten theologischen Erkenntnistheorie, Neukirchen-Vluyn 1999; Gottes Geschichte. Hermeneutische und theologische Reflexionen zum Geschehen der Gottesgeschichte, orientiert an der Erzählkonzeption Paul Ricœurs, Neukirchen-Vluyn 2009; zus. mit EVE-MARIE BECKER (HG.), Handbuch Evangelische Theologie, ein enzyklopädischer Zugang, Tübingen 2006.

KARLE, ISOLDE, Prof. Dr. theol., geb. 1963
Studium der ev. Theologie in Tübingen, Cambridge (Mass.), Münster. 1992 erstes kirchliches Examen in Tübingen. 1992-1995 wiss. Mitarbeiterin am Institut für

Praktische Theologie an der Christian- Albrechts-Universität zu Kiel, 1996 Promotion in Kiel. 1995-1997 Vikariat, 1997 zweites kirchliches Examen. 2000 Habilitation an der Evangelisch-Theologischen Fakultät der Rheinischen Friedrich-Wilhelms-Universität Bonn mit Verleihung der venia legendi für das Fach Praktische Theologie. 2000 Ordination zur Pfarrerin. Seit 2001 ordentliche Professorin für Praktische Theologie, insbesondere Homiletik, Liturgik und Poimenik, an der Ruhr-Universität Bochum. 2014 Ruf auf den Lehrstuhl für Praktische Theologie an der Theologischen Fakultät der Humboldt-Universität zu Berlin. Seit 2015 Direktorin des Instituts für Religion und Gesellschaft an der Ruhr-Universität. Forschungsschwerpunkte: Seelsorgetheorie, Religionssoziologie, Spiritual Care, politische Predigt, Kirche und Gesellschaft, Genderforschung, Sexualität, Körperlichkeit, Ehe.

Veröffentlichungen (Auswahl): mit ANNA HENKEL, GESA LINDEMANN, MICHA WERNER (HG.), Dimensionen der Sorge. Soziologische, philosophische und theologische Perspektiven, Baden-Baden 2016 Band 1, 2019 Band 2; mit WILHELM DAMBERG, UTE GAUSE, THOMAS SÖDING (HG.), Gottes Wort in der Geschichte. Reformation und Reform in der Kirche, Freiburg im Breisgau 2015; Liebe in der Moderne. Körperlichkeit, Sexualität und Ehe, Gütersloh 2014; Kirche im Reformstress, Gütersloh 2010, 2. Auflage 2011; (Hg.), Lebensberatung – Weisheit – Lebenskunst, Leipzig 2011; (Hg.), Kirchenreform. Interdisziplinäre Perspektiven (APrTH 41), Leipzig 2009; »Da ist nicht mehr Mann noch Frau ...«. Theologie jenseits der Geschlechterdifferenz, Gütersloh 2006; Der Pfarrberuf als Profession. Eine Berufstheorie im Kontext der modernen Gesellschaft, Gütersloh 2001, 3. Aufl. Stuttgart 2011; Seelsorge in der Moderne. Eine Kritik der psychoanalytisch orientierten Seelsorgelehre, Neukirchen-Vluyn 1996.

KÖRTING, Corinna, Prof. Dr. theol., geb. 1967,
Studium der evang. Theologie in Hamburg, 1999 Promotion in Hamburg, 2005 Habilitation in Göttingen, von 2006-2012 Professorin für Altes Testament an der Norwegian School of Theology (Oslo), seit 2012 Professorin für Altes Testament und Altorientalische Religionsgeschichte in Hamburg.

Veröffentlichungen: Der Schall des Schofar. Israels Feste im Herbst (BZAW 285), Berlin/New York 1999; Zion in den Psalmen (FAT 48), Tübingen 2006.

KÖRTNER, Ulrich H.J., Prof. Dr. theol., Dres. theol. h.c., geb. 1957,
seit 1992 Ordinarius für Systematische Theologie an der Evangelisch-Theologischen Fakultät der Universität Wien. Studium der evangelischen Theologie in Bethel, Münster und Göttingen. Promotion (1982) und Habilitation (1987) an der Kirchlichen Hochschule Bethel. 1986-1990 Gemeindepfarrer in Bielefeld, 1990-1992 Studienleiter an der Evangelischen Akademie Iserlohn. Seit 2001 Vorstand

des Instituts für Ethik und Recht in der Medizin der Universität Wien, seit 2014 Direktor des Instituts für öffentliche Theologie und Ethik der Diakonie (Wien). 2012-2018 Kuratoriumsvorsitzender der Evangelischen Zentralstelle für Weltanschauungsfragen (Berlin).

Veröffentlichungen (Auswahl): Gottesglaube und Religionskritik, (ThLZ.F 30), Leipzig 2014; Arbeit am Kanon. Studien zur Bibelhermeneutik, Leipzig 2015; Diakonie und Öffentliche Theologie, Göttingen 2017; Das Evangelium der Freiheit. Potentiale der Reformation, Wien 2017; Für die Vernunft. Wider Moralisierung und Emotionalisierung in Politik und Kirche, Leipzig ²2107; Dogmatik, (LETh 5), Leipzig 2018; Ökumenische Kirchenkunde, (LETh 9), Leipzig 2018; Luthers Provokation für die Gegenwart. Bibel – Christsein – Politik, Leipzig 2018.

KRÜGER, Malte Dominik, Prof. Dr. theol., geb. 1974,
Studium der evangelischen Theologie und Philosophie in Tübingen, Wien und Göttingen; 2007 Promotion zum Dr. theol. in Tübingen; 2005-2009 Vikariat und Pfarrdienst in der ev.-luth. Landeskirche Hannovers; 2014 Habilitation in Halle (Saale); seit 2016 Professor für Systematische Theologie und Religionsphilosophie und Direktor des Rudolf-Bultmann-Instituts an der Philipps-Universität Marburg.

Veröffentlichungen (Auswahl): Was ist Wirklichkeit? Neuer Realismus und Hermeneutische Theologie, Tübingen 2018 (gem. mit MARKUS GABRIEL); Das andere Bild Christi. Spätmoderner Protestantismus als kritische Bildreligion, Tübingen 2017; Leibbezogene Seele? Interdisziplinäre Erkundungen eines kaum noch fassbaren Begriffs, Tübingen 2015 (hg. gem. mit JÖRG DIERKEN); Göttliche Freiheit. Die Trinitätslehre in Schellings Spätphilosophie, Tübingen 2008.

LABAHN, Michael, apl. Prof. Dr. theol., geb. 1964,
seit Februar 2015 Außerplanmäßiger Professor für Neues Testament an der Evangelisch-theologischen Fakultät der Martin-Luther-Universität Halle-Wittenberg und seit März 2014 Extraordinary Associate Professor an der Unit for Reformed Theology and Development of the South-African Society, Faculty of Theology, North-West-University, South Africa, Potchefstroom Campus. Studium der ev. Theologie in Oberursel, Tübingen und Göttingen. 1996-1998 Vikariat in Halle/Saale, 1996-2006 Wissenschaftlicher Mitarbeiter, danach wissenschaftlicher Assistent in Halle-Wittenberg. Promotion 1998 an der Evangelisch-theologischen Fakultät in Göttingen und 2009 Habilitation an der Evangelisch-theologischen Fakultät in Halle-Wittenberg. Seit 2016 Research Fellow an der Faculty of Theology and Religion, University of the Free State Bloemfontein, South Africa.

Veröffentlichungen (Auswahl): Ausgewählte Studien zum Johannesevangelium. Selected Studies in the Gospel of John. 1998-2013, Hg. von ANTJE LABAHN. Mit einer Einführung von GILBERT VAN BELLE, BTS 28, Leuven 2017; Der Gekommene als Wiederkommender. Die Logienquelle als erzählte Geschichte, ABG 32, Leipzig 2010; Offenbarung in Zeichen und Wort. Untersuchungen zur Vorgeschichte von Joh 6,1-25a und seiner Rezeption in der Brotrede, WUNT II/117, Tübingen 2000; Jesus als Lebensspender. Untersuchungen zu einer Geschichte der johanneischen Tradition anhand ihrer Wundergeschichten, BZNW 98, Berlin - New York 1999; gem. m. OUTI LEHTIPUU (Hg.), People under Power: Early Jewish and Christian Responses to the Roman Empire, Early Christianity in the Roman World 1, Amsterdam 2015; gem. m. DIETER T. ROTH UND RUBEN ZIMMERMANN (Hg.), Metaphor, Narrative and Parables in Q, WUNT 315, Tübingen 2014; gem. m. JOS VERHEYDEN, GEERT VAN OYEN und REIMUND BIERINGER (Hg.) Studies in the Gospel of John and Its Christology. Festschrift Gilbert Van Belle, BEThL 265, Leuven 2014; gem. m. MARTIN KARRER (Hg.), Die Johannesoffenbarung. Ihr Text und ihre Auslegung, ABG 38, Leipzig 2012; gem. m. GILBERT VAN BELLE und PETRUS MARITZ (Hg.), Repetitions and Variations in the Fourth Gospel. Style, Text, Interpretation, BEThL 223, Leuven 2009; Spurensuche zur Einleitung in das Neue Testament. Eine Festschrift im Dialog mit Udo Schnelle (Hg.), FRLANT 271, Göttingen 2017.

LANDMESSER, Christof, Prof. Dr. theol., geb. 1959,
seit Oktober 2006 Universitätsprofessor für Neues Testament an der Evangelisch-theologischen Fakultät der Eberhard Karls-Universität Tübingen. Studium der ev. Theologie und Philosophie in München und Tübingen. 1988-1990 Vikariat in Tübingen, anschließend Assistenzzeit in Tübingen. Promotion 1998 und 2000 Habilitation an der Evangelisch-theologischen Fakultät in Tübingen. 2003-2006 Professor für Neues Testament an der Johannes-Gutenberg-Universität Mainz. Seit 2008 Vorsitzender des Vorstands der Rudolf-Bultmann-Gesellschaft für Hermeneutische Theologie. Seit 2010 Mitglied in der Kommission für den bilateralen Dialog der Evangelischen Kirche in Deutschland mit dem Ökumenischen Patriarchat Konstantinopel. Seit 2013 Mitglied im Ökumenischen Arbeitskreis evangelischer und katholischer Theologinnen und Theologen.

Veröffentlichungen (Auswahl): Wahrheit als Grundbegriff neutestamentlicher Wissenschaft, WUNT 113, Tübingen 1999; Jüngerberufung und Zuwendung zu Gott. Ein exegetischer Beitrag zum Konzept der matthäischen Soteriologie im Anschluß an Mt 9,9-13, WUNT 133, Tübingen 2001; gem. m. HANS-JOACHIM ECKSTEIN U. HERMANN LICHTENBERGER (HG.), Jesus Christus als die Mitte der Schrift. Studien zur Hermeneutik des Evangeliums, BZNW 86, Berlin 1997; gem. m. CHRISTINE HELMER (HG.), One Scripture oder Many? Canon from Biblical, Theological, and Philosophical Perspektives, Oxford/ New York 2004; gem. m. ANDREAS GROSSMANN (HG.), Rudolf Bultmann - Martin Heidegger, Briefwechsel

1925–1975, Frankfurt/Tübingen 2009; gem. m. MARTIN BAUSPIESS UND DAVID LINCICUM (HG.), Ferdinand Christian Baur und die Geschichte des frühen Christentums, WUNT 333, Tübingen 2014; Bultmann Handbuch (Hg.), Tübingen 2017; Mit Paulus Gott denken, in: HANS-PETER GROßHANS, MICHAEL MOXTER, PHILIPP STOELLGER (HG.), Das Letzte – der Erste. Festschrift für Ingolf U. Dalferth zum 70. Geburtstag, Tübingen 2018, 221–241; Parusieverzögerung und die Gegenwart der Glaubenden. Zur Hermeneutik von Ambiguität und Ambivalenz der christlichen Existenz in der Theologie des Paulus, in: Early Christianity 9/2018, 107–130.